構造主義経済学の探究

宮川典之 著

文眞堂

まえがき

　本書は，これまで筆者が大学に籍を置く研究者としてライフワークにしてきた構造主義経済学について，いろいろな角度から考察を進め，体系的にまとめようとしたひとつの社会科学作品である。ここで社会科学作品というのも，純粋に経済学の視点からのみあつかうのではなくて，いずれかといえば学際的なアプローチを試みようと努めたからだ。とくにそれは，本書の第1章と最終章の第7章に現れている。

　筆者は研究職の仕事に就いてから，2冊の研究書を著わした。『開発論の視座——南北貿易・構造主義・開発戦略——』（1996年），および『開発論の源流——新構造主義・幼稚産業論・学際的アプローチ——』（2007年）がそれである。顧みるにいずれも文眞堂から出版され，それぞれ関係学界において好意的に迎えられた。本書も同じく文眞堂からの刊行であり，社長の前野隆氏にはまたしてもたいへんな面倒をおかけすることとなってしまった。再度心よりお礼を申し上げなければならない。

　さて内容紹介を簡単にしておこう。第1章は，開発論のパラダイム問題をあつかっている。開発論の分野でパラダイムはどのように変遷してきたのかについて跡づけ，とくに構造主義がどのようにあつかわれるようになったのかについて筆者なりの考えを述べ，昨今の状況変化を横目で見ながら結論を導いた。大前提としてケインズの存在が大きかったことを最初に強調してから，本筋へ入る。なぜなら構造主義経済学とケインズとは切っても切れない関係にあるからだ。またアメリカの新制度学派や現在流行している行動経済学や実験経済学とどのようにかかわってくるかについても，筆者なりの考えを提示した。

　第2章は学説史を基礎にして実際の開発過程はどのように説明できるだろうかという視点から，国際開発問題を考察した。いうなれば実際の開発問題と主要学説との対応関係についての検討評価にほかならない。今世紀に入ってから，開発論の分野では，アマルティア・センとジョセフ・スティグリッツの影響がとくに大きかったといえるだろう。具体的には世界銀行と国際通貨基金

ii　まえがき

(IMF)，および国連開発計画（UNDP）などの国際機関への影響が大きかった。このことを踏まえたうえで，学説史の視点から自由貿易派と保護貿易派との継続的な論争について考える。この章ではいずれの学派集団が影響力をおよぼしたのかについて検討した。

　第3章では，いろいろな学問分野で再評価が盛んにおこなわれている学者のひとりカール・ポランニーについて，かれの学問スタイルがかなり構造主義に近いことに注目して筆者なりの評価を試みる。ただしわが国ではこれまで文化人類学者としてのポランニーが際立っていたが，主著『大転換』をつぶさに読んでみると，開発論の領域で捉えることがじゅうぶん可能であることが明らかとなる。そのことについてはポランニーの娘であるカリ・ポランニー・レヴィットが幾編かの論考を著わしていて，新構造主義を代表するランス・テイラーも注目していることからわかる。また新たな知見として，開発論のアーサー・ルイスの余剰労働移動説にもかかわってくることも示唆される。

　第4章と第5章は本書のテーマそのものであり，構造主義経済学を体系的にまとめようとするひとつの試みとなっている。初期の構造主義を代表する同世代の三人，ミュルダール，プレビッシュ，およびペルーの拠って立つ開発論のエッセンスを比較対照することから開始し，構造主義とそこから派生して形成された従属学派，およびそれらと対峙関係にある新古典派の拠って立つ理論それぞれの特色を浮き彫りにする。そして構造主義の発展をみる箇所では，貯蓄・外国為替制約説からスリー・ギャップ説への展開，およびサールウォール法則まであつかう。そして新構造主義を代表するオカンポやランス・テイラーらによって提示された新構造主義モデルについて，紹介と検討を試みる。一連の検討プロセスからいえることは，新構造主義は初期構造主義を代表していたプレビッシュとルイスの延長線上にあることだ。新しい傾向としていえるのは，ネオケインジアンのカルドア＝フェルドーン効果を組み入れて論じられていることなどである。

　第6章はやや趣が異なり，自由貿易主義を代表するサミュエルソンの諸学説について考える。もともと構造主義とは相容れない関係のように見えるかもしれないが，ちょっと考えてみると，プレビッシュらの唱える交易条件の長期的悪化命題とまさしく正反対の要素価格均等化定理を提示したのがサミュエルソ

ンであったことに気づく。つまり南北間で自由貿易を続けたばあい，前者は南北間格差は広がるとみたのに対して，後者は均等化へ向かうと主張したことになる。しかも驚くことに，主義主張の違いを超えて，とくにサミュエルソンはプレビッシュをかなり高く評価していたことが，近年刊行されたプレビッシュの評伝において明らかにされている。また歴史上見られた保護主義に関連して，ストルパー＝サミュエルソン定理のもつインプリケーションもきわめて重要である。

　最終章である第7章もまったく異種であり，完全に学際的アプローチに依拠している。いわゆる南北間格差問題をあつかうのだが，マックス・ヴェーバーやジャレド・ダイアモンドの着想，さらには新制度学派のアセモグルとロビンソンの発想なども取り入れて論じる。しかしながら筆者の拠って立つ視点は，構造主義のそれであることには変わりがない。あくまでここでは柔軟に考えようとする姿勢に努める。

　以上が全般的内容である。各論考の初出の段階で，学派の違いを超えて大先輩の先生方からいろいろとご教示いただいた。あえてご芳名を挙げさせてもらうならば，学説史をあつかった論考は故小島清先生（当時一橋大学名誉教授）が丹念に読んでくださり，励ましのお言葉を頂戴した。構造主義そのものをあつかった論考では西川潤先生（早稲田大学名誉教授）から，サミュエルソンに関する論考では故大山道広先生（慶應義塾大学名誉教授）と佐藤秀夫先生（東北大学名誉教授）から，それぞれ貴重なコメントと励ましのお言葉をいただいた。他にも小島眞先生（拓殖大学教授），服部正治先生（立教大学名誉教授），奥村隆平先生（金城学院大学学長），多和田眞先生（愛知学院大学教授），内藤能房先生（名古屋市立大学名誉教授），山田健治先生（椙山女学園大学名誉教授），山田正次先生（南山大学名誉教授），そして内田勝敏先生（同志社大学名誉教授）のご芳名を列挙させていただきたい。

　なお本書の刊行は，平成29年度岐阜聖徳学園大学学術図書出版助成に基づいて実現したものである。もとより行き届かない箇所があるなら，それはすべて筆者の責任である。読者諸賢の忌憚のないご批判とご教示をお願いするしだいである。

　最後になるが，昨年から今年にかけて両親が身罷ることとなってしまった。

筆者を常に励まし続けてくれた今は亡き父と母に本書を捧げようと思う。

2017 年初秋

宮川典之

凡　例

本書における主要人物や引用・参考文献などの表記は次のようにした。

1）プレビッシュ（1901－86）とあるばあい，括弧内の前方の数値は西暦生年であり，後方の数値は没年である。なお後方の数値が空白になっているのは，存命であることを示している。

2）国王や大統領など一国の統治に携わった者については，任期の期間を西暦年で記した。

3）脚注で外国語文献の引用もしくは参照箇所を表すばあい，たとえば Little（1982：147）とあれば，巻末の参考文献の Little, Ian M. D. (1982), *Economic Development: Theory, Policy and International Relations,* New York: Basic Books の中の p.147 からの引用もしくは参照箇所であることを指している。

4）脚注で外国語文献の邦訳があるものを引用もしくは参照したばあい，たとえばリン（邦訳 2016）：66 とあれば，巻末の参考文献のうち邦語翻訳文献のリン，ジャスティン［林毅夫］(2016)『貧困なき世界──途上国初の世銀チーフ・エコノミストの挑戦──』〈小浜裕久監訳，東洋経済新報社〉の中の 66 ページからの引用もしくは参照箇所であることを指している。

5）巻末の邦語翻訳文献の括弧（　）内の数値は当該翻訳が刊行された西暦年を，そして［　］内の数値はオリジナルとしての外国語文献が刊行された西暦年をそれぞれ指している。

6）脚注が注釈であるばあい，必要に応じて引用もしくは参照文献の箇所を（　）の形か［　］の形かのいずれかで表している。

7）邦語文献については，必要に応じて参照箇所にページ（カタカナ表示）を付すか，コロン（：）によって表している。

vii

目　　次

まえがき……………………………………………………………… i

凡　例……………………………………………………………… v

第1章　開発論のパラダイム……………………………………… 1

1.1　はじめに——全般的背景—— ……………………………… 1

1.2　パラダイムの第一局面——構造主義の時代—— ………… 8

1.3　パラダイムの第二局面——新自由主義の逆襲—— ………15

1.4　さらなるパラダイム転換へ…………………………………21

1.5　改良主義，開発のミクロ経済学，アメリカ新制度学派および

行動経済学…………………………………………………31

1.6　結　　び……………………………………………………38

第2章　学説史にみる国際開発過程 ………………………………40

2.1　はじめに——センとスティグリッツの影響—— …………40

2.2　歴史に学ぶ開発のパースペクティヴ——先発国のケース—— ……45

2.3　歴史に学ぶ開発パースペクティヴ——後発国のケース—— ………55

2.4　途上国の実態 ………………………………………………66

2.5　結　　び……………………………………………………78

第3章　構造主義経済学者としてのカール・ポランニー
——『大転換』を中心として—— ………………………84

3.1　はじめに ……………………………………………………84

3.2　ポランニーの遺産 …………………………………………90

3.3　市場メカニズムの自由な作用に対する批判勢力 …………94

3.4　『大転換』に盛り込まれた構造主義的要素 ………………97

viii　目　　次

3.5　結　　び ……………………………………………………… 104

第4章　構造主義経済学を捉えなおす ……………………… 107

4.1　はじめに ……………………………………………………… 107
4.2　パイオニアたちの着想 ……………………………………… 108
4.3　主要学派の論点の相違 ……………………………………… 117
4.4　構造主義の諸理論とサールウォール法則 ………………… 123
　　4.4.a　シアーズ・モデル ……………………………………… 123
　　4.4.b　ツー・ギャップ説 …………………………………… 126
　　4.4.c　サールウォール法則 ………………………………… 129
4.5　構造学派の発展 ……………………………………………… 132
4.6　結　　び ……………………………………………………… 144

第5章　構造主義経済学とデュアリズム ………………… 148

5.1　はじめに ……………………………………………………… 148
5.2　ルイス・モデルの意義 ……………………………………… 153
5.3　新構造主義経済学における近代的部門のあつかい ……… 163
5.4　新構造主義における二重構造モデル ……………………… 167
5.5　結　　び ……………………………………………………… 173

第6章　サミュエルソンの自由貿易論と構造主義 ……… 177

6.1　はじめに ……………………………………………………… 177
6.2　要素価格均等化定理 ………………………………………… 179
6.3　ストルパー＝サミュエルソン定理 ………………………… 183
6.4　貿易の一般均衡理論 ………………………………………… 187
6.5　現在における評価──構造主義と学説史的視点から── …… 191
6.6　結　　び ……………………………………………………… 201

第7章　南北間格差の歴史構造 ……………………………… 203

7.1　はじめに ……………………………………………………… 203

7.2	貧富の差を決定するものはなにか	……………………	211
7.3	歴史上の決定的岐路とエートス	………………………	220
7.4	「見えざる鉄拳」と「あからさまな鉄拳」	………………	228
7.5	結　び	…………………………………………	233

〈参考文献〉	………………………………………………	238
〈事項索引〉	………………………………………………	257
〈人名索引〉	………………………………………………	274
初出一覧	…………………………………………………	278

第1章

開発論のパラダイム

1.1　はじめに
——全般的背景——

　このところ開発論の分野では，いわゆるワシントン・コンセンサス後のパラダイムをめぐって議論が活発に繰り広げられている[1]。ここでは，これまでの経緯を簡単に概観することとする。

　そもそもこの分野の地平を切り拓いたのは，第二次世界大戦前後から構造主義に立脚して開発問題を考えた学者たちであった。そのピークは1950年代から60年代にかけての時期だ。かれらに共通する立場は，それまで主流の新古典派経済学の流儀では開発途上国が抱える経済問題もしくは発展問題に対処することはできないという確信にあった。その根拠は，先進国と途上国とではもともとの経済構造が異質であるというものだ。そのためそれぞれに適用できる理論と政策措置は異なっていなければならない，という帰結にいたる。

　かれらがそのように考えるにいたった歴史的背景にケインズ経済学が存在したことは，紛れもない事実である。このことを歴史上の出来事という視点から見ると，1930年代に猛威を振るった大恐慌のもたらした影響であったと捉え

1）2000年代半ば以降提示された論考群として，次のものがある。。Stiglitz（2005）；Rodrik（2005, 2006, 2007a, 2010, 2013）；Van Waeyeberge（2006）；Rose（2006）；Cypher（2007）；Sera & Stiglitz（2008）；Perrotini-Hernandez et al.（2011）；Ocampo & Ros（2011）；Birdsall & de la Torre et al.（2011）；Lin & Monga（2014）；Ocampo（2014）；Ros（2015）；Otsubo（2016）. なおパラダイム問題を直接的もしくは間接的にあつかった邦文献としては，絵所（1997, 1998, 2001），西島（2001），西川（2006）があり，比較的新しいものに大坪（2009），西川他編（2011），坂井（2014），柳原（2014）がある。しかしこれらはいずれも，筆者の拠って立つ理論（新構造主義）およびその射程とは大きく異なる。

2　第1章　開発論のパラダイム

られる。いうまでもなくそれ以前の経済学の主流は，古典派経済学であった。すなわち経済学の父祖であるとされるスミス（1723−90）からリカード（1772−1823），J. S. ミル（1806−73），そしてマーシャル（1842−1924）にいたるまでの競争的均衡のミクロ理論を基礎にした経済学，これである[2]。別の見方をするなら，フランスの経済学者セイ（1767−1832）によって表現されたように「供給そのものが需要をつくりだす」というようなものであった[3]。つまりなんらかの財を生産すれば，それは即座に捌けてしまい，在庫が残るようなことにはならないというのだ。ケインズ（1883−1946）はそのような考え方に異を唱え，「需要があってはじめて供給は成り立つ」と主張した。当時の主要国において見られた大恐慌の実態がまさしくそのような現象であり，売れ残りがいたるところに見られたのである。供給された財は予期されたようには捌けず，在庫が嵩むばかりであった。それゆえなんらかのかたちで需要を喚起しないかぎり，経済は麻痺状態のままなのだ。そこでケインズはそのような閉塞状態から脱却するためのマクロ経済政策を考案した[4]。それこそ財政金融のポリシーミックスにほかならない。この一連のケインズ的対応に含意されることがらは，次のように要約できる。すなわち大恐慌のような事態に対応するには，それまでの古典派経済学の中心にすえられたミクロ経済学の発想では不可能であり，むしろ国民経済全体をあつかうマクロ経済学の発想が要請されること，具体的には財政政策と金融政策とを組み合わせるポリシーミックスを駆使することを通じて，極端な景気循環の進行を穏やかな循環へコントロールすること，そのための着眼点を供給面ではなくて需要面に置くことなどだ。またマクロの視角から見るばあい，マーシャル流の古典派経済学は国民経済の完全雇用を大前提にしており，大恐慌のような現象が進行するとなれば，過少雇用もしくは不完全雇用の状態が常となるので，完全雇用の状態を最初から想定することは許されない。ところが古典派のばあいは，完全雇用を暗黙の前提として

2）これらは18世紀後半から20世紀初頭にかけて著わされた。いずれもいまでは古典となっていて，主流派のコンテクストでは古典派経済学に属する。

3）フランスを代表する学者では，むしろ一般均衡論のワルラス（1834−1910）のほうがよく知られていよう。

4）これがいわゆる『雇用，利子および貨幣の一般理論』であり，1936年に刊行された。それこそ経済学の歴史を塗り替えたといっても過言ではない。

いたというべきであろう。ケインズは政策策定上，完全雇用の達成に高い優先順位を置いた。これらはいずれもマクロの視点である。前述のように，これらのことがらは供給よりもむしろ需要を優先的に考える立場である。そのような事情からケインズの登場は，かれ以前の主流だった古典派経済学の価値前提を根本的な次元でひっくり返すことを意味したので，一種の革命であった。それゆえ学問的にも思想的にも，ケインズ流のマクロ経済学の登場は，「ケインズ革命」とよばれた。

　さてケインズに関連した説明を長々としてしまったが，ここでふたたび開発論自体の話にもどろう。つまり上述のことから1940年代から1950年代にかけて，イギリスやアメリカなどの主要国において，ケインズ経済学がパラダイム化したことがわかる。経済学全体にその影響がおよんだのであって，開発論の分野も例外ではありえなかった。しかしながら他方において，ケインズ経済学をそのままのかたちで途上国経済にあてはめることは無理であるという認識も一般的になった。また気鋭の学者サミュエルソン（1915－2009）の登場もあって，完全雇用が達成されていない状況にあってはケインズ流のマクロ政策が有効であり，ひとたび完全雇用が達成されたとなれば，従来からの古典派経済学が適用可能であるとする新古典派総合の考え方がパラダイムとなった[5]。といっても途上国側では，古典派にせよケインズ経済学にせよ，もしくは新古典派にせよ，いずれもそのまま途上国経済に適用するわけにはいかなかった。途上国経済への適用可能性という視点からみると，方法としてのケインズ革命は，すなわち先進国に適用可能な理論は，それをそのまま途上国へあてはめることはできないのであって，むしろ途上国側に固有の経済理論が要請されるという意味において，構造主義経済学の理論化が試みられたといえる。いうなればケインズ革命は，開発論の分野において発想の転換もしくは心的態度という意味で，間接的影響を与えたというべきであろう[6]。

　5）サミュエルソンによって著された『経済学』(1948)は1940年代末から1970年代にかけて市場経済圏の国ぐにおいて，標準的教科書として使用された。筆者もその洗礼を受けたひとりである。

　6）ケインズが開発論の分野に間接的影響をおよぼしたことについては，Thirlwall (1987)，J. Toye (2005)，宮川 (2007) の第7章「ケインズと開発論」を参照のこと。

4 　第 1 章　開発論のパラダイム

　では途上国経済に適用可能な理論として初期の構造主義経済学は，どのよう
な概念装置を提示しただろうか。代表的なものを挙げると，ローゼンスタイ
ン・ロダン（1902-85）による「ビッグプッシュ説[7]」，プレビッシュ（1901-
86）とシンガー（1910-2006）によって提示された中心国・周辺国の分析枠組
みでの「交易条件の長期的悪化説[8]」およびそれに端を発する「輸入代替工業
化論[9]」，ルイス（1915-91）による「労働の無制限供給説[10]」もしくはその
背後に隠れた「二重構造論[11]」，ペルー（1903-87）による「成長の極
説[12]」，ヌルクセ（1907-59）による「貧困の悪循環[13]」とそこから脱する
ための「均衡成長論[14]」，それに対するハーシュマン（1915-2012）の「不均
衡成長論[15]」とそのための手段としての「前方後方の連関効果[16]」，および
ミュルダール（1898-1987）による「累積的因果関係[17]」「軟性国家論[18]」
などだ。このように開発論は，とくに1950年代から60年代にかけて，経済学
においてひとつの独立した学問分野としての地位を築いていった。そして
1970年代には，世界銀行において構造主義経済学が主流となる。そこで影響
を与え続けた理論は，プレビッシュらの説が発展的に抽象化された理論すなわ
ちチェネリー（1918-94）らによる「ツー・ギャップ説（外国為替制約と貯蓄
制約）[19]」，およびルイスの余剰労働移動説の精緻化が試みられたハリス＝ト

7）Rosenstein-Rodan（1943）.

8）Prebisch（1950）；Singer（1950）. ふたりの関係については Toye, J. & R. Toye（2004）を参照さ
　れたい。

9）とくにこの開発戦略を強調した論考は Prebisch.（1959）. である。

10）Lewis（1954）.

11）*Ibid*.

12）Perroux（1955）. これはフランス語によるオリジナル論文である。そこで筆者はペルー自身によ
　る英語の論文 Perroux（1988）. を参考にした。

13）ヌルクセ（邦訳 1955）。

14）同書。

15）ハーシュマン（邦訳 1961）参照。ただしハーシュマンは純粋な構造主義経済学にはカテゴライ
　ズされない。

16）同書。

17）ミュルダール（邦訳 1959）。

18）Myrdal（1968）.

19）Chenery & Bruno（1962）；Chenery & Strout（1966）；Chenery & Eckstein（1970）；McKinnon
　（1964）. マッキノンは新古典派に属する。かれはモデルの精緻化を試みた。

ダーロの「期待賃金説[20]」などだ。かれらの影響が大きかったことは，1970
年代にルイスとミュルダールがノーベル経済学賞の栄誉に与ったことで明らか
であろう[21]。

　1960年代は，世界銀行だけではなく，他の国際機関においても構造主義経
済学が影響をおよぼす重要な変化が見られた。国連貿易開発会議（UNCTAD）
の発足と，そこで初代事務局長を務めて一定の成果を収めたプレビッシュの活
躍がそれである[22]。結果的にはその範囲と効果は限定的だったとはいえ，世
界的に取引される代表的な一次産品の共通基金化と，南北貿易において途上国
側からの輸出に対して先進国側が一方的に協力するかたちの一般特恵関税制度
（GSP）が連続的に実現する運びとなった。その勢いは1970年代において，第
一次石油危機が勃発したことにより，いっそう鮮明になる。すなわち途上国側
で交易条件の逆転を通した資源ナショナリズムの機運が高まり，それまで先進
国側に有利に運営されてきた国際経済制度に異議申し立てを唱えるかたちの新
国際経済秩序（NIEO）を樹立しようとの動きにまで，いたったのである。
もっとも資源ナショナリズムは一部のエネルギー資源のみにとどまることとな
り，最終的にNIEOの実現まではいたらなかった。

---

20) Harris & Todaro (1970). ふたりは新古典派である。かれらによる期待賃金モデルは，いまなお
　労働移動モデルとして学界で重宝がられている。
21) 1979年にルイスは，農業経済学者のセオドア・シュルツ（1909−98）と一緒にノーベル経済学
　賞を受賞した。ミュルダールのほうは，1974年にハイエク（1899−1992）と同時受賞であった。
　ルイスとミュルダールはいうまでもなく正真正銘の構造学派であるのに対して，シュルツとハイエ
　クは筋金入りの自由主義経済学者である。なんともアイロニカルなことか。なおルイスとミュル
　ダールについてはそれぞれ，学術性に富んだ評伝がある［Tignor 2006. ミュルダール（邦
　訳 2015），バーバー（邦訳 2011）および藤田 2010］。
22) じつはプレビッシュも，1977年度と78年度のノーベル経済学賞の候補にノミネートされた。強
　く推していたのは，サミュエルソンとヤン・ティンバーゲン（1903−94），レオンチェフ（1906−
　99）とミュルダールであった。プレビッシュの貢献は，理論と制度構築および政策との多次元で独
　特のものからなるとされた。しかし多くの主流派の経済学者からみるとかれは異端であり，適格性
　の面で受け入れがたかったのであろう。受賞にはいたらなかった（Dosman 2010：485−86）。なお
　プレビッシュがUNCTADで手腕を発揮することになるきっかけを与えたのは，当時の世界銀行
　総裁だったG. D. ウッズ（任期：1963−68）である。かれはプレビッシュを強く支持したという
　（Ibid.: 394）。その後のマクナマラ総裁（任期：1968−81）のときもそうだったが，構造主義に親近
　感を抱いていたようだ。なおミュルダールとプレビッシュの評伝によれば，1950年代のふたりは
　お互いに欧州経済委員会（ECE）とラテンアメリカ経済委員会（ECLA）の事務局長として活躍中
　であり，初期構造主義の考え方を共有していて，肝胆相照らす仲であった。

6   第1章 開発論のパラダイム

いうなれば1970年代半ばまで、構造主義経済学を中心とする開発論は第一期の黄金時代であった。ところが先進国側において、1971年にアメリカが金とドルとの交換を一時停止することとなり（ドルショック），それを機にブレトンウッズ体制は終焉を迎えた。そして1973年から74年にかけて第一次石油危機が発生し、多くの先進国に重大な影響をおよぼした。さらにいうなら石油資源に乏しい途上国はいっそう深刻な影響を受け、かれらは最も深刻な影響を受けた国ぐに（MSAC）とよばれ、文字通り重大な事態に陥った。これらの一連の出来事は先進国の経済学に少なからぬ影響をおよぼすことになり、多くの国でスタグフレーションという真新しい現象が生じ、ケインズ流のポリシーミックスの妥当性が疑われるようになった。そうしてマクロ経済学の分野において、ケインジアン＝マネタリスト論争が展開され、混沌とした状況が続いた[23]。そうこうするうちに新貨幣数量説をひっさげて登場したフリードマン（1912−2006）が1976年度ノーベル経済学賞を受賞するまでになり、しだいにマネタリズム流の供給重視の経済学が幅を利かすようになった[24]。言い換えるなら、ケインズ経済学の神通力がじょじょに失われていったのだった。すなわちケインズ経済学が影響力を保持していたときは、「市場の失敗」に対して国家介入によってそれを是正するということが受け入れられるのが常だったけれど、いまやそうではなくて、昔のスミス流のなにもかも市場メカニズムの作用に委ねるのが望ましいという考え方に移行したのだった。それこそ、かつてのケインズ革命に対する反革命と化したといえる。その結果、市場メカニズムを是とする考え方がグローバルな次元で広がることとなった。

主要国においてパラダイムがそのように変化するにいたったが、そのことは途上国側にとっても無縁ではなかった。新しい動きが見られたのは、まず世界銀行においてだった。1970年代を通してマクナマラ総裁の下でチーフエコノミストを務めたチェネリーに代わって、1982年にアン・クルーガー（1934−　）

---

23) すでに1950年代のチリにおいて、前哨戦とでもいうべき構造学派＝マネタリスト論争が、当時昂進していたインフレーションの因果関係をめぐって展開されたことがある。そのときの構造学派はケインズ経済学の影響をかなり受けていた。一方はインフレの根底にある経済構造を重視したのに対して、他方はたんに貨幣的現象にすぎないという主張であった。

24) フリードマンの基本的考え方については、フリードマン（邦訳 2008）参照。

がそのポストに就いた。いうまでもなく前者は構造主義経済学の流れを汲む経済学者であるのに対して，後者は典型的な新古典派の論客である。このことは，世界銀行における開発論のスタンスが構造主義から新古典派へシフトしたことを象徴的に表すものであった。

　開発論の学術雑誌においても変化が見られた。のちに大きな反響をよんだのは，ハーシュマンによる開発論ペシミズムである [25]。その論考の中でハーシュマンは，それまでの構造主義を中心に形成された開発論が，新古典派経済学によってすなわち（かれの言い方によれば）モノエコノミクスによって取って代わられようとしていることについて，そのトレンドを替えられない歯がゆさを訴えた。それゆえ本人はこの分野から決別しようとの意思を固めたという趣旨であった。それ以降ハーシュマンは，開発論の分野で研究活動を続けるのではなくて，政治経済学の分野で重要な論考を提示するようになる [26]。ハーシュマンに触発されて，当時の開発論の潮流についてセン（1933－　）とルイスがそれぞれの立場から所見を述べた [27]。さらに追い打ちをかけるように，インド人経済学者のディーパック・ラル（1940－　）は構造主義経済学の開発論をディリジスム（統制政策）の権化だとして徹底的に糾弾した [28]。こうなると市場経済への国家介入をすべて悪とみなす考え方が幅を利かすようになる。日本においても，それと似たような論調が目立つようになった [29]。

　ともあれ 1980 年代前半は，国際開発面の実際面に眼をやると，ラテンアメリカにおいて累積債務問題が勃発し，世界に衝撃を与えた。1982 年にメキシコがデフォルト宣言を発し，ブラジルやアルゼンチンへというふうに次から次へとラテンアメリカ主要国において，同様の問題が爆発的に吹き荒れた。かくしてラテンアメリカの 1980 年代は，「失われた 10 年」と化した。次節以降において，各パラダイムの特徴について詳しくみることとする。

---

25)　Hirschman (1981).
26)　ハーシュマンの政治経済学に関するわが国の包括的研究としては，矢野（2004）参照。なおハーシュマンを再評価するものとして高橋（2015）も注目に値する。
27)　Sen (1983)；Lewis (1984).
28)　Lal, D. (1983).
29)　高山（1985）参照。

8   第1章　開発論のパラダイム

1.2　パラダイムの第一局面
——構造主義の時代——

　開発論の最初のパラダイムは，前述のように構造主義経済学であった。最初
にそのきっかけを与えたのは，ローゼンスタイン・ロダンによる論文であ
る[30]。それは通称「ビッグプッシュ説」として知られるが，かれは工業化の
端緒として製靴工場の立地を例示し，そこから国家介入と海外援助を動員する
全面的な経済開発に連結するというパースペクティヴにより，独特の理論を展
開した。いうなればかれの登場から，開発途上国のための経済発展論を中心に
すえる学問分野が生誕したのだった。すなわちそれ以前は，欧米の経済学者は
欧米先進国のための経済学に主眼を置いていた。そのことはケインズのばあい
も，例外ではなかった。前述のように，ケインズは欧米の先進国経済が景気循
環を経験する中で，大不況もしくは大恐慌に陥らないための理論政策面の処方
箋を準備するという歴史的役割を果たしたのであって，けっして途上国のため
の理論装置を考案したのではなかった。そのことからも，ケインズ経済学を途
上国経済にダイレクトにあてはめるのが不適切であることは明らかであろう。
それゆえケインズと途上国のための開発論との関係は，直接的というよりもむ
しろ間接的な関係にあったというべきである。このことの含意は前述のよう
に，ケインズ以前の古典派経済学が，欧米経済における景気循環のネガティヴ
な新局面としての大恐慌に対して，あまりにも無力だったということだ。その
結果ケインズ経済学が前者に代わるものとして登場し，第32代アメリカ大統
領フランクリン・ローズベルト（任期：1933−1945）により遂行されたニュー
ディールによって，事後的に脚光を浴びることとなったのだ[31]。同様のコン
テクストで，途上国のための開発論と既存の経済学との関係について述べるこ
とができる。すなわち，途上国の経済に対して当時主流であった新古典派経済

---

30) Rosenstein-Rodan *op. cit.*
31) このことについてもっと正確を期す説明をするなら，史実としてはニューディールよりもむし
　　ろ，戦争準備とその遂行のほうがケインズ流の乗数効果は大きかったというべきであろう。

1.2 パラダイムの第一局面──構造主義の時代── 9

学をストレートにあてはめて論じるわけにはいかないという考え方が，それである。途上国経済について正面から論じることができるのは，それこそ構造主義経済学であるとみなされるのである。そのための嚆矢として歴史的役割を演じたのが，ローゼンスタイン・ロダンの「ビッグプッシュ説」だったわけだ[32]。

　第二次世界大戦後の世界は，いわゆるブレトンウッズ体制となる。戦勝国側のアメリカとイギリスを代表してハリー・ホワイト（1892-1948）とケインズの間でアメリカの保養地ブレトンウッズにて戦後の構想が練られ，結果的に新しい覇権国家たるアメリカにとって有利な国際経済システムが構築された。すなわち国際通貨基金（IMF）と国際復興開発銀行（IBRD：通称世界銀行）およびやや遅れるものの関税及び貿易に関する一般協定（GATT）が，発足する運びとなった。この局面においては，途上国の存在はほとんど顧慮されなかったといっても過言ではない。というのも当時の世界銀行は，ヨーロッパや日本などの世界大戦で著しい物理的損失を被った主要国の復興のための国際金融機関であったからだ。これらの国際機関が正面から途上国の開発のために取り組むようになるのは，早くても1960年代からである。第二次世界大戦後はアメリカが政治経済面において圧倒的な存在であり，ヨーロッパと日本はまったく余裕がない状態であった。アメリカは前者に対してマーシャルプラン[33]を，後者に対しては朝鮮戦争という「援助」を用意した。それは奇妙な表現ではあるが，後者にとってこの戦争とその後のヴェトナム戦争が「援助」的役割を果たしたことは紛れもない事実である。かくして，途上国の開発問題は後回しにされた。

　そのような事情を背景に，途上国の開発のための経済学は構造学派が担う運命となった。さて開発論が本格化するのは1950年代である。その詳細についてはすでに他のところで論じている[34]ので，ここでは簡単にポイントを要約するだけにとどめておこう。1950年に提示されたのはプレビッシュとシン

32）事後的にみて，学界や実社会へ大きな影響をおよぼしたのはむしろプレビッシュやルイスの開発理論もしくは開発思想であったというほうが正しい。

33）USドルで300億ドルとされるが，実質上そのうちの200億ドルは贈与であった。

34）宮川（2012, 2013a）。

10 第1章 開発論のパラダイム

ガーによるもので，途上国にとって対先進国の交易条件が長期的に悪化傾向に
あるという仮説であった[35]。かれらの理論は，主流派の新古典派経済学が提
唱する比較優位の原理に対して真正面から対峙するものであった。とくに途上
国の動態的視点から，先進国と途上国との間での南北貿易は途上国にとって長
期的に不利に作用しつつあるので，伝統的なリカード流の自由貿易を否定し
て，工業化のための輸入代替産業を保護する仕方に貿易政策を転換したほうが
よいという主張であった。むろん主流派の経済学者たちは，そのようにいわれ
て黙し続けることはなかった。南北の自由貿易を擁護するすさまじい論調が幅
を利かせたことは，論をまたない。主流派の立場は徹底した自由貿易主義で
あって，保護主義を否定する。プレビッシュらが提唱する輸入代替工業化には
保護主義が付随するので，新古典派にとって交易条件の長期的悪化説は受け入
れがたいものであった。ただしここで注意を要するのは，プレビッシュらは歴
史的視角から交易条件問題をあつかったことだ。すなわちイギリスが覇権国家
だった19世紀においては，一次産品の生産と輸出に特化するやり方はそれな
りに重要性をもっていた——19世紀後半に新興国として興隆したアメリカと
ドイツが，一定期間それぞれ典型的な一次産品としての農産物（前者はタバコ
と綿花，後者はライ麦）をイギリスへ輸出していたのであって，最初から工業
製品を中心に生産していたのではなかった——こと，じつはラテンアメリカも
それと同様の路線に乗っかっていたが，工業化のきっかけを見いだせずにいた
ところ，1930年代の大恐慌に見舞われて，一次産品に対する世界需要が著し
く低下したため，好むと好まざるとにかかわらず工業化を余儀なくされたこ
と，そのことが当初の輸入代替工業化にほかならなかったこと，かくしてこの
一連のプロセスのなかで，ラテンアメリカの国ぐににとって交易条件の長期的
悪化という現象が覆いかぶさったことなどだ。交易条件が長期的に悪化傾向を
示すようになったその他の背景としてかれらが挙げたのは，貿易可能財に内在
する属性であり，とくに需要の価格弾力性と所得弾力性において工業製品と一
次産品とでは違いが顕著なこと，さらには供給側の事情として途上国側では労

---

35) Prebisch (1950) *op. cit.* ; Singer *op. cit.*

36) これらの事情の詳細については，宮川（1996）の第1章「南北貿易の視座」および同（2009）の
第2章「一次産品問題とプレビッシュ」を参照のこと。

働市場が分割されていることなどだ[36]）。

　前段に列挙した最後の事情は，構造学派の代表的論客ルイスが提示した労働の無制限供給モデルともかかわってくる[37]。すなわち南北それぞれにおいて労働市場は異なっているという認識であり，先進国においては通常の労働市場モデルを適用できる——典型的には縦軸に賃金と労働の限界生産力を横軸に労働量をそれぞれ測るとき，労働需要曲線は限界生産力曲線をそのまま表し，労働供給曲線は右上がりに描くことができる——のに対して，途上国においては伝統的自給農業部門と近代的部門との二重構造を背景としてもち，前者から後者へ向けての無制限労働移動が見られ，近代的部門における賃金水準は伝統的自給農業部門の生存維持レヴェルの賃金によって制約される——伝統的部門の賃金水準よりも制度的事情によってやや高めに設定される[38]——こととなる。さらに伝統的部門から近代的部門へ移動する労働者の大部分は，伝統的部門においては限界生産力ゼロの偽装失業者であるという事情も含意していた[39]。大量の労働移動は近代的部門の工業化過程の進行とともに吸収されてゆき，やがて制度的に規定された賃金は上昇に転ずるようになる。そのようになる局面をルイスは転換点とよんだ。このことの含意は，労働市場の分割たる二重構造が解消されて，先進国に見られるような近代的部門のみからなる単一構造に転換するということなのだ。そうなれば先進国に適用される通常の労働市場モデルをあてはめて考えてよい。そのような段階においては，もともと構造的に途上国だったとしても近代化を達成した単一構造の国として，先進国と同様のレヴェルで考えてかまわない。かくしてルイス・モデルは，先進国の主流派経済学者にとっていくらか受け入れやすいものであった。

---

37) Lewis (1954) *op. cit.*

38) ルイスは，近代的部門のほうが伝統的部門よりも 30％高いと仮定した。ここで制度的というのは，近代的部門は資本制なるがゆえに賃金は労働の限界生産力によって評価されるのに対して，伝統的部門は非資本制の共同体であって，賃金は労働の平均生産力によって評価されるとした。この点についての厳密な分析は，後にセンによってフォローされた (Sen 1960, 1966)。

39) この点に対して，新古典派の論客は集中砲火を浴びせた。急先鋒はシュルツやヴァイナーであった。伝統的部門において限界生産力ゼロというのは事実を反映していないというものであった。この件についてルイスは，恒久的に反論を余儀なくされた。これについては，絵所 (1991, 1997) がルイス・モデルに一定の理解を示すとともに，シュルツの農業経済論および人的資本論の視点から詳述している。

12 第1章 開発論のパラダイム

ルイス・モデルについては，主流派も自分たちの陣営に受け入れて抽象化へ向けてさらに磨かれていく。レイニス＝フェイ・モデルとジョルゲンソン・モデルがその方向で考案された [40]。さらにその後影響力を有することとなるハリス＝トダーロの期待賃金モデルも構築された [41]。

ところでこのルイス・モデルは構造学派の陣営においてどのようにあつかわれたかというと，歴史性が加味された。ブラジル出身の経済学者であるフルタード（1920-2004）がその役割を担った [42]。ルイス・モデルに含意された二重構造そのものは，新古典派がみなすように歴史から離れて存在するのではなくて，むしろ歴史過程の中で形成されたものであって，近代的部門にはプランテーションや鉱山採掘部門を含めて考えなければならない。輸入代替工業部門もそれに加わり，プランテーションや鉱山採掘部門には先進国に本社を構える多国籍企業がかなりの程度入り込んでいる。つまりかつて独立にいたるまでの時代において，プランテーションや鉱山採掘部門は宗主国の支配下に置かれていたのであり，独立後の輸入代替工業部門は多国籍企業の手を借りて創設されることが通常であった。このことについては，ハーシュマンによってすでに事情説明されていた [43]。さてそのように考察を進めてくると，実現された利潤の大部分はかつての宗主国や多国籍企業によって吸い上げられたのではないか，という疑念が脳裏をかすめる。このことをとくに強調したのが，従属学派だ [44]。すなわちプレビッシュにせよルイスにせよ構造主義経済学が提唱する近代化過程は，先進国もしくは多国籍企業によって台無しにされかねないという捉え方にほかならない。かくして従属学派のばあい，きわめて批判的であって，途上国の近代化の過程には先進国の勢力がかなりのレヴェルで入り込み利潤の大部分を吸い上げるので，途上国は先進国や多国籍企業との関係を断つべ

---

40) Ranis & Fei (1961)；Jorgenson (1961).

41) Harris & Todaro *op. cit.*

42) フルタードの開発思想については，フルタード（邦訳 1972），同（邦訳 1973）および子安（1994）参照。さらに Bresser-Pereira (2004)；Bielschowsky (2006) も見よ。

43) Hirschman (1968).

44) 従属学派の基本的考え方を端的にわかりやすく示しているものに，ドス・サントスによる論考 Dos Santos (1970) がある。構造学派から従属学派への体系的流れを概観した論考として，西川（2000）の第5章「構造学派から従属論へ——その歴史的意義——」がある。新規の解説としては Palma (2016b) を見よ。

1.2 パラダイムの第一局面——構造主義の時代—— 13

きだという帰結にいたる。いわゆるデリンクを勧告することとなった[45]。従属学派の論客アンドレ・フランク（1929-2005）は，途上国が先進国とつながりを維持しながらの開発過程は「低開発の発展」を含意することにほかならないと主張した[46]。このことこそ，プレビッシュやルイスらによって代表される構造学派とフランクやサミール・アミン（1931- ）らによって代表される従属学派との根本的違いであって，フルタードがその中間に位置づけられることも首肯できようというものだ。さらにクリストバル・カイによって峻別されたように，途上国における二重構造の存在を構造学派は認めるのに対して，従属学派はそれを拒絶する[47]。このことも両学派の重要な違いとして認識されなければなるまい。プレビッシュやルイス，フルタードはそれが歴史的に形成されたものと認識するのだから，とうぜんであろう。

　さらに構造主義経済学がパラダイムの第一段階において影響をおよぼしたいまひとつの証左は，ツー・ギャップ・モデルのあつかいに求められる。このモデルはとくにチェネリーによって主導されたものだが，プレビッシュ＝シンガーによって提示されていた「交易条件の長期的悪化説」を「輸出ペシミズム」に言い換えるとき，重要性を帯びてくる。すなわち一次産品を輸出し続けるのはかなり悲観的見通しなので，途上国の経済成長を制約するものとして必要な投資に対して貯蓄不足が顕著なこと，同様に外国為替が不足気味なことが考えられる。したがってそのような制約を克服する有力な手立てとして，外国資本もしくは海外からのトランスファーが考えられる。そのばあいの外国資本には先進国からの援助もあれば，対内直接投資——先進国からの多国籍企業の受け入れ——も考えられよう。むろんそのようなやり方は，従属学派にとってはもってのほかであろう。いずれにせよツー・ギャップ説によれば，途上国内の貯蓄不足や外国為替不足を解消してくれるのが外国からのトランスファーである。このモデルの基礎はケインズ経済学から派生したハロッド＝ドーマー型経済成長モデルに求められる。そのモデルから得られる結論は，周知のごとく

---

45) サミール・アミンがその提唱者としてよく知られる。それについての簡潔な解説としてモハマッド・サリーの論考 Sarih (2006). がある。いっそう包括的展開としては，アミン（邦訳 1983）参照。
46) Frank (1966).
47) カイ（邦訳 2002），32-34 ページ参照。

14　第1章　開発論のパラダイム

貯蓄率（s）を高めて，限界資本産出比率（ICOR）を低めることだ[48]。それに加えて，ツー・ギャップ説は外国からの生産的な投資を活用することを訴える。たしかに1970年代までの経済援助を裏づける理論として，ツー・ギャップ説は一定の影響力を有するものであった[49]。

　なおフランソワ・ペルーとハーシュマン，およびミュルダールの存在を看過することは許されまい。ペルーの「成長の極説」もしくは「発展の極説」は，途上国が力強い投資をおこなうとき，最も成長が見込めるところに集中的に投資するとよいという一種の空間立地論である[50]。それはハーシュマンが定式化することとなる前方と後方の「連関効果」の概念によって，ポジティヴに肉づけされた。さらにいうならそれはレオンチェフ（1905−99）の産業連関表を活用することにもなるのであって，関係国においてインプット・アウトプット分析を実施することにつながってくる。すなわち前方にせよ後方にせよ，連関効果が最大の部門に集中的に投資することが要請される。連関効果がポジティヴに発揮されるとなれば，それはさまざまな産業を誘発することを含意する。首尾よく作用するなら，資本蓄積も進展することとなる。実際上，そのような楽観的見通しは甘すぎるといえるかもしれない。しかしこの概念装置を現在の新興国の実状にあてはめてみると，たとえば輸出加工区や経済特区などへの生産的立地――海外からの直接投資を含む――を通して経済成長を実現してきた国ぐに（中国やインドおよび東南アジアの国ぐに）のことをイメージすると，かなり現実味を帯びてこよう。成長の極もしくは連関効果は，現在の表現を用いるなら，グローバル・ヴァリュー・チェーンもしくはサプライ・チェーンを

48）このモデルから得られる帰結は次式によって与えられる。すなわち，g＝s/v これである。この式でgは一国の成長率を，sは当該国の貯蓄率を，およびvは当該国の限界資本産出比率をそれぞれ表している。

49）このことについては，新古典派を代表する論客リトルによって指摘された（Little 1982：147）。

50）ペルー自身の解説によれば，成長の極を構築すると，当初は極が生産要素に対して求心力をもつ傾向があり，分極化（二重構造）になりやすい。それゆえペルーはミュルダールと同様にいずれかといえばペシミストであった。ペルーのこの側面について解説したものに，西川（前掲）の第4章「経済発展から人間発展へ――シュンペーターとペルー――」がある。西川によれば，ペルーの開発思想は従属学派のアミンや人間開発論のセンに影響をおよぼした。さらにパルマによれば，フルタードの開発思想にも影響を与えた（Palma 2016b：389）。なおペルー・モデルの適用例として，旧ソ連のシベリア開発やカナダの地域開発が試みられた（Perroux 1988：48）。

ポジティヴに捉えた表現にほかならない。あくまで受け入れ国の成長もしくは発展に関連づけられるならばの話である。しかし1960年代までそうだったのだが，東アジアの国ぐにや地域を例外として当時のほとんどの途上国において，それは構想倒れだったといってもいいくらいだ。実際はどうだったかというと，構想通りにはいかず，むしろ二重構造が深刻化する国が多かった。すなわちこのことは当時のペルー自身がいずれかといえば悲観していたように，ミュルダールによって概念化された「逆流効果」——累積的因果関係のネガティヴな面の具体化——や，「軟性国家」の顕著化となって現出した。

　最後にまとめておこう。パラダイムの第一局面を彩る学者たちは，外国資本を取り入れるかたちでルイスによって定式化された二重構造からの脱却を実現可能とみた。ルイス本人をはじめとしてプレビッシュやシンガー，ハーシュマンおよびチェネリーらに代表されるオプティミストと，他方において二重構造からの脱却は困難とみたミュルダールやペルーのようなペシミスト，さらにはその中間的立場のフルタードというように位置づけられるのではなかろうか。ただし従属学派は猛反対の立場を堅持した。

1.3　パラダイムの第二局面
——新自由主義の逆襲——

　構造主義経済学が，ケインズの影響を受けて，国家介入を正当化する立場であるのに対して，新自由主義もしくはネオリベラリズムは，すべての経済問題を市場メカニズムの自由な作用に委ねるタイプの新古典派経済学の考え方を別様に表現したものにほかならない。すなわち開発論のパラダイムが構造主義からネオリベラリズムへ移行したというのは，開発論の潮流が逆戻りしたことを含意する。つまり途上国の開発問題に対処するとき，先進国と途上国とを区別して異なる経済学を準備する必要はなく，ハーシュマンのいうところのモノエコノミクスでじゅうぶん間に合うというのだ[51]。たとえば構造主義において

---

51) Hirschman (1981) *op. cit.*

16 第1章 開発論のパラダイム

は，途上国経済は二重構造だという認識の上に立つが，ネオリベラリズムはホモエコノミクスの前提に立つ経済合理主義で充たされた単一構造で完結しているとみる[52]。

　貿易論のコンテクストで述べた方がいっそう明瞭であろう。すなわち構造学派は輸入代替工業化論に含意される保護主義——幼稚産業論のひとつのヴァリエーション——の色彩が濃いのに対して，ネオリベラリズムは徹底した自由貿易主義である。言い換えるなら後者は，リカードの伝統の上に立つ比較優位の原理に従おうとする。ネオリベラリズムがそのように考える契機を与えたのは，1960年代から70年代にかけて顕著化することとなった新興工業国家群（NICs）の興隆である[53]。いわゆるNICs現象をどのように認識するかという問題設定において，構造主義は輸入代替工業化過程を経て輸出指向工業化過程に移行したものと捉えたが，ネオリベラリズムは一貫して輸出指向工業化を採った国のほうが経済実績は高かったと結論づけた。まさしく1980年代の世界銀行の報告書がそのような立場を代弁した[54]。つまりかれらが言いたかったことは，新興工業国家群は一定数存在するけれど，いずれかといえば比較優位の法則に近い自由貿易政策を採った国のほうが実績は良好だったのであって，そうではなく輸入代替のように保護主義的色彩が濃かった国の実績は相対的に芳しくなかったということだ。時あたかも伝統的に輸入代替工業化政策を採り続けたとみなされていたラテンアメリカ主要国が，債務累積問題に見舞われて，どうにも身動きがとれない状況になったという事情も手伝って，輸入代替工業化派は輸出指向工業化派に押されぎみであった。

　かくしてネオリベラリズムが優勢な中で，世界銀行と国際通貨基金（IMF）は手を結んで開発問題に取り組むこととなる。こうして構造調整貸付（SAL）およびIMFコンディショナリティが具体化していった。つまりラテンアメリカが債務累積問題を抱えるようになった背景は，過度の国家介入が見られたこ

---

52) ホモエコノミクスを大前提にした推論の進め方に対する批判は昔から盛んになされてきたが，近年ふたたび息を吹き返しつつある。カール・ポランニーによる「行き過ぎた市場」に対する批判をはじめとして，経済学に倫理的要素を入れよという趣旨の著作がいま注目されている。宮川（2014）およびセドラチェク（邦訳 2015）参照。

53) その嚆矢となったのは，OECDの報告書（1979）であった。

54) 世界銀行（1987）。

とにあり，そのような国家（政府）の失敗を抜本的に是正する必要があるというのであった。輸入代替工業化のような保護主義はもってのほかというに等しかった。すなわち保護主義に関係するような規制は撤廃すべきであり，国有企業はなるべく民営化すべきであり，市場原理に沿うような政策に置き換えることが要請されるというのであった。このふたつの国際金融機関は，自由化政策のための厳しい融資条件を課すこととなった。それには為替レート政策も含まれる。輸入代替工業化期に指摘されていた過大評価された為替レートは是正される必要があった。

ネオリベラリズムによる政策パッケージ案は，ジョン・ウィリアムソン（1937- ）によって提唱されたワシントン・コンセンサス（1990）によって具体化された[55]。ここではその詳細については議論しないが[56]，それは次のような項目群であった。① 財政規律，② 公共支出の優先順位，③ 税制改革，④ 金融の自由化，⑤ 為替レートの段階的自由化，⑥ 貿易の自由化，⑦ 外国投資の受け入れ緩和，⑧ 公営企業の民営化，⑨ 規制緩和，⑩ 所有権（財産権）の保証，これである[57]。これらの項目をさらに要約するなら，あらゆる次元における自由化と民営化および規制緩和の要求ということになろう。一括して自由化政策の要請としておこう。これらの要請項目群をワシントン・コンセンサスと称するからには，それなりの理由がある。すなわちワシントン D. C. に世界銀行と IMF の本部があること，およびそこはアメリカ財務省の所在地でもあり，この三位一体はアメリカ政府の意向に影響されやすいという特色を有していたからだ。

こうしたネオリベラリズムの影響下で幾多のラテンアメリカ諸国は，かつての構造主義的政策パッケージから新自由主義のそれへと転換することとなる。それは次のようなものであった[58]。主要国のばあい，アルゼンチンは 1990〜

---

55) Williamson（1990）.
56) 詳細は，宮川（2007）の第 1 章「補遺 新構造主義による新自由主義評価」参照。
57) 今世紀に入ってから，さらに追加アジェンダが提示された。① 企業統治，② 汚職追放，③ 伸縮性のある労働市場，④ WTO 規約の遵守，⑤ 国際金融法規と規約の遵守，⑥ 「熟慮ある」資本勘定の開放，⑦ 非仲介的な為替レート制度，⑧ 中央銀行の独立性とインフレ目標化，⑨ 社会的セーフティネット，⑩ 貧困削減の目標化，がそれである。これについて，ロドリックがコメントを寄せている（Rodrik 2005：212）。筆者も取り上げて批評した（宮川 2007：54-55）。

18   第1章　開発論のパラダイム

94年にかけて計画変更を手掛け，ブラジルは1987〜91年に一般的自由化を実施し，メキシコは1988〜94年に貿易の自由化と金融の自由化を実施した。その他の国ぐにも同様であり，ボリヴィアは1990〜97年に実施，チリは早くも1976〜81年に一般的自由化を実施していた。コロンビアは1992〜95年に実施，コスタリカは1987〜91年に貿易の自由化を実施し，92〜98年にさらなる開放政策を推進した。ドミニカ共和国は1991〜96年に自由化を，エクアドルは1992〜98年に安定化と自由化を，エルサルヴァドルは1990〜95年に経常収支の自由化と金融の自由化を，およびグアテマラは1987〜92年に経常収支の自由化をそれぞれ実施した。ジャマイカは1990〜92年に金融の自由化を，そして1993〜98年に貿易の自由化をそれぞれ連続的に実施した。パラグアイは1988〜91年に貿易と為替レートを自由化の方向へ改革した。そしてペルーは1991〜98年に経常収支の自由化を実施した。

　むろんこのように大幅な政策変更を実施することになったのは，1970年代に時のアメリカ大統領ニクソン（任期：1969−73）によって発動されたドルショックを契機に，国際金融市場において為替と資本の自由化が押し進められたこと，二度のオイルショックが勃発しアメリカをはじめとする先進中心国において，一定の国家介入を容認するかもしくは積極的に認めるケインズ経済学が，スタグフレーションという未曽有の現象に対して有効でなくなったこと，それと同時進行するかたちでフリードマン流のマネタリズムが興隆し，需要よりも供給を重視するサプライサイド・エコノミクスがじょじょに幅を利かすようになったことなど，先進国において，主流派経済学としてケインズ経済学から新古典派経済学のほうが復権するようになったことが，重要な背景として考えられる。つまりこのことを言い換えるなら，市場の失敗を論拠としてなんらかの国家介入もしくは規制を正当化してきたケインズ経済学がじょじょに後退し，それに代わって市場メカニズムの優位を主張する新古典派経済学が復権して，主要国の国内経済面および国際経済面のいずれにおいても，いわゆる市場原理主義がもてはやされる機運が高まったことにある。そのような傾向と開発論の動向とはけっして無縁ではない。ハーシュマンによる開発論ペシミズムの

---

58) Taylor (2004b), tab. 7.1 & tab. 7.3 : 182-189.

1.3 パラダイムの第二局面——新自由主義の逆襲——　　19

論考も，まさしくそれと符合した時期であった。そして 1980 年代はラテンア
メリカにとって累積債務が爆発現象を引き起こした時期でもあり，この地域は
「失われた 10 年」と揶揄されるような最悪の時期を迎えることとなった。主要
国内外の全般的な機運によって，市場経済がもてはやされ，国家介入や規制は
否定されるようになった。「市場の失敗」ではなくてむしろ「政府の失敗」が
叫ばれるようになった。かくしてそれを是正するためにはどうしたらよいかと
いう議論となり，そのためには市場経済が思う存分機能するような制度もしく
は構造改革が要請されるという趣旨の論調となる。計画経済やディリジスムは
徹底して嫌悪された。

　理論面ではレントシーキング説がもてはやされるようになり，なんらかの国
家介入や規制にはレントシーキングがともないがちであるとされ，なるべくレ
ント——利権もしくは制度上の不正利得と解釈され，独占利潤的な意味合いで
捉えられる——を取り除くパレート最適へ向けての努力が求められた。つま
り，なるべく市場原理一辺倒にすべしというのだ。貿易論においても同様で
あった。保護主義は否定され，自由貿易が推奨された。

　先に構造学派を代表する学者群を挙げたが，ここでは新自由主義を代表する
学者群を挙げておこう。1970 年代初頭にその狼煙が上がった。リトル（1918−
2012）らによる新興国家群の貿易と産業についての評価をめぐる共同研究を手
始めに，クルーガーによる貿易政策におけるレントシーキングに関する論考，
およびバラッサ（1928−91）による東アジアの新興国家群における輸出指向工
業化に関する論文群などが代表的な研究である [59]。これらはいずれも構造主
義経済学が依拠していた一定の国家介入の正当性を，すなわち輸入代替工業化
のそれを正面から否定するものであった。つまり先進国のみならず途上国にお
いても保護主義には必ず歪みがともないがちであって，できることなら自由貿
易体制にもっていったほうが望ましいという趣旨である。いずれも伝統的な新
古典派の自由貿易主義の考え方に依拠していた。もともと自由貿易のほうが保
護主義に比して優位にあるのであって，いずれかといえば比較優位の原理に
則って貿易政策を採ってきた国ぐにのほうが，すなわち輸出指向工業化戦略を

---

59) Little, Scitovsky & Scott (1970)；Krueger (1974)；Balassa (1970, 1972).

20　第1章　開発論のパラダイム

選択してきた国ぐにのほうが，保護主義もしくは輸入代替工業化戦略を採ってきた国ぐにによりもよりよい経済成果を上げたというものであった。つまり，自由貿易の優位性が実証されたというわけだ。

　1980年代になると，先のハーシュマン論文に示されたように，構造主義経済学はしだいに後景に押しやられてゆく運命にあった。そのようになった重要な背景として，前述のようにスタグフレーションを克服できなかったケインズ経済学の退潮があげられる。市場の失敗を是正するための国家介入の正当性がしだいに失われてゆき，途上国においても輸入代替工業化の正当性がじょじょに失われた。バグワティ（1934- ）ら新自由主義の学者の論考によれば，この戦略は過度の国家介入がともなうのでレントシーキングを招来する傾向があり，非生産的な資源の使用に帰結することとなる[60]。しかもこの時期の世界銀行はすでに構造主義から新自由主義へと方針を大きく転換しつつあった。なぜならこの時期のチーフエコノミストは，70年代初期にレントシーキング説で注目されたクルーガーに代わっていたから。世界銀行から1978年以降刊行されてきた『世界開発報告』も，輸入代替工業化よりも輸出指向工業化を称揚する論調に変容する。幾多の途上国の経済実績について，輸入代替と輸出指向とで比較した結果，後者に軍配が上がるという結論であった[61]。つまり，古典派から新古典派へ連綿と受け継がれてきた自由貿易の保護主義に対する優位性が実証されたというわけだ。そこでは1970年代にコーデン（1927- ）によって定式化されていた保護主義にともなう実効保護率の概念も使用され[62]，輸入代替工業化にともなう歪みの大きさも測定された。結論として伝統的な比較優位の原理に則った政策が，いよいよ推奨されるようになった。

　さらにいうなら全般的な国際環境の変化も，新自由主義に有利に作用した。1980年代といえば，真っ先に思い起こされるのが，累積債務問題の発生に端を発するラテンアメリカ地域の長期低迷である。この問題は1990年前後に債務の証券化を骨子とするブレイディ提案によって終結を見たが，ラテンアメリカ地域においてこの問題は根深く燻ぶり続けた。さらには1980年代後半にお

60）Bhagwati, Brecher & Srinivasan (1984).
61）世界銀行，前掲。
62）Corden (1971).

いて代表的な中央計画経済国だった旧ソヴィエト連邦が分解するにおよんで，結果的に 1989 年のベルリンの壁崩壊へとつながる。このことはイデオロギー面において共産主義もしくは社会主義の完全な後退へ，言い換えるなら資本主義もしくは自由主義の優位が表面化したことを意味する。そのことにより新自由主義は，市場原理主義に譬えられるほどまでに補強されたといえる。いうなれば東西問題の解消は，新自由主義の相対的優位にとって決定打となった。かくしてウィリアムソンのワシントン・コンセンサスの提示となったのだった。

　1990 年代は，新自由主義経済学が全盛を極めた時期である。ソヴィエト連邦の分解とベルリンの壁の崩壊によっていよいよ自信を深めたアメリカ政府と，ワシントン D. C. に本部を構える国際金融機関 IMF と世界銀行が三位一体となって，ワシントン・コンセンサスに謳われた項目群に則って国際開発政策を推進することとなる。それは前述のように，IMF コンディショナリティおよび世界銀行の構造調整貸付（SAL）というかたちで具体化された。すなわち途上国もしくは新興国への新規貸付は，対象国がワシントン・コンセンサスに列挙されたような項目群にどれだけ近い構造を呈しているかによって優先順位がつけられた。貿易の自由化のレヴェル，さまざまな規制緩和の実施状況，資本移動の受け入れ準備や金融の自由化のレヴェルなど，それぞれの項目ごとに順位づけがなされた。したがって被援助国はさまざまな次元の自由化政策を間接的に強要されたといえる。いうなれば幾多の途上国は，IMF と世界銀行によって自由貿易主義の「見えざる鉄拳」がちらつかされたのだった。

1.4　さらなるパラダイム転換へ

　1990 年代全体を通して隆盛を極めた新自由主義も，世紀末に勃発したアジア経済危機によって実質的な退潮を余儀なくされる。グローバルな次元で展開された一連の自由化政策の中で最も問題を蔵していたのが，野放図な資本移動である。その矛盾が如実に現われたのがアジア経済危機であった。それは 1997 年に，タイの通貨バーツの暴落という現象によって引き起こされた。そして通貨危機もしくは金融危機はあたかも野火のごとく東南アジア一帯にひろ

22　第1章　開発論のパラダイム

がる。インドネシア，マレーシア，フィリピンそして韓国までおよんだ。これ
らの国ぐには，海外からの資本を大量に受け入れていた。資本といってもそれ
は，直接投資のみならず証券投資も多額であった。とくに後者が問題化し，大
量の資本流出となり，当事国にたいへんな混乱をもたらすこととなる。おそら
くアメリカのヘッジファンドが主犯だったとみなしてよいだろう。当時，その
ような事態にいたらしめた最大の要因はいったい何かという問題をめぐって，
論争が展開された。新自由主義はアジア特有のクローニー・キャピタリズムが
最大の要因だと主張したのに対し，政治経済学者のウェイド（1944- ）は浮
動性の高いとくにアメリカの投資銀行を経由してのファンドマネーが主導した
のではないかと論じた[63]。筆者は後者に同調する。浮動性の高い短期資本の
大量の移動は，1994年のメキシコにおけるテキーラ危機においてすでに見ら
れていた。そのときも大量の短期資本がメキシコから流出した。当時のメキシ
コは，アメリカ，カナダとの地域経済統合である北米自由貿易協定（NAFTA）
へ正式加盟するための条件として，貿易の自由化だけでなく為替と資本の自由
化も要請されていた。結果的にペソ暴落と資本流出という帰結にいたった。こ
の現象をプレビッシュ流の中心国・周辺国の枠組みをあてはめて考えると，経
済発展レヴェルに圧倒的な差が認められる米墨間において，アメリカが求心力
をもってしまい，経済資源がアメリカのほうに引き寄せられた現象として捉え
られる。メキシコに滞留していた資本がアメリカに引き寄せられたのだから，
メキシコの通貨ペソは大幅な下落を余儀なくされた。これがいわゆるテキーラ
危機であった。前世紀末に起こったアジア経済危機は，その地域にとどまるこ
となく世界各地に飛び火した。世紀を跨ぐかたちでロシア，ブラジル，アルゼ
ンチンへというように。一連の現象はいずれも，ウェイドのいうような浮動性
をもった短期資本の仕業であった。

　アジア経済危機を契機に，新自由主義経済学に対する信頼はじょじょに失わ
れていく。とくに浮動性の高い短期資本の移動に対する疑念が，グローバルな
次元でひろがっていった。そこで世界銀行の開発協力政策は，すべての次元に

---

63) Wade（1998）. 世紀を跨いで徹底して市場原理を擁護する筋金入りの学者にバグワティがある
　［Bhagwati 2005, バグワティ（邦訳 2005）］。

おいて自由化を推奨する構造調整貸付（SAL）体制から貧困削減戦略文書（PRSP）体制へ大きく転換することとなる。ミレニアム開発目標（MDGs）においてそれは具体化された。つまり途上国の絶対的貧困——1日に1.25USドル未満での生活を余儀なくされている人びとの存在を意味することが多い——をいかにして削減するかに援助目標が設定され，その達成努力を見計らって援助配分しようとするのだ[64]。さらには世界銀行の副総裁兼チーフエコノミストにスティグリッツが就任（任期：1997−2000年1月）し，それまでのIMFの途上国に対する姿勢を大々的に批判した。そのことはまさしく潮目が変わったことを意味するものであった。ちなみにそのときの世銀総裁はウォルフェンソン（任期：1995−2005）であった。かくしていよいよIMFの評判は悪化していった。

　構造主義が頂点を極めた1970年代前半に新自由主義の萌芽的研究がなされていたことを先に述べたが，それとまったく同様に，新自由主義全盛時の1990年前後において，政治経済学者アムスデン（1943−2012）とウェイドによって，東アジアの新興国にして成功を収めたとみなされていた韓国と台湾は，新古典派もしくは新自由主義経済学が主張するような徹底した自由主義もしくは比較優位の原理に則って政策運営したのではなくて，国家主導で計画的に政策運営していたことが明らかにされた[65]。むしろ構造主義のプレビッシュ流であるところの，輸入代替工業化から首尾よく輸出指向工業化へ転換したことの意味が強調されたのだった。これはかなりのインパクトを与えることとなり，世界銀行のリポートにおいて経済成長における政府（国家）の役割の重要性が認識されるようになった[66]。

　国家もしくは政府と市場との関係は慣習的に対峙関係として捉えられてきたが，新構造主義経済学はむしろ両者は協力関係にあるという立場をとった。たとえば輸入代替工業化と輸出指向工業化との関係は，新自由主義による捉え方

---

64) そのような兆しが窺える論考はスティグリッツによるものである（Stiglitz 1998）。この件については，石川（2006）の155ページ参照。なお2015年に，MDGsは持続可能な開発目標（SDGs）へ移行した。

65) Amsden（1989），ウェイド（邦訳 2000）。

66) 世界銀行（1993）参照。そこでは，東アジアの経済成長にとって政府の役割が適切であったという基本認識が窺える。

24   第1章　開発論のパラダイム

だと，前者はかなり保護主義的色彩が濃いものであって非効率であるのに対して，後者は比較優位の路線に沿うものであっていっそう効率的であるとするけれど，新構造主義のばあい，両者は連続的関係にある。すなわち典型的途上国のばあい，輸入代替工業化はかつての幼稚産業論の一種のヴァリエーションであり，やがて輸出指向工業化へ転換することを含意している。そのような過程において国家が一定の役割を担うものと想定する。そのように捉えるならば，国家と市場は対立的ではなくてむしろ親和的関係にある。新構造主義のそのような考え方の出現は，1990年代初頭であった[67]。ラテンアメリカ系の新構造主義（国連ラテンアメリカ・カリブ経済委員会〔ECLAC〕に代表される）の視点は，スンケル（1929-　）によって1990年代前半にまとめられた[68]。そこでの特徴は，従来のECLAはラテンアメリカ経済が飛躍的発展できない要因を交易条件のような対外的要因に求める傾向が強かったことを認め，以降は対内的要因にも分析の眼を向けようという姿勢を示したことだ。そのようなコンテクストの中で，国家はどのような役割を果たしたらよいかについて検討された。この地域全体をみると，新自由主義の考え方の支配下にあって，IMFと世界銀行との関係において，SALに沿う貿易政策や金融財政政策および為替政策が実施されていた。実際上その成果はどのようなものだったかについての検証は，次の世紀まで待たねばならなかった。

　ちょうど世紀の変わり目の時期に，ECLACと当事国の経済スタッフとの協力体勢で報告書がまとめられた[69]。それによれば，1990年代の構造改革はチリに代表されるような一部の国はかなりの成果を上げたが，多くの国ぐににおいてはさほど良好な成果は上がらなかったというものであり，輸入代替工業化と輸出指向工業化との連続性が再度強調された。

　21世紀に入るとグローバル経済は，いくつかの次元で様相が変容する。ひとつには新興国としてBRICs（ブラジル，ロシア，インド，中国）がにわかに興隆したことだ。これらの国ぐには経済面のみならず政治面においても，覇権

---

67) Shapiro & Taylor (1990)；Shapiro (2007).
68) Sunkel ed. (1993). その中で国家と市場の役割について同様の趣旨で論じている（*Ibid.* chap.13：361-395)。
69) Stallings & Peres (2000).

国家たるアメリカに正面から対抗しようとの姿勢を見せた。これらの国ぐにの
国際政治経済における発言力はじょじょに強くなっていった。とくに中国のプ
レゼンスがどんどん大きくなる。この国の GDP は日本を抜いて世界第 2 位に
躍り出た。管見によれば，2002 年から 2006 年にかけて世界的な一次産品ブー
ムが起こった[70]が，その最大の要因は中国の経済面での台頭にあった。深圳
や上海などの沿海地域の経済特区に先進国から有力な企業を誘致して，この国
に賦存する豊富で良質な労働力を提供することによって大量生産し，「規模の
経済」を実現するというやり方であった。そして大きな消費が見込めるアメリ
カや日本，ヨーロッパなどの主要国へ大量輸出したのだった[71]。いうなれば
この国は，21 世紀の世界の工場と化したのだ。では，圧倒的な工業化のため
の一次産品の供給先をどこに求めたのだろうか。むろん自国のみではとても足
りないので，アフリカやラテンアメリカに求めた。この国の政治指導者の動向
を見ているとじつにわかりやすい。アフリカやラテンアメリカのそれぞれの国
に赴き，一次産品を確保する代償としてインフラ整備を資金と人力との両面に
おいて協力を惜しまないというスタンスだ。そのばあいの一次産品は第一にエ
ネルギー資源であり，第二に鉱物資源であり，第三に食糧系の一次産品であ
る。そのカテゴリーに入る一次産品はいずれも値上がりした。それが今世紀に
入ってから生じた一次産品ブームの本質にほかならない。その結果どのような
影響がもたらされただろうか。アフリカやラテンアメリカ地域において，極度
のアメリカ離れもしくはアメリカ嫌いという現象を招来せしめた。とくにラテ
ンアメリカ地域において，かねてより燻ぶり続けていた反米感情が爆発するこ
ととなった。われわれの記憶に新しいところでは，ヴェネズエラの大統領チャ
ベス（任期：1999－2013）やボリヴィアの大統領モラレス（任期：2006－現

---

70) この問題の考察としては，宮川（2009）を参照されたい。

71) 中国の興隆を開発論の視角からどのように捉えたらよいかという問題に対して，理論としてはか
つての赤松＝小島による「雁行形態論」，R. ヴァーノンによる「プロダクト・サイクル説」および
ペルーによる「成長の極説」が妥当性をもつだろう。また経済学の主流派では，ルーカスとロー
マーによる内生成長論からの接近が可能であろう。それは要素移動を通じて人的資本の拡充によ
り，最終的に収斂化現象をもたらすとする。根本的次元においては，ルイスの「余剰労働移動説」
が最も説得的であり，いわゆる「ルイスの転換点」問題が論点となっている。この点については，
宮川（2013b）を参照のこと。なお近年，デ・ジャンボリーらは「開放経済型工業化」という概念
を用いている（de Janvry et al. 2016：138）。

職）などその急先鋒であった。そのような中国のスタンスは，このところ世界的な話題の焦点となっているアジアインフラ投資銀行（AIIB）の設立と「一帯一路」構想にも関係してこよう。いずれにせよラテンアメリカからの視点から見て，伝統的な一次産品の輸出相手国としてはアメリカやヨーロッパに比して中国の存在がどんどん大きくなっていったということなのだ[72]。それゆえに 2015 年から兆候が見えはじめた中国経済の減速傾向は，一次産品の供給国に対して深刻な影響を与えはじめている[73]。

さてそうこうするうちにアメリカ本国において，2007 年と 2008 年にサブプライムローン問題とリーマンブラザーズの経営破綻問題が起こった。これはアメリカの国内金融問題であるとともに国際金融問題ともなった。それこそ新自由主義の路線に沿って資本の自由化および金融の自由化が進められた結果，マネーの流出入がグローバルな規模で起こったのだ。このことを契機に国際環境は新たな局面を迎えることとなる。すなわち 2010 年代になって，EU の下位グループに属する国において，具体的にはギリシアにおいて財政危機問題が起こる。この問題は一見したところ，EU の上位国と下位国との協力関係でどうにか解消できそうに見えたが，事態はやすやすとは進まなかった。いまなおこの問題は燻ぶり続けている。

国際環境の変容についてはこのあたりでおしまいにしておこう。そのような諸々の事情の発生源のほうにあらためて焦点を当てると，アメリカとイギリス，および日本における異次元の量的金融緩和政策のなせる業として見えるのである。世界の中心国における金融緩和がグローバルな規模で膨張しすぎたのだ。それはとうぜんのごとく新興国にもおよんでくる。バブル経済化，これである。そして日米英など中心国内においては，格差の先鋭化として具体化してくる。このあたりの事情についてはスティグリッツが舌鋒鋭く批判しているの

---

72) ラテンアメリカと中国との国際政治経済関係について，前者の視点から一貫してポジティヴな視点から論じたものに Hardy（2013）がある。

73) 近年の動向を分析した研究に桑原（2017）があり，とくにヴェネズエラ経済が深刻化したこと，ブラジルやアルゼンチンなどの主要国では，左派政権から市場メカニズムを重視する中道右派へ政治情勢が変わってきたこと，およびアメリカで 2017 年にトランプ大統領が誕生したことからメキシコに深刻な影響が出はじめていることなどが示されている。一言でいえば，この地域は混迷を深めつつあるということだ。

で，ここではこれ以上は論じない[74]。

　そこでこのところ盛んになってきた構造主義時代と新自由主義時代との成果比較について，みてみよう。近年の見方によれば，前者は1950〜80年までの時期であるのに対して，後者は1990〜2008年までとされる[75]。経済成果についてみると，どうだっただろうか。2000年から2006年に提示された研究群においては，どうしてもポジ評価とネガ評価とが錯綜していて曖昧性から脱しきれなかった[76]が，いまとなってはまったく様相が異なる。バードサルやデ・ラ・トーレらによる代表的研究を取り上げてみよう[77]。分析対象国はラテンアメリカの国ぐに（アルゼンチン，ブラジル，チリ，コロンビア，メキシコ，ペルー，ヴェネズエラ）である。結果をみると，新自由主義の時期をとおして全般的にチリのみが良好な成果を上げていた。その他の国ぐには項目ごとに良好だった項目とそうではない項目との落差が大きかったようだ。前者にはインフレーションの収束とマクロ経済の安定化が含まれ，後者の一人当たり所得の成長率（経済成長率）と貧困削減，および所得分配においてはほとんど見るべき成果は上がっていない[78]。とくに後者においては完全に失敗だったと結論づけている。つまり実質的に労働市場の改善にはほとんど手がつけられなかったようだ。チリが良好だった最大の背景は，すでに自由化政策が1970年代から開始されていたことに求められよう。ただしこの国のばあい，左派のアジェンデ（任期：1970-73）政権をピノチェト（任期：1973-90）がクーデターによって暴力的に打倒して右派権威主義という非民主政を敷いたことは，周知の事実である。その他の国は1970年代に一様に右派権威主義政権を経験したが，1980年代のうちに民主政へ移行していった。このことが政治的背景の大きな違いである。

---

74) スティグリッツ（邦訳 2015）を参照のこと。先進国内の格差については，世界的ベストセラーとなったピケティ（邦訳 2014），アトキンソン（邦訳 2015）およびミラノヴィッチ（邦訳 2017）も参照されたい。

75) むろん1980年代はラテンアメリカにとって「失われた10年」であり，見るべき成果はなかった。

76) たとえば代表的な研究に Ocampo & Martin eds. (2003)；Taylor (2004) *op. cit.*; Ocampo ed. (2005) がある。

77) Birdsall et al. *op. cit.*

78) *Ibid.*: 90-91.

28   第1章　開発論のパラダイム

表1.1　新自由主義時代（1990〜2008年）の一人当たりGDP平均成長率（%）

成長実績上位国	成長実績下位国
チリ（4.0）	コロンビア（1.9）
ドミニカ共和国（3.9）	エルサルヴァドル（1.8）
パナマ（3.6）	ホンジュラス（1.8）
ペルー（3.4）	メキシコ（1.6）
アルゼンチン（3.0）	ボリヴィア（1.5）
ウルグアイ（2.8）	ブラジル（1.5）
コスタリカ（2.8）	ニカラグア（1.5）
	エクアドル（1.5）
	グアテマラ（1.5）
	ヴェネズエラ（1.2）
	パラグアイ（0.5）

（注）表の左右に区分けされた成長実績の上位国と下位国は，構造主義時代
　　　と比較したものである。
（出所）Ocampo & Ros（2011），tab. 1.4, p.21. を基に筆者により作成。

　新構造主義経済学の論客オカンポ（1952-　）とジェイム・ロス（1950-　）
の近年の研究 79)によれば，構造主義の時期（1950-80年）に比して，新自由
主義の時期（1990-2008年）におけるラテンアメリカ・カリブ海地域の一人
当たりGDP成長率の平均値は，表1.1に示すとおりである。

　この表から明らかなように，成長実績の平均値が2.7%だった構造主義の時
期と比較した新自由主義の時期における各国の成長実績はけっして良好だった
とはいえず，とくに主要国のばあい，停滞気味だったことがわかる。このばあ
い構造主義の時期というのは国家主導型の輸入代替工業化の時期を意味してい
て，新自由主義時代はあらゆる次元において自由化政策を強いられた時期で
あった。このことについてはじつはすでに2000年代半ばの時点で，ロドリッ
ク（1957-　）によって指摘されていた 80)。むろん分析対象である構造主義
（1960-80年）と新自由主義（1991〜2003年）の時期スパンの違いはあるけれ

---

79) Ocampo & Ros *op. cit.*: 22-23.

80) Rodrik（2005）*op. cit.*

ど，経済実績は輸入代替工業化期（3.0％）のほうが新自由主義の時期（1.0％）よりも明らかに良好だったというのがロドリックの主張である[81]。上述のようにオカンポらによる比較的新しい研究の結論も同様なのだ。かくしてオカンポとロスは，1990年代から継続的に主張されてきたラテンアメリカ系新構造主義の考え方の重要性を訴えている。すなわちひとつはケインズ流の反循環的マクロ経済政策への回帰，ふたつには労働市場にもっと眼を向ける――格差を是正するタイプの公正のほうに重きを置く――社会政策をもっと進めること，そして三つめには貿易の自由化を地域経済統合と組み合わせて推進することなどだ[82]。

ところで新構造主義経済学といえば，ECLACのそれとともに，ランス・テイラー（1940－　）に代表される数理経済学を基礎として構築されてきたネオストラクチュラリズムを忘れるべきではない。それは1980年代から1990年代にかけてマクロ経済学を中心に盛んになったもので，典型的には，チェネリーらによるツー・ギャップ説を拡張して構築されたスリー・ギャップ説もしくは複数のギャップ説として知られる[83]。1990年代の新自由主義全盛の時期に理論の抽象化に向けて努力が傾けられたが，開発論全般に対する影響力は大きいものではなかった。とはいえラテンアメリカにとって「失われた10年」の時期に見られたハイパーインフレ現象を説明する上では，かなり説得的だったのではなかろうか[84]。ともあれかれらは独自の路線で理論構築に勤しんだのであり，構造主義経済学の理論化において一定の役割を果たしたことは評価されてしかるべきであろう。なぜなら「失われた10年」の時期，この地域は累積債務問題に苦悩し続けたときとして特徴づけられるのが常であって，その他のことはさほど顧みられないからだ。それはさておき，ECLACを中心としたラテンアメリカ系の新構造主義の今後の可能性に眼を転じてみよう。

それはひとつにはリン（1952－　）とモンガ（1960－　）の共同論文に見るこ

---

81) *Ibid.*: 203.

82) Ocampo & Ros *op. cit.*: 22-23.

83) Bacha (1990)；Taylor. (1991)；Ros (1994).

84) これらのモデルについては，宮川 (1996前掲) の第6章「2つのギャップと第3のギャップ」と第7章「もうひとつの「3つのギャップ」分析――テイラー・モデルの検討――」において検討を加えた。

30 第1章 開発論のパラダイム

とができる[85]。オカンポも一面においてそれを評価する論考を提示している[86]。かれらは東アジアの新興国がどのようにして経済発展を達成したかを参考にしながら，ラテンアメリカの開発問題を検討した。かれらが見出したのは国家のかかわり方であり，構造主義伝来の国家主導型を堅持しつつ，新古典派の比較優位の原理を首尾よく取り入れるのが望ましいというものだ。どういうことかといえば，自然に賦存する生産要素にしたがっての比較優位というのではなくて，要素賦存を重視しつつその国にふさわしい比較優位を創出するように国家がイニシアティヴをとるとよい，ということこれである。つまり国家と市場との関係を対立ではなくて補強しあうようにして，比較優位を創出するということだ。じつはこの発想はかつて輸出指向工業化を提唱したバラッサの発想に近いという[87]。なぜなら段階的に産業構造の階梯を上っていけるように，節目において国家が積極的にかかわるようにしたらよいということからだ。その考え方はディアス・アレハンドロ（1937－85）の着想ともつながってくるようだ[88]。とすれば新自由主義とは異なり産業政策の必要性を訴えることにもなる。それは，どのような産業を見出すかという問題を正面から探究しているロドリックらの研究も参考になろう[89]。さらにいうなら，そのようなやり方は日本が最も得意とする方法であることを付け加えておかねばならない。第二次世界大戦後の日本の産業基盤についてみると，傾斜生産方式を用いて鉄鋼業と石炭産業が確立されて，さらにその他の産業が誘発されるという図式であった。そのことと関係してくるのだが，新ケインズ学派を代表するサールウォール（1941－　）の法則も大いに参考になるだろう[90]。サールウォール

---

85) Lin & Monga, *op. cit.* リン（林毅夫）は特異な経験をもつ学者である。かれは台湾から中国へ亡命した軍人だった。やがてシカゴ学派のシュルツに見出され，ゼーリック世界銀行総裁のときチーフエコノミスト（任期：2008－2012）として活躍した。そのスタンスは「新しい」構造主義である。詳細はオズノス（邦訳 2015），174-183 ページ参照。リンの提唱する「新しい」構造主義をさらに体系化した文献に Lin（2009）とリン（邦訳 2016）がある。「新」構造主義経済学との違いについては，宮川（2017）参照。

86) Ocampo（2014）*op. cit.*

87) Balassa（1981）.

88) Díaz-Alejandro（1985）.

89) Rodrik（2005, 2015：86-93）.

90) Thirlwall.（2003）：20-23. サールウォールは自身が考案した法則を簡潔に説明している。これについては，本書の第4章においてあらためて考察する。

1.5 改良主義，開発のミクロ経済学，アメリカ新制度学派および行動経済学　31

自身，初期構造主義のプレビッシュによる交易条件論から着想を得た。需要の所得弾力性が相対的に高いような産業を確立すべく国家が主導して，それを比較優位産業に育成するとよい。このようにみてくると，ラテンアメリカ系構造主義の創始者たるプレビッシュの伝統の上に立って，まさしく東アジアの国ぐにがそうしたように国家が主導するかたちで産業政策を駆使して，当該国に有利な比較優位産業を確立するようにしたらよいという結論になる。

　ラテンアメリカ系新構造主義は，このところ既存理論と新規理論との総合に向けて積極的姿勢を見せるようになってきた[91]。それと同時にアメリカ数理経済学者のテイラーと ECLAC のオカンポが協力して新構造主義の総合的理論化を試みている[92]。こうした動きを見ると，その根底にある基礎的枠組みは，初期構造学派のプレビッシュとフルタードによって構築された歴史構造主義のパースペクティヴとルイスによって構築された二重構造を背景とした余剰労働移動モデルの拡張であることがわかる。しかしリンやモンガのいう「新しい」構造主義はそれとはかなり趣が異なること，にも留意しておく必要がある[93]。

1.5　改良主義，開発のミクロ経済学，アメリカ新制度学派および行動経済学

　ここまでの展開においては，1970 年代から 80 年代にかけて一定程度の興隆を見た改良主義（基本的人間ニーズ），1990 年代からアメリカで流行し始めた開発のミクロ経済学と新制度学派，さらには現在流行中の行動経済学の動向については触れてこなかった。そこで本節ではそれらについて簡単にみることとする。パラダイムという意味においては，これらの学派の影響は，国際機関において顕著に見られた。代表的学者と国際機関との関係では，アマルティア・

---

91) Bielschowky (2009) ; Di Filippo (2009).
92) Ocampo, Rada & Taylor (2009). 核心的論文は Rada (2007) である。これについては本書の第 5 章において検討を加える。
93) Lin (2009) とリン（邦訳 2016）における論調によれば，初期構造主義が主導した時期の輸入代替工業化（ISI）は要素賦存をまったく無視した類だったとする。したがってリンは本来の構造主義経済学に対しては批判的立場である。

32　第1章　開発論のパラダイム

セン（1933-　）と国連開発計画（UNDP）との関係，およびやや趣を異にするとはいえスティグリッツ（1943-　）と世界銀行，IMF との関係について言及しないわけにはいくまい。

　前者は1990年代初頭にパキスタン人経済学者の M. U. ハック（1934-98）との共同作業によって，人間開発指数という経済面だけではなく教育面と医療面にも焦点を当てて開発の程度を測る総合的尺度を考案した。センの開発思想は「人びとに選択を許さず自分たちに備わっていることが分かっていながらその力を行使する機会を妨げているさまざまな種類の不自由を取り除くことが開発というものである[94]。」という文言に見事に表されている。それはもともとイギリスの開発経済学者ストリーテン（1917-　）によって提唱された改良主義の流れを汲むものであって，そのような発展観はケイパビリティ（潜在能力）の一環であるとみなされる。具体的には，教育を受ける自由（識字率や就学率で示される），医療サービスへのアクセス可能性（結果的に平均余命で示される），および経済的自由（一人当たり GDP で示される）を総合的に組み込んで指数化され，1990年以降 UNDP から『人間開発報告』が毎年刊行されている。それ以外にセンは，エンタイトルメント（ひとりひとりの個人に賦与された権原）やファンクショニングズ（機能化）――財の価値はその存在のみにあるのではなくてそれを機能させてはじめて価値を見出せるとする考え方――などの着想を提示した[95]。なお構造主義経済学との関係では，センは前述のように，ルイス・モデルの二重構造論を理論的に補強する役割を果たした。スティグリッツについてはすでに述べたが，前世紀末から2000年にかけて世界銀行の副総裁兼チーフエコノミストを務めた。そして世銀の援助体制を，構造調整貸付（SAL）型から貧困削減戦略文書（PRSP）型へ転換させた[96]。むろんアジアで経済危機が勃発したことが契機となったとはいえ，この戦略転換においてスティグリッツの果たした役割は大きかったといえる。それ以降スティ

94）セン（邦訳 2000），「はじめに」の iv ページ参照。

95）センの着想に触発されてアジア地域のフィールドワークをおこない学際的領域で研究成果をあげているものに，佐藤（2016）がある。

96）それを決定づけたのは，1998年に UNCTAD で開催されたプレビッシュ記念講演であった。それは次の論文集に収録されている。Stiglitz（1998）*op. cit.* in Ha-Joon Chang ed.（2001），chap. 2：57-93.

1.5 改良主義，開発のミクロ経済学，アメリカ新制度学派および行動経済学　　33

グリッツは，IMF があまりにも新自由主義に偏りすぎた援助政策を実施して
きたことに対して，舌鋒鋭く批判し続けた。それというのも前述のように，新
自由主義の影響下で実施されてきた援助政策の結果，さほど芳しくない経済成
果しか上げられない国が多かったからであろう。それ以降スティグリッツは，
一連の IMF 批判でよく知られるようになる[97]。いまではかれは開発論以外の
分野でも，世界的な格差問題を糾弾するタイプの経済学者であり続けている。

　新制度学派に属する学者で開発論に直接関係するのは，ダグラス・ノース
（1920−2015）であろう。かれはもともと国際経済学において，一次産品の生
産と輸出に比較優位をもつ国はそれに特化して自由貿易を推進したほうが経済
成長につながる傾向がある，という趣旨のいわゆるステイプル説を唱えてい
た[98]。新制度学派もしくは開発のミクロ経済学派としてのノースは，取引費
用という概念を用いて経済史を解釈するタイプの学者として知られるようにな
る[99]。さらには，市場メカニズムが機能するための基礎となる制度の存
在——根本的次元においては財産権もしくは所有権の保証——の重要性を訴え
た。合理的経済主体は，財産権という制度が確保されたうえでいかにして取引
費用を安くあげるかを考えるであろう。それはとくに歴史過程において見られ
た。たとえば資本主義黎明期のヨーロッパにおいて盛んに創設された特許会社
は，認可を得るために国王や女王と交渉した[100]。そうすることで安定的制度
の下に利潤追求活動をおこなうことができたからだ。同様のことは現在の多国
籍企業の活動においても見ることができる。採掘権や採油権の取得といったレ
ントシーキングに，取引費用の概念を適用することができよう。かくしてノー
スによる取引費用の概念は，いろいろな分野に応用されることとなる。

---

97) たとえば次の著作群がある。スティグリッツ（邦訳 2002, 2006, 2012, 2015）参照。主流派に
　　おいてはスティグリッツは，むしろ情報の不完全性もしくは情報の非対称性について理論的に追究
　　した学術的価値のほうが高い（Stiglitz 1986）。したがってアメリカの経済学会においては，開発ミ
　　クロ経済学の分野となる。その功績により 2001 年度ノーベル経済学賞の栄誉に与った。本人は新
　　しい開発経済学を提唱している。
98) ステイプル説を唱えていたころのノースの研究については，渡辺（1978）14-27 ページ参照。
99) ノースの基本的考え方については，North（2005a, 2005b）およびノース（邦訳 2013, 2016）が
　　参考になる。なお取引費用説の嚆矢は，ロナルド・コース（1910−2013）に求められる。
100) 歴史にその名を刻んだ組織としては，東インド会社が有名である。その他にも西インド会社や
　　王立アフリカ会社，ハドソン会社，ミシシッピ会社などがあった。

34　第1章　開発論のパラダイム

現在，注目されている気鋭の学者にアセモグル（1967－　）とロビンソン（1960－　）がある[101]。かれらのばあい，一国の歴史過程において経済発展が見られるかどうかは，歴史的に形成された政治制度がモノをいうといった見方である。たとえばアメリカ合衆国とメキシコ（ラテンアメリカ）との間に存在する経済格差は，両国の歴史上の重要な岐路の局面においてどのような制度が根づかせられたか，もしくはそれが構造化したかが，決定的問題であるとする。すなわちアメリカ合衆国ではイギリス流のプロテスタンティズムの倫理がもしくは個人主義のエートスが根づいただけでなく，多元主義的で包摂的政治制度が根づいたのに対して，メキシコではスペインが征服時に持ち込んだ奴隷制と封建主義的な土地制度とのミックスである収奪的制度——エンコミエンダ制として知られるようになったもの——が遺産として残り，それがのちのちまで構造的にそれぞれの国に影響を与え続けた。その結果，両国において経済格差が見られるようになった。いうなれば歴史において経路依存性が見られると主張するのである。そのような説明は，いちおうの説得力を有しているように見える。

　いずれにせよ，新制度学派はある程度の影響をおよぼしていることは確かである。とくにノースとアセモグルのばあい，その影響は開発論よりもむしろ歴史学において顕著であるように見える。

　ところでデ・ポーラ（ブラジルの連邦農業大学）とディミスキー（南カリフォルニア大学）が，センやスティグリッツに対する批判を試みている[102]。かれらによれば両人はたいへん雄弁であり，ノーベル経済学賞を受賞していることも手伝って，開発論への影響はかなりのものである。たしかに両人は新自由主義もしくは新古典派経済学を舌鋒鋭く批判するけれど，それは根本的に市場経済の優位性を否定するのではなくて，ピースミールな次元にとどまるものだという指摘である[103]。一方は所得重視から人間重視への視点の転換を訴え

---

101) かれらによって著された文献で注目されているのが，アセモグル／ロビンソン（邦訳 2013）である。なお嚆矢的研究と政治経済学的研究は Acemoglu & Robinson（2001, 2006）である。なお比較制度分析を提唱する青木昌彦（1938－2015）は，これに対して批判的である（青木 2016）。
102) de Paura & Dymski（2005）.
103) *Ibid.*: 11.

1.5 改良主義，開発のミクロ経済学，アメリカ新制度学派および行動経済学　35

たし，他方は労働市場や信用市場における情報の不完全性を問題化した。かくして理論面と思想面における功績により学界で高く評価されたのだが，開発論を根本的に塗り替えるにはいたらないという趣旨の批判である。しかし前述のように，両人の登場によって，パラダイムの中心に君臨していた新自由主義が後景に押しやられたことは紛れもない事実である。

　次にノース，アセモグル，およびロビンソンらに代表される新制度学派による歴史解釈について，ラテンアメリカ系新構造学派からの批判を紹介しておこう。それはベルトラによって与えられた[104]。ノースによって示された制度は文化的要素であって，経済活動がおこなわれるためのゲームのルールを意味する。アセモグルらが提示する制度は政治制度である。それは，そのような制度そのものが当該地域の経済発展を規定するという考え方にほかならない。これはマルクス（1818－83）の歴史観と正反対になる。マルクスによれば，歴史は下部構造たる社会的生産諸関係によって規定されるのであって，政治や文化はその上に乗っかっている上部構造にすぎない。初期構造学派から派生して形成された従属学派の考え方は，マルクスと親和的である。新制度学派の拠って立つ基本スタンスは，スペインとポルトガルによる当初の植民地化による土地所有を基盤とする収奪的制度に由来し，それをそのまま遺産として受け継がれたところにラテンアメリカの相対的後進性の源泉がある——つまり経路依存性が見出される——とみる。しかしその後の経過についてみるならば，18世紀から19世紀にかけて形成された経済のグローバル化のプロセスにおける周辺資本主義の発展という従属学派の，もしくは中心地域と周辺地域との工業製品と一次産品との貿易のあり方の推移についてみた初期構造学派の捉え方とは，根本的に異なっている。説明因子として，新制度学派は内的要因のほうにあまりにも偏っていることが指摘される。歴史構造についてみるとき，プレビッシュとフルタードの流れを汲む新構造主義のほうがいっそう説得的であるのではないだろうか。とはいえ新制度学派は今世紀に入ってから世界銀行の研究報告に対してかなり影響を与えていることは，確かである[105]。

---

104) Bértola (2011).
105) de Ferranti et al. (2004).

36　第1章　開発論のパラダイム

　最後に，新しい流れとしての行動経済学と開発論との関係について若干触れておこう。筆者はこの分野について邦語訳の代表的文献に眼を通したにすぎないので，全体を語る資格はないけれども，開発論の視点からある程度その妥当性もしくは適用可能性について推し量ることはできる。まず行動経済学の基本文献から得られる知見もしくは斬新なアイディアは，次のようなものである。ただし開発論と関係するもののみに限定する。この学派の祖カーネマン（1934-　）は，人間の認知の仕方は感覚的直観（ヒューマン）と論理的思考（エコン）とに区別されること，人間は何かを判断するとき「参照点」を基準に比較して意思決定することなどを提示した[106]。アカロフ（1940-　）とシラー（1946-　）はカーネマンの着想を受けて「アニマルスピリット」の意味を考察した[107]。つまり人間は論理性（エコン）よりも感受性（ヒューマン）によって行動することが多いとする。そしてセイラー（1945-　）によって提示された「ナッジ」（一押しもしくは誘導）をあげることができる[108]。

　かれらは人間の認知科学つまり心理学を経済学に連結させて経済事象を考察した。開発論への適用可能性として，次のものが考えられる。まずカーネマンの「参照点」は，ルイスの労働移動説に応用可能である。多くの途上国では伝統的部門から近代的部門へ労働の無制限供給が見られると措定されるが，そこには，伝統的部門における生存維持レヴェルの賃金を「参照点」としてやや高めの近代的部門における賃金を考えての移動であると捉えることができよう。もとよりハリス＝トダーロの期待賃金モデルにもそのことが隠されているだろう。そしてヒューマンとエコンとの識別問題だが，1950年代から60年代にかけて多くの途上国で採られた輸入代替工業化戦略について，このアイディアをあてはめて捉えることができる。つまりヒューマンの具現化としてのアニマル・スピリットが多くの国の為政者に作用した，という解釈である。たとえばガーナのエンクルマ（1909-72）による1960年代のビッグプッシュ的工業化政策をはじめとして，エジプトのナセル（1918-70），インドのネルー（1889-1964），インドネシアのスカルノ（1901-70）とスハルト（1921-2008），中国

---

106) カーネマン（邦訳 2012）参照。
107) アカロフ／シラー（邦訳 2009）参照。
108) セイラー（邦訳 2016）参照。

の毛沢東（1893－1976），タンザニアのニェレレ（1922－99）など非効率な工業化政策を打ち出した事情もアニマルスピリットのなせる業だったとみることができる[109]。つまりこれらの事例は為政者側でエコンではなくてヒューマンが作用したからという解釈になる。かれらにとっては，論理的思考ではなくて国家としての威信への思いが強かったのであろう。

　セイラーによって考案されたナッジは，実際に途上国の政策に適用されようとしている。バナジー（1961－　）とデュフロ（1972－　）によれば，センの路線にしたがって人間開発指数のうち経済面よりもむしろ医療面と教育面での開発においてナッジ政策が採られる傾向がある[110]。具体的には，メキシコで1990年代に試みられたプログレッサ——規則的通学と定期健康診断の受診を条件とした家庭への補助金——を契機としてそれがラテンアメリカ全域にひろがったこと[111]，非識字者が相対的に多いブラジルで1990年代に電子投票システムを導入して民主主義を後押ししたこと[112]，またマラリア蔓延地域において蚊帳を配布して——これがスマート・ナッジ（絶妙の一押し）としての意味をもつ——マラリア罹患者を減少させて家計所得上昇につなげられたこと[113]などが報告されている。そこに用いられている手法がランダム化比較実験（RCT）による実証である[114]。これらの事情は世界銀行が掲げる貧困削減に向けて一条の光を投げかけるものであろう[115]。

109）「新しい」構造主義経済学を提唱するジャスティン・リンも，代表的な途上国の政治家たちの工業化の失敗例としてあつかわれている［Lin 2009：6, 2011，リン（邦訳 2016）：66］。ただしリンは，行動経済学のアイディアを用いているわけではない。

110）バナジー／デュフロ（邦訳 2012）。

111）同書，114-115 ページ。

112）同書，322-323 ページ。

113）同書，70-71 ページ。

114）この手法は医療の臨床実験において使用されていてお馴染みであるが，行動経済学においても多用されるようになった。ナッジを受けた者と受けなかった者とで効果の違いがどのように現われるかを見ようとする。デュフロ（邦訳 2017）においてさらに具体化されている。

115）世界銀行（2015）。

1.6 結 び

　以上，開発論におけるパラダイムの変遷過程について，いろいろな角度から説明を試みた。この分野のパラダイムは，初期構造学派から新自由主義へと変容したが，20世紀から21世紀への変わり目のとき，後者は後景へ押しやられる。そこでどのような種類のパラダイムが登場したかといえば，依然としてカオス状態にあるといったほうが正確であろう。「新」構造主義経済学とリンの唱える「新しい」構造主義経済学が気勢を上げつつあるが，ネオリベラリズムに完全に取って代わるというところにはおよばず，かといって新規にアメリカで華々しく登場した開発のミクロ経済学の延長線上にあり行動経済学を応用しようとするバナジーやデュフロの実験例など，もしくは新制度学派も，ある程度の説得力を有しているものの開発論の第一線にとどまり続けることは容易ではない。たしかに前述のように，センとスティグリッツは，代表的国際機関に対してかなりの影響力をおよぼしてきた。前者は国連開発計画（UNDP）における人間開発指数の定式化に対して，後者は世界銀行の副総裁兼チーフエコノミストとして，構造調整貸付（SAL）から貧困削減戦略文書（PRSP）への融資姿勢転換に対して，それぞれ重要な役割を演じた。一方において新制度学派のノースは取引費用の概念を用いて文化的制度変化を説明し，他方においてアセモグルとロビンソンは歴史上の決定的岐路――包摂的政治制度か収奪的制度かの経路依存性――および多元主義的発展の概念を用いて政治制度の変容過程の重要性を説明した。各国もしくは地域における歴史の発展プロセスを論じるとき，それぞれひじょうにユニークであり興味をそそられる概念装置であるけれど，各地域の歴史過程において対外勢力のおよぼした影響の連続性もしくは節目ごとの具体的な内外の力関係――たとえば構造主義に見られる中心・周辺関係の枠組み――の説明の不じゅうぶんさが，とくに開発論を論じるとき一種の弱点となって現われる。

　しかし開発の実際面に眼をやると，新興国のなかの中国や東南アジアのダイナミズムに富む国ぐにが目立つ。東アジアの国ぐににも同様の土壌で考えると

き，新構造主義が唱えるような国家と市場の協調の考え方のほうがむしろモノをいうのであって，かつてプレビッシュが唱えた中心・周辺の枠組みと，ルイスによる余剰労働移動説——とくに中国をはじめとして東南アジアのダイナミズムの経済成長プロセスに適合する——とを総合する見方のほうが，21 世紀に見られる新興国の現象を説明するうえでいっそう説得的ではなかろうか。ついでにいうなら，カルドア（1908−86）やサールウォールに代表される新ケインズ主義の発想も加味されるべきであろう。そしてアリストテレス（前 384−前 322）流の中庸の美徳に富むロドリックによる成長戦略診断派の唱える産業政策の重要性も，新構造主義と親和的であるといえる[116]。2000 年代半ば以降，ロドリックの一連の開発研究が世界銀行の援助政策に影響をおよぼし，従来の画一的な適用ではなくて，国別状況に沿った指針の策定へと変化を見せてきていることは確かである[117]。

---

116) Rodrik (2007b, 2015：86-93).
117) 柳原（2014），222-225 ページ。

第2章
学説史にみる国際開発過程

2.1　はじめに
——センとスティグリッツの影響——

　筆者はかねてより，国際政治経済史についてただならぬ関心を抱いている。そのことに関係する体系的研究として，ふたつを挙げることができる。ひとつは今世紀初頭に公にした国際関係史の分野の翻訳であり，それは主要国と途上国における政治経済の発展問題に対する学際的アプローチである[1]。いまひとつは開発論の源流としての幼稚産業論を中心に，新古典派経済学の現代ヴァージョンである新自由主義経済学に対して新構造主義経済学の視点から批判を加えた研究である[2]。そこで本章では，これらの研究活動をとおして筆者の眼に見えてきたことと，近年のこの分野の研究動向から得られた学説史上の知見を中心に論じることとする。

　さしあたりここでは，国際開発論の現状を簡潔に素描することからはじめよう。先に学際的アプローチの重要性もしくは必要性について触れたが，国際開発の現場においてもしくはそれを直接あつかう国際機関において，開発問題に対する根本的認識の変化が見られるようになったことが重要である。それについてはすでに前章で述べたが，ノーベル経済学賞を受賞したセンとスティグリッツの影響が大きかったことはよく知られている[3]。センのばあいは，いく

---

1) シュワルツ（邦訳 2001/2002）。
2) 宮川（2007）。
3) わが国の研究で早くからこのふたりに注目していたものに絵所（1997）があり，国際金融機関におけるかれらの多大なる影響について開発援助論の視点から力説したものに，石川（2006）がある。

2.1　はじめに——センとスティグリッツの影響——　　41

つかの真新しい術語を駆使してそれこそ開発の根本問題を問い直したし，スティグリッツはもともと情報の非対称性問題を理論レヴェルで明らかにしたことで高く評価されていたが，それと並んで途上国の開発問題に独自の手法で切り込んだことも評価された。両者に共通していることは，開発問題をあつかうとき重要なのは学際的思考を働かせてそれを実践の場にいかに活用するかを考えたことだ[4]。

　センの斬新な着想は，1990 年代以降国連開発計画（UNDP）によって提示された「人間開発」という概念に収斂し，経済的尺度だけでなくもっと広い視野からすなわち教育や医療サービスの程度を内包するかたちで指数化された「人間開発指数」という新尺度が考案されるにいたった[5]。そこでは一人当たり国内総生産に代表される経済尺度と，15 歳以上の成人の識字率および総就学率についての情報と，当該国民にとって医療サービスがどの程度利用可能なのか——それに起因しての健康状態すなわち出生時の平均余命で具体化される——などが均等に割り振られて指数化された。したがって一人当たり所得水準が相対的に高くてもその他の指標が十分こなされていないような国や地域のばあい，経済実績は良好であっても人間開発指数は低水準にある。あくまでもこれはほんの一例にすぎない。さらに筆者が注目したいのは，センのいうエンタイトルメント（権原）という着想である[6]。幾多の途上国の貧困大衆の置かれた劣悪な環境に眼をやると，一般に流布している経済学のツールを適用できるとはとうてい言いがたい。代表的ミクロ経済学に見られる労働市場の背景に，労働者一般は余暇と労働とのいずれかを選択する自由を有するとされるけ

4）バナジーとデュフロがその路線に沿って，途上国の教育と医療分野の開発に行動経済学とランダム化比較実験（RCT）の手法を応用する試みを実践している［バナジー／デュフロ（邦訳 2012），デュフロ（邦訳 2017）］。

5）この指標の計測方法について具体的に解説したものとしては，トダーロ＝スミス（邦訳 2004），70-77 ページ参照。一般的にこの指数は，0.5 以下が低水準，0.8 以上が高水準，およびその中間が中位水準とされる。わが国においては，「人間開発論」に関する著書が 2000 年代に相次いで刊行された（田中 2006，足立 2006，および野上 2007）。

6）その他のセン独特の造語としてケイパビリティ（潜在能力），やファンクショニングズ（機能化）——なんらかの財が存在しても，それが存在するだけでは価値をもたず，それを機能させてはじめて真の価値が認識されるという考え方——などがあり，かれ固有の開発思想を確立しつつある。それについての詳細な解説に，絵所・山崎編（2004）および佐藤（2016）がある。

れど，たしかにわれわれ先進国のホモエコノミクスはその種の選択の自由を享
受しうる環境下にあるといえるだろうが，途上国の貧困大衆についても同様の
ことがあてはまるかといえば決してそうではあるまい。個人が生命の危機をも
含む劣悪な環境下にあるばあい，たとえば制度的もしくは構造的制約下にある
個人はそのような選択の自由すら与えられておらず，それこそ構造的に初等教
育を受ける機会も与えられず，好むと好まざるとにかかわらず関係する土地に
縛られて幼少時から働くことを余儀なくされるケースが考えられる。一般的に
それは農業労働とみなされることが多いであろう。そのような環境下において
成長する個人は，じゅうぶんな教育を受ける機会が与えられないばかりかさら
にはまともな医療サービスも受けられない状態にすえ置かれるであろう。いう
までもなくそのような事態を真正面から学問的に捉えるとしたら，主流派経済
学の中の労働経済学の枠組みでは無理であると言わざるをえない。言い換える
なら，途上国の置かれている制度や構造を正面から取りあつかわなければなら
ないのである。ではいまの先進国が貧しかったときはどうだっただろうか。あ
る意味において，いまの途上国と似通った問題を抱えていたということもでき
る。ポジティヴな見方をするなら，それをそれぞれの国が歴史過程をつうじて
克服してきたとみなすこともできるのだ。

　いわゆる近代化を遂行してきた主要国のばあい，それぞれ固有の歴史におい
てそれぞれが抱えていた問題を克服してきたことは，産業革命を達成するプロ
セスにおいて現在の経済学が説明するような労働市場が形成されてきたことを
意味する。言い換えるならルイスによってよばれたところの無制限労働供給と
いった状況が克服されて，通常の労働市場が形成されるようになったのであ
る[7]。もっというなら，それはかのケインズが捉えた大不況下の労働市場とも
異なるのであって，現在の先進国において近代的な市場システムが確立する以
前の局面として，そのような時期があったものとみなされる[8]。その後主要国
の多くはさまざまな制度上もしくは構造上の制約を，すなわち経済発展を阻害

7）宮川（前掲）第6章「ルイス問題再考」参照。
8）ケインズと開発問題についての詳細は，宮川（前掲）第7章「ケインズと開発論」参照。ケイン
　ズの歴史的役割とかれの功績を簡潔にまとめたものに，浅野（2005）がある。ケインズと開発論と
　の関係をあつかったものとしては，Toye（2006）および Thirlwall（2015）も重要である。

2.1 はじめに——センとスティグリッツの影響—— 43

するさまざまな要因を克服してきたのである。そのように考えると，幾多の途
上国の抱えている開発問題は同様の路線で考察可能なようにもみえる。しかし
それぞれの歴史過程において，もしくは国際的コンテクストにおいて国や地域
の置かれた環境は異なるのである。やや結論を急ぎすぎた嫌いがあるので，議
論をもとにもどそう。

　センが前述のような着想を明らかにして開発論に新風を吹き込んだことは，
強調してしかるべきであろう。ではスティグリッツはどうか。開発論のコンテ
クストでは，情報の非対称性問題を途上国に適用して考察がなされ，農業に
よって特色づけられる多くの途上国において分益小作制が合理的制度としてそ
れなりに依然存続していることを述べ，かれ独特の説得力でもって理論整合的
に解説した[9]。またよく知られているようにスティグリッツは開発実践の場に
おいても，世界銀行のチーフエコノミストとして活躍した。その意味におい
て，かれの影響力は大きかった[10]。とくに世界銀行で1990年代までの主流を
占めた構造調整貸付（SAL）中心主義から貧困削減戦略文書（PRSP）中心主
義への転換過程において，かれがおこなった国連貿易開発会議（UNCTAD）
でのプレビッシュ記念講演（1998）が重要な役割を果たしたとされる[11]。ア
カデミックな世界においてこのことは，新自由主義の根本思想である新古典派
経済学を基礎にすえるスタンスよりもむしろ学際的にアプローチする必要性を
訴えたもの，として解釈される。現在の世界銀行が学際的アプローチを基礎に
した貧困削減中心主義へ転換するにいたったエポックメイキングな一契機を，
ここに見てとれるのである[12]。

　スティグリッツといえば，国際通貨基金（IMF）批判でも有名である。一連
の著作において，かれは一貫してIMFを批判してきた[13]。それはかれが途上
国に実際に足を運んでつぶさに視察してきたことと，その経験を基礎としたか
れなりの自負に起因するものであろう。IMFがおこなってきたことによって

9）Hoff & Stiglitz (1993)；Stiglitz (1993)；スティグリッツ（邦訳 2003）。
10）世界銀行とスティグリッツとの関係およびかれによる IMF 批判の背景については，大野（2000）
　が参考になる。
11）Stiglitz (1998)；石川（前掲）190-192 ページ参照。
12）世界銀行（2006）においても，世銀が各地域の歴史文化を重視するようになったことが窺える。

44 第2章 学説史にみる国際開発過程

もたらされた開発矛盾をかれなりに鋭く批判していて，小気味よい。もともと
IMF は，第二次世界大戦によって被災した主要国の復興のための経済支援を
目的に設立された世界銀行と並んで，固定為替相場制を基礎にして国際収支危
機に陥った国に支援するタイプのブレトンウッズ体制下の国際金融機関であっ
た。ところが 1970 年代初頭にニクソン・ショックによってブレトンウッズ体
制は崩壊し，主要国の間では変動為替相場制へと国際通貨制度は大きく転換す
ることとなった。そこにおいてほんらいの IMF の存在基盤が失われたのだが，
この組織はそれを契機に途上国への経済支援のほうに力を傾けるようになる。
ただし世界銀行が長期融資であるのに対し，IMF は短期融資というように棲
み分けている。そこに結集しているスタッフの経済哲学は，まさしく新古典派
経済学のそれにほかならない。国際経済面において，市場勢力に寄せる信頼を
いっそう堅固なものにしていった。そこに IMF に内在するいわゆる市場原理
主義を見ることができるのだが，それを途上国一般に力づくで一律に適用しよ
うとする姿勢について，スティグリッツは批判した。実際上，市場原理主義を
旨とする新自由主義的手法は，アメリカ合衆国の裏庭と揶揄されてきたラテン
アメリカ諸国において左派政権が次々と誕生するにおよんで，途上国一般から
毛嫌いされるようになった [14]。そのような一連の動きのなかでひとつの重要
な契機を与えたという意味において，スティグリッツの存在は大きかったとい
える。

　ここで取り上げたふたりの巨人の存在も手伝って，開発論では学際的アプ
ローチの重要性が再確認されるようになり，前述の「人間開発」という概念，

---

13) スティグリッツ（邦訳 2002, 2006)），同／チャールトン（邦訳 2007）参照。Stiglitz (2005,
　 2008)；――, Ocampo, Spiegel, French-Davis & Nayyar (2006). なおチャールトンとの共著は
　 WTO を批判的にあつかっていて，多くの途上国にとっては，貿易政策と産業政策とのミックスが
　 望ましいことを力説している。それ以降スティグリッツは，アメリカ国内の格差問題やグローバル
　 な次元での格差問題のほうに関心を寄せるようになっている。
14) ラテンアメリカの左派政権は，ヴェネズエラやボリヴィア，アルゼンチンなどの急進派からブラ
　 ジル，チリ，コスタリカ，エクアドル，ニカラグア，ペルー，ウルグアイなどの穏健派まで幅広く
　 出現した。この問題についてはアジア経済研究所『ラテンアメリカ　レポート』〔2006, 23 (2)；
　 2007, 24 (1)〕において特集が組まれた。筆者も宮川（前掲）第 1 章補遺「新構造主義による新自
　 由主義評価」にて，その背景について分析を試みた。ところがそうこうしているうちに 2015 年か
　 ら始まった新興国である中国の経済減速により，この地域において政治的変調（左傾化から中道へ
　 の動き）が見られるようになった（桑原 2017）。

そして「社会開発」というもうひとつの新規概念が登場した。それは経済学に対する社会学のようなものであって，「経済開発」というばあい，実際に眼に見える物理的インフラストラクチャーに代表されるような即物的なものをイメージしやすいが，「社会開発」は，「人間開発」について述べたような教育や医療，衛生状態など経済指標以外のもの全般を内包するいっそう広い概念である。ようやく近年，そのような課題を学術レヴェルでどのようにあつかうのかについて，新しい動きが見えはじめるようになった[15]。

2.2 歴史に学ぶ開発のパースペクティヴ
——先発国のケース——

このところ開発論の分野では前述のように人間開発と社会開発とが声高に叫ばれるようになり，基本哲学としてそれを内包するかたちで，開発実務の場では貧困削減がそれと歩調を合わせるかのように第一目標とされるようになった。開発のお題目は貧困削減が構造調整に取って代わったとしても，実際の途上国の現場では相変わらず多様な意味における貧困状態が蔓延し続けている[16]。それは世界銀行が定義している絶対的貧困もしくは極貧状態に置かれた人びとが，すなわち経済尺度で測って1日1.25ドル未満でしか生活できない人びとの数が依然として10億人程度いるとされるからだ[17]。ただし今世紀に入ってから人口大国の中国とインドがかなりのレヴェルの高度成長を遂げた結果，両国だけで絶対的貧困者数を減らしたことは事実である[18]。ともあれ目下のところ，開発ターゲットの照準がそこに絞られるようになったことは確かなことだ。そのことの重要な思想的もしくは理論的背景のひとつに，人間開発と社会開発とが存在するということを再確認しておこう。

---

15) バナジーとデュフロの研究がそれである。本章の注4）を見よ。NGO に代表される「市民社会」アプローチもそれに端を発する。
16) バナジー／デュフロ（前掲），デュフロ（前掲），およびモーダック／ラザフォード他（邦訳 2011）。
17) このことをとくにアフリカについて考察したものに，コリアー（邦訳 2008）がある。
18) とくに中国の興隆に焦点を当てたものに，マブバニ（邦訳 2015）がある。

46   第2章　学説史にみる国際開発過程

　ところがそうはいっても，これまでの北西ヨーロッパの歴史的教訓から開発論がなにがしかのヒントを得てきたことも重要な事実であり，そのコンテクストで述べられる研究群は依然として多い。筆者もそれに関連したことをこれまでいろいろなかたちで提示してきた。そこで本節では一種の開発オプティミズムとよんでも過言ではない議論を，ひとつの基本線として取り上げてみよう。

　近代化もしくは工業化を先発国と後発国のコンテクストで捉える見方が，典型的なものとして挙げられる。

　まず純粋に経済的観点からいまの先発国について見ると，18世紀後半に世界で最初に産業革命を達成したイギリスが典型的事例であろう。もしくは相対的に産業の多様化が進んでいた北西ヨーロッパが一般的事例であろうが，そこでは近代化の原動力となった産業革命に先行するかたちで，16世紀に農業革命が達成されていたという史実が重要である[19]。農業革命とは中世以来の伝統的な三圃式農法に代わって輪作農法が普及していったことをおもに意味していて，そのことは農業生産性がかなり増進したことを示すものである。もっとも産業革命のときのように圧倒的な生産性増進ではなかったことに，留意しなければならない。とはいえ開発論でいうところのほぼ生存維持水準に近い一人当たり農業生産高——言い換えるならそれはマルサス的均衡状態にあったと想定され，生産性の低い農地に多くの農民が縛られていて，人口が増加する余地に制約が課せられていたものとして捉えられるほどの低水準——だったのが，技術進歩によって余剰農産物の生産が可能となり，生活にいくらか余裕が生じ始める。いろいろな政治的要因も重なったであろうが，それを契機に農業のみに従事していた農民が慣れ親しんだ土地を離れて都市への移動が可能となる。いわゆる都市化の一契機が与えられたのだった。かの有名なトマス・モア（1478-1535）の『ユートピア』が著されたのは16世紀前半だったことを，思い起こすとよい[20]。そこからは「羊が人間を食らう」という言辞がよく引用されるけれど，このエンクロージャーは，当時依然として後進的であったイギ

---

19) これについて簡潔で平易な解説として日本経済新聞，1999, 6. 11「ミレニアム特集」がある。さらに具体的には，シュワルツ（邦訳 2001）の第2章「国家，市場，および国際間不平等の起源」参照。なお嚆矢となったのはスミス（邦訳 1988），591-592ページである。
20) モア（邦訳 1957）。

リスが農産物原料としての羊毛の生産を増加させて，先進地域の低地地方（フランドル地方）へ輸出するといった貿易パターンに則っておこなわれたことに留意しよう。すなわちそこには当時の代表的工業製品であった毛織物の原料である羊毛との国際貿易の存在が，隠されていた。開発論においてよく引き合いに出される一次産品と工業製品との国際貿易パターンと同様に，この種の歴史的貿易関係を捉えることができるわけだ。それについてはさておき，ここではそのようにして生じた都市化についても少し考えてみたい。

　そもそも都市化はよいことなのだろうか。それともよくないことなのだろうか。現代社会を観察すると，先進国においては最先端の近代的施設がいたるところに見られ，それこそ豊かさを享受できるところとしてよいイメージが湧いてくるが，かたや途上国に眼をやるとそうではなくてかなり雑然としていて，一方において先進的な近代施設があるかと思えば，他方において貧困大衆がスラムを形成していて，貧富の差を見事に具現化しているところとして捉えられる。かくして現在は，直観のレヴェルではいずれともいえないのだ。翻って北西ヨーロッパの経済史における都市化をいま一度見てみよう。そこでは農業から解放された者が都市へ移動する。そして都市で生活していくためになんらかの職にたどり着くであろう。その総和が新しい産業を形成することになる。それは一般的には商工業として捉えられ，都市の華としての文化事業もしくは文化的産業も生じてくる。産業構造論でいうところのサービス業ということになろうか。ともあれ農村から都市へ移動した農民がこんどは都市部において新興産業を興すという事情が都市化の重要部分であり，それにともなって産業がしだいに多様化してゆく。その一連のプロセスの中で製造工業の存在がクローズアップされ，その部門において圧倒的な生産性増進がなる。むろんさまざまな機械の発明も手伝って，工業生産性はいよいよ向上する。かくして圧倒的な工業生産力が確立する。これが狭義の産業革命である。

　これまで歴史の中に登場してきた傑出した思想家や学者は，この一連の現象についてポジとネガの両極端にわたる捉え方をしてきた。前者の代表格はスミスであろうし，後者はマルクス（1818−83）に代表されよう。前者は分業と市場との関係を強調したし，後者は階級闘争——とくに資本家階級と労働者階級との闘争——を思想的基礎にすえて論争を挑んだ。かたやマルクスよりおよそ

48　第2章　学説史にみる国際開発過程

30歳年長のリスト（1789-1846）は，後発国のドイツの立場から工業生産力の重要性を訴えた。さらにはスミスの後に新興国アメリカにおいて登場したハミルトン（1757-1804）は，製造工業の保護を正当化する幼稚産業論を唱え，それは途上国にとって新産業を保護するための理論的嚆矢となった[21]。

　議論が広がりすぎてはいけないので，筆者がとくに強調したいのは北西ヨーロッパ先発国のばあい，農業革命から産業革命へと順序よく進行したという史実である。すなわちもともと農業労働に就いていた者が農業革命によって都市へ移動したことで，むろん余剰農産物が農村部から都市部へまわされるのだが，都市部ではとくに製造工業が発達し，そこで生産された工業製品と農産物とが交換される——いわゆる国内交易を意味する——こととなり，しだいに産業構造が多様化してゆく。否，産業構造の多様化だけではない。産業構造は高度化していったという事実も重要である[22]。この一連のプロセスについて，開発論のコンテクストではルイスによって定式化された労働移動説が説得力をもつ。ルイスのばあい，通常の経済学で想定されるような労働市場が途上国においては存在せず，農村部から近代的部門へ向かう労働移動の多さに注目し，近代的部門もしくはルイスの用語法によれば資本制部門の賃金水準が農村部の生存維持レヴェルに近い賃金水準に規定されるかたちで無制限移動が見られるとした[23]。ルイスによるこのような見方は，産業革命期のイギリスに代表されるような先発国にもあてはまるとされる。当時の先発国と現在の途上国の置かれた歴史的コンテクストかつ国際関係は異なるとしても，農村部から都市部へ向かう労働移動は大量であった——現在もさまざまな地域で似通った現象が見られ，たとえば中国の近代化もしくは都市化現象を見るとよい——のである。ただしルイスのばあい，農村部の農業部門——ルイスの用語法によれば非資本制の自給的生存部門——と資本制部門とで賃金格差が存在する。その意味

---

21) ハミルトンとリストの幼稚産業論については本章の次節，および宮川（前掲）第2章「幼稚産業論の原型——ハミルトンとリストのケース——」を参照されたい。

22) 一般的にこうした事情はコーリン・クラークの法則として知られる。産業革命当時のイギリスについていえば，当初木綿工業を中心とした軽工業だったが，しだいに石炭・鉄鋼業，造船などの重工業へ産業は高度化していった。それにともなって大陸ヨーロッパやアメリカ合衆国などで，軽工業からキャッチアップする余地が与えられた。

23) Lewis (1954).

においてルイスは，この種の労働移動は純粋に経済的動機によるとみなしたのだった。そして開発論の体系化においてそれは，伝統的自給部門における賃金水準は労働の物的平均生産力に等しく，近代的資本制部門におけるそれは労働の物的限界生産力に等しいものとして捉えられるにいたったことを付け加えておこう[24]。

　ところで国際関係のコンテクストでは，近代化の過程にネガティヴな側面が強調される傾向がある。思想的には重商主義を基礎に展開された植民地主義，これである。つまりイギリスが19世紀において覇権を掌握するにいたった重要な背景のひとつに対外的側面が見られたのは確かであって，じゅうぶんに重商主義国家たりえなかったスペインを，もしくはイギリスに先立って覇権国家となったオランダをイギリスが凌駕するにいたった。その背景のひとつは，遠隔地の富を首尾よく掠奪できたことに起因するとされる。筆者は冒頭に紹介した研究活動から，これに関して次のような見解を抱くようになった[25]。アジアにおいてはオランダに先立つかたちでポルトガルが支配したという重要な史実もある。ともあれポルトガルは香辛料獲得がおもな目的であり，武力による軍事中心主義に偏りすぎていた。スペインは同様に圧倒的な武力を行使して金銀財宝を新世界から根こそぎ持ち去ったが，「不幸」にしてシステマティックな重商主義の基盤がなかったためそれを浪費してしまった[26]。オランダは武力だけでなく経済面も重視し，とくに貿易にエネルギーを注いだ。この国も当

---

24) 究極的に，二重構造の真の意味はこのことによって示される。伝統的部門では共同体システム——パトロン＝クライアント関係の存在——が機能するとされ，そこでは共同体のパトロンが生産物もしくは収穫物を共同体の構成員に良心的に均等に分配するものと想定されるのに対して，近代的部門においては資本主義的システムが支配的であって，資本制組織は利潤最大化を目的とする営利事業にいそしむと仮定される。したがって近代合理的精神が機能するのは後者に限られる。マックス・ヴェーバーは後者が社会全体において優勢になることを是として捉え，近代主義を代表する社会学者となる。そのような視点から捉えるなら，いまの先進国はそのような二重構造がとっくの昔に消滅した近代的システムのみによって特色づけられる経済社会であるのに対して，途上国一般は依然として二重構造から脱却できない状態にある。ちなみにスティグリッツも，途上国は二重構造が一般的であるという認識の上に立っている (Stiglitz 1998)。

25) シュワルツ（前掲）第1章「近代国家の興隆——ストリート・ギャングからマフィアへ——」参照。

26) 当時のスペインの事情については，Reinert & Reinert (2005) と近藤 (2011) が詳しい。なお歴史事情については，本書の第7章において改めてあつかう。

50   第2章　学説史にみる国際開発過程

初は麻織物や毛織物の生産を奨励していたが，組織的な商船隊を駆使してしだいに貿易のほうに偏っていく。ではなにがヨーロッパ産の国際商品たりえたかといえば，新世界からめぐりめぐってきた銀貨であった。1年をとおして蒸し暑い気候のところでは，ヨーロッパ産の毛織物の商品価値はないに等しいことは容易に想像されるところだ。「新世界」にあっては，鉱物資源である貴金属をほとんど掠奪に近いかたちでわがものにしていった。イギリスは私掠船もしくは海賊をうまく使って貴金属を積載したスペイン船を襲わせ，掠奪品の掠奪をおこなったのだった。オランダもよく似た掠奪をやったが，イギリスのばあい重商主義体制のもとでかなりシステマティックであった。つまり海賊を使ってスペインから奪い取った貴金属のかなりの部分を国家に納めさせるという巧妙なやり方だったのである[27]。

　他方アジアにおいては，イギリス東インド会社が積極果敢な活動を展開した。イギリスよりも先に覇権を掌握していたオランダも，世界で最初の株式会社であったオランダ東インド会社が重要な役割を果たしていた。アジアにおいて，このふたつの国策会社が国家の代理機関として覇権争いをしたとみて差し支えあるまい。17世紀から18世紀にかけてオランダ優位の時代から，じょじょにイギリスがオランダを凌駕するようになる。そして19世紀になると，完全にイギリスの圧倒的優位が明らかなものになった。ここで注目したいのは，数あるアジア物産の中でポルトガルとオランダが欲したのが香辛料や陶磁器，絹織物などの贅沢品だったのに対して，イギリスは付属物としてのインド産綿布の輸入に力を注入したという史実である。言い換えるなら，すでに香辛料や贅沢品はポルトガルやオランダによって取り尽くされていたという事情も手伝って，残り物としての綿織物を相対的に多く輸入したのだった。ところがなんとそれが歴史の皮肉というものなのかわからないが，重商主義体制のもとでイギリス国内においてもしくは再輸出先の大陸ヨーロッパ市場において，インド産綿布が圧倒的に売れたのだった。大航海時代にヨーロッパ諸国が求めてやまなかったアジア物産の中で残り物としての地位でしかなかったインド産綿布すなわちキャラコが，イギリスへの輸出をとおして歴史を動かすこととなっ

───────────────

27) イギリスの事情については，増田（1989）が詳しい。

2.2 歴史に学ぶ開発のパースペクティヴ——先発国のケース——　51

たのは，なんという皮肉であろうか。この工業製品を開発論でいうところの輸
入代替したのが，ほかでもないイギリスだった。それを成就してゆく過程に産
業革命が重なったのだ。周知のようにイギリス産業革命は，木綿工業から始
まった。この史実の背景にインド産綿布が大きくかかわっていたことは，いま
ではよく知られる。先発国イギリスにおける，当時の歴史局面における輸入代
替工業化だったのである[28]。

　イギリスはそれを大きな契機として産業革命を達成した。インド産綿布の輸
入代替工業化の過程は，新規に発明された機械類と伝統的農業部門から解放さ
れた労働力との結合によって，言い換えるなら工場というひとつの屋根の下で
物的資本と労働とのいわば合理的な要素結合によって，最大利潤の追求を目的
とする近代資本主義的生産活動がシステマティックにおこなわれたのだった。
そうすることで他国には得られない圧倒的な生産性優位をイギリスは確立し
た。それは現代風ないいかたをするなら，ベスト・プラクティス・マニュファ
クチュアリングなのであった[29]。そのプロセスは社会階層間の移動とも関係
していて，マルクス流に捉えるなら，新興の産業資本家階級と工場労働者階級
との間で過酷な階級闘争が見られたかもしれないし，ヴェーバー（1864−
1920）と大塚久雄（1907−96）流に捉えるなら，もともと不自由な農民だった
者が独立自営農民（ヨーマンリー）を経由して借地農（農業資本家）や都市の
資本家階層と労働者階層とに分化し，いわゆる中産的社会階層が形成されて，
それが近代資本主義の主たる担い手と化したとみることもできよう[30]。マル
クス的認識にせよ，ヴェーバー的認識にせよ，近代資本主義社会を捉える視角
は一国内の社会階級もしくは社会階層に焦点を当てたものだった。そこには国
際関係のコンテクストは見られない。

---

28) イギリスの最初の輸入代替工業化は 15 世紀末のヘンリー 7 世（在位：1485−1509）のときに羊
　毛工業から開始されたことが，ハジュン・チャンによって指摘された（Chang 2008：41-42）。
29) ベスト・プラクティスという術語は産業組織論や経営学の分野で用いられるが，ここではシュワ
　ルツにしたがって，その生産方法を導入しないかぎり国際競争に生き残れないような，いうなれば
　それを模倣することを余儀なくされる重要な生産システムであると定義される。具体的にいえば，
　産業革命期はイギリス流の工場における機械と労働との合理的結合方式だったし，20 世紀前半は
　アメリカのフォード社による連続流れ作業組み立てライン方式がそれであった。いわば各世紀の覇
　権国家において誕生した，画期的な大技術革新たる生産システムとみなしてよい。
30) ヴェーバーについては，宮川（前掲）第 4 章「ヴェーバーと開発論」参照。

52　第2章　学説史にみる国際開発過程

　そこで国際関係のほうにふたたび眼を向けるならば，前述のことがらをネガ
ティヴな視点から捉える代表的学派が世界システム論であろう。別名ウォーラ
ーステイン（1930－　）学派ともよばれる[31]。かいつまんでいえば，イギリ
スもしくは北西ヨーロッパ諸国が富裕になった最大の要因は，外部世界から富
を収奪したことに求められるとする見方である。植民地主義のもとに，第三世
界から鉱物資源の貴金属や食糧系もしくは非食糧系の農作物を有利な条件でわ
がものにしたとする。そのベースとなっている従属学派の表現を用いるなら，
不等価交換をとおして本源的資本蓄積をなしていったとみる[32]。歴史過程に
おいては，悪名高い奴隷商人による奴隷貿易もそこに組み込まれていたであろ
う。農作物のばあいプランテーションが営まれたし，鉱山採掘業においては，
先住民と遠隔地から連れてこられた奴隷による労働が強制的に使用された。そ
のようなネガティヴな面が強調されて中核地域と周辺地域と半周辺地域とで構
成される国際関係の枠組みが作用したとみる。具体的には先にみたように，と
りわけイギリスは文字どおりグローバルな次元で世界を支配した。大西洋・カ
リブ海域およびアメリカ大陸においてはスペインによって開拓された貴金属系
の鉱物資源をシステマティックに収奪し，サトウキビやタバコ，綿花などの農
作物はプランテーション経営をとおして栽培させ，アジア・インド洋地域にお
いては茶や天然ゴム，ジュートなどを同様にプランテーション経営によって栽
培させ，さらには世界のいたるところでコーヒーやカカオ豆などのいまでいう
一次産品を生産させたのだった。いわば一次産品貿易をとおして多大なる利潤
を吸い上げるポンプを世界のいたるところにすえつけて，外部から富を蓄積し
たとみるのである。

　他方において，国際経済学の主流を占める自由貿易主義の立場から国際関係
を捉える新古典派経済学の見方も挙げておくべきであろう。この学派は現在の
日本においてよくいわれる市場原理主義もしくは新自由主義の基礎をなす学派
である。この学派の前身である古典派経済学は，スミスの自由放任主義（レッ
セフェール）の国際経済版である自由貿易主義を基礎に形成され，スミスは重

31）代表的文献は，ウォーラーステイン（邦訳 2013）である。
32）従属学派の変遷過程については，西川（2000）第5章「構造学派から従論論へ――その歴史的意
　　義――」，およびカイ（邦訳 2002），および Palma（2016b）参照。

2.2 歴史に学ぶ開発のパースペクティヴ——先発国のケース——　53

商主義を批判することによって自由貿易から得られる利益を強調した[33]。その後この思想は比較優位の原理を明らかにしたリカードによって受け継がれ，J.S.ミルによって体系化が進められた[34]。そしてマーシャルによって限界分析や外部経済など新しい分析装置を組み入れた古典派経済学としてさらに体系化が進み，20世紀になると，ヘクシャー（1879-1952）とオリーン（1899-1979）によって生産要素賦存説が唱えられ，比較優位の原理がさらに拡張された[35]。さらに20世紀半ばにはサミュエルソンとストルパー（1912- ）によって数理経済学的手法がふんだんに用いられて，理論的に補強された[36]。ここにいたって自由貿易が称揚され，保護主義は完全に棄却された。この種の基本線に沿うなら，いくつかの条件下でまったく国家は介入せずに自由貿易を推進すれば貿易に参加している国や地域は相互利益を享受するだけでなく，各国の生産要素の所得も平準化する——すなわち自由貿易の進行とともに国際間所得格差はじょじょに解消される——ことになる。言い換えるなら2国間で自由貿易を徹底的に進めると，2国の労働者の賃金はかぎりなく均衡に近づく。すなわちかれらは自由貿易がまさしく良性の政策であることを，理論レヴェルで実証したのだった。それゆえに重商主義は徹底的な国家介入をともなう保護主義であるので，まったく反対に悪性の政策であることを含意した。その後このことが経験的に実証されるかどうかレオンチェフ（1905-99）がかれなりに検証したところ，正反対の帰結が得られた[37]。これがいわゆるレオンチェフ・パラドックスである。そのような経験実証を受けて，真理はいったいどこにあるのかをめぐって目下さらなる検証がおこなわれつつある。かくして経験実証のレヴェルでは依然論争下にあるといってよいだろう。ともあれ論理実証のレヴェルでは，新古典派的な自由貿易主義はいよいよ理論武装を堅固化してゆく。

　1970年代には，自由貿易主義は貿易政策論のレヴェルでも補強された。こ

---

33) スミスは『国富論』において，当時支配的だった重商主義を徹底的に批判した。

34) リカード（邦訳 1987），ミル. J. S.（邦訳 1939）。

35) マーシャル（邦訳 1965-67），Hecksher.（1919），オリーン（邦訳 1970）。

36) Stolper & Samuelson（1941）；Samuelson（1949, 1962）. これについては，あらためて本書の第6章であつかう。

37) Leontief（1953）.

54　第2章　学説史にみる国際開発過程

の路線において功績を上げたのは，バラッサとクルーガーである[38]。バラッサは比較優位説を基礎に輸出指向工業化のほうが保護主義色の濃い輸入代替工業化よりも優位にあることを主張し，クルーガーは国際貿易面におけるレントシーキング問題をあつかい，保護主義政策の中でもとくに輸入数量割当制が採られるばあいに歪みが生じることを，すなわち資源浪費的な利潤追求活動がおこなわれて社会的にウェルフェアが低下することを強調した。言い換えるなら国際貿易において，国家介入の悪性を攻撃したのだった。かくしてこの段階で，政策レヴェルにおいて保護主義に対する自由貿易の圧倒的な優位がさらに補強されたのである。ちなみにクルーガーは前章において見たように，1980年代に世界銀行のチーフエコノミスト（任期：1982－1987）を務めることとなった[39]。かくして代表的な国際金融機関においても新古典派的な自由貿易主義の色彩がいよいよ濃くなっていった。

　1980年代以降，経済成長論の分野においても自由貿易主義は補強された。シカゴ学派のシュルツ（1909－98）の流れを汲むローマー（1955－　）とルーカス（1937－　）の登場によって内生成長論が唱えられ，そこでは人的資源の重要性がとくに強調され，国際間の財の移動だけでなく要素移動——とりわけ資本の移動（もっというなら外国直接投資）——に付随して途上国の人的資源が習得過程を経て磨かれるとなれば，いわゆる収斂現象がひろがり，国際的コンテクストにおいて自由化路線を強化する途上国は先進国にキャッチアップできるようになるという含みをもつこととなる[40]。この段階において，自由貿易主義は要素移動の自由化も包摂するまでに拡張されるにいたった。現在，この理論は中間投入財の貿易に応用されるようになっている。言い換えるなら受け入れ途上国に対してもたらされる外国直接投資のポジティヴな効果が，この理論によって妥当とされたということだ。

　念のため，主流派に登場してくる代表的学説の系譜を表2.1に示しておく。

38）Balassa (1970)；Krueger, (1974).

39）彼女の前のチーフエコノミストは構造学派のチェネリー（任期：1972－1982）であった。このことから世銀内部の基本的開発思想において，新古典派経済学が構造主義経済学に取って代わったことが窺える。

40）Romer (1986)；Lucus (1988).

表2.1 自由貿易主義（市場重視型）の学者と主要学説

スミス‥‥‥‥‥‥‥‥‥	貿易の絶対優位説，貿易の余剰はけ口説（1776）
リカード‥‥‥‥‥‥‥‥	貿易の比較優位の原理（1817）
J. S. ミル　‥‥‥‥‥‥‥	貿易の相互需要説（1848）
ヘクシャー＝オリーン‥‥‥	生産要素賦存説（1919，1933）
サミュエルソン‥‥‥‥‥‥	要素価格均等化定理（1949）
シュルツ‥‥‥‥‥‥‥‥‥	人的資本論（1963）
バラッサ‥‥‥‥‥‥‥‥‥	輸出指向工業化優位説（1970）
クルーガー‥‥‥‥‥‥‥‥	貿易のレントシーキング説（1974）
ローマー＝ルーカス‥‥‥‥	内生成長論（1986，1988）

（注）括弧内の数値は当該学者による学説が提示された西暦年を表している。
（出所）筆者により作成。

2.3　歴史に学ぶ開発パースペクティヴ
——後発国のケース——

　前節では近代史を横目で眺めながら先発国の開発パターンとその教説の背景についてみたが，ここでは先発国を追い上げる後発国の開発パターンをみることとする。このばあいも，既存の教説を参考にすることをとおして概観してみよう。

　先発国イギリスをキャッチアップするにはいかなる条件が整備されなければならないかについて，さしあたり考えてみよう。当時のイギリスにおいて誕生した工場を使っての合理的な生産システムは，他国の追随を許さなかった。他国にとって製造工業を盛んにするには，イギリス流の生産システムを模倣するしか手段は残されていなかった。それこそ前述のベスト・プラクティスだったのである。工業製品と農作物（食糧系と非食糧系とに大別される）との交換，もしく工業製品と鉱産物との交換が，当時のイギリスを中心としたグローバル・エコノミーの典型的な国際貿易パターンであった。自由な市場諸力に委ねておくと，後発国といえども農産物や鉱産物の生産と輸出に特化するパターンを進めるしかない。大陸ヨーロッパの国ぐにやアメリカ合衆国はどのように対

56 第2章 学説史にみる国際開発過程

応しただろうか。軽工業品でイギリスが圧倒的優位にあったときは，どうしようもなかったものと想像される。問題はその後である。イギリスが産業構造を高度化して重工業のほうに重心を移行するとなれば，他国にとってそこに工業化の余地が見出されるだろう。後発工業化をもくろむ多くの国は，そこを首尾よく開拓する必要があった。軽工業を盛んにするには，当初はイギリスに向けてなんらかの農作物を輸出する必要があったのである。ここでの開発戦略は，さしあたりスミス＝リカード型の一見したところ自由貿易路線にしたがって農作物——大陸ヨーロッパのばあいは小麦やライ麦に代表される穀物類や羊毛，木材，ブドウ酒などであり，アメリカ合衆国のばあいはタバコ，綿花など——を輸出してイギリスから工業製品を輸入するパターンが妥当するであろう[41]。事実，後発工業化を達成して結果的に先進国になった国ぐにはそのようなプロセスを歩んだ。しかし恒久的にそのようにしたのではない。歴史過程のいずこかで工業を盛んにするため，政府が積極的な役割を果たした。

　そのようなやり方に思想的影響を与えたのは，ハミルトンやリストによる幼稚産業論であったとみなされる[42]。かれらの主張は，イギリスに代表される先発国も当初は圧倒的な重商主義政策を採り続け，自国が生産性優位を確保してから自由貿易主義を唱え，新興産業が十分に育っていない他国に対して自由貿易を強要するやり方は公平性を欠いている，というものであった。この議論はとくにリストにおいて強く見られる。その路線に沿う現在の論客はハジュン・チャン（1963－　）である[43]。ハミルトンはアメリカ合衆国の独立革命期の歴史上の人物だが，当時のアメリカの置かれていた国際環境および錯綜する思想に翻弄される——重商主義と重農主義，およびスミスの『国富論』の影響——なかで，政府が積極的に働きかけて製造工業をいかにして育成するかについてグランドデザインを構想した。ハミルトンは，開発過程における銀行の果たす役割についても議会に報告書を提出している。実際の開発過程において新興産業を側面から支援するのに銀行がいかに重要な役割を担っているかは，

41）詳細は，シュワルツ（前掲）の第4章を参照のこと。

42）ハミルトンとリストが開発論におよぼした思想的影響については，宮川（2007）の第2章を参照されたい。

43）チャン（邦訳 2009）。

いまでは周知の事実だ。ハミルトンは18世紀後半という時代において開発の全体像を構想したのだから，まさしく天才であった。ともあれ18世紀末から19世紀前半にかけてハミルトンとリストによって構想提案された幼稚産業論は，キャッチアップをもくろむ国ぐにとって魅力的だったはずだ。両者に共通する考え方は，先発国レヴェルの産業競争力を当事国が身につけるには，まず生産力（productive powers）——ハジュン・チャンは「生産能力」という術語を用いる [44]——の増強が必要だという点だ [45]。そのためには政府が積極的に当該産業を保護しなければならない，というものであった。

経済理論史のうえでは，ミルとバステーブル（1855−1945）によって主流派の古典派経済学のなかにかれらの思想は組み込まれ，自由貿易からの例外的あつかいとして容認されるにいたる [46]。そのエッセンスは，幼稚産業と認められた産業の保護はあくまで一過性のものであって，恒久的であってはならず，競争力がついたら政府は速やかに保護措置を撤廃しなければならないというものであった。それはミルのテストとバステーブルのテストに集約された。ミルの視点は，幼稚産業としての資格を有するのは当初は比較劣位にあっても一定の学習期間を経て比較優位をもつようになる産業であり，それを見出すことが重要であるというにあった。他方バステーブルの視点は，幼稚産業としての追加要件として最終的に得られる利益が保護期間に犠牲にされる損失を上回ることであった。さらに新古典派のケンプによって，幼稚産業のさらなる要件として外部経済化が付け加えられた。かくして経済理論としても，抽象化が進められた [47]。

幼稚産業論の本筋は以上のようなものだったが，後発国のキャッチアップ過

---

44) チャン（邦訳 2015）127-128 ページ。
45) 生産力という術語は，ふたりを連結する鍵となる言葉である。リストは poroductive forces ではなく productive powers を用いたが，これはハミルトンによる術語であり，この事実から後者から前者への影響が窺える。これについては諸田（2003）188 ページによる。なお数理経済学的手法から新構造主義経済学を提唱しているランス・テイラーも，生産力の増強という主張において両者は共通しているとみる。ただしテイラー自身は，productive forces を用いる（Taylor 2004a：370）。近年の資料では，ふたりの関係については Wendler（2016：36−37）に見ることができる。
46) オリジナル資料としてはミル（邦訳 1939）と Bastable（1923／2017）がある。ただし両者の初出はそれぞれ 1848 年と 1891 年である。
47) Kemp（1960）. さらに体系的解説については，宮川（前掲）第 3 章「幼稚産業論の発展」参照。

58　第2章　学説史にみる国際開発過程

程における国家の果たすべき役割については，ガーシェンクロン（1904-78）のパースペクティヴがいっそう現実味を帯びる[48]。かれは歴史過程における後発国のとくにヨーロッパ主要国のキャッチアップ過程に関するかれなりの観察結果から，一種の経験法則めいたものを見出した。それはいろいろなところに紹介されているが，そのポイントは次の箇条書きによって示される[49]。

① 一国の経済が後発的であればあるほど，工業化は唐突な大躍進のような進行速度で不連続的に生ずる公算が大きく，工業生産の成長率は相対的に高い。

② 一国の経済が後発的であればあるほど，工業化の過程において工場にせよ企業にせよいずれも大規模なものがそれだけ強調される。

③ 一国の経済が後発的であればあるほど，消費財に対して生産財のほうが強調される傾向がある。

④ 一国の経済が後発的であればあるほど，国民の消費水準への圧迫はそれだけ大きくなる。

⑤ 一国の経済が後発的であればあるほど，揺籃期の産業への資本供給を増やすように考案された特別な制度的要素の果たす役割はそれだけ大きくなる。加えてその制度は，産業集中を進めるとともに企業家精神を良質な方向に誘導するものでなくてはならない。一国が後発的であればあるほど，これらの要素の強制と包括性の度合いはそれだけ大きくなる。

⑥ 一国の経済が後発的であればあるほど，農業が積極的な役割を果たす公算はそれだけ小さくなる。それは農業労働の生産性向上に基づく工業製品市場拡大の利益が，成長途上の産業群にますます与えられるようになるからである。

---

48) Gerschenkron (1962).

49) *Ibid.*: 353-354. この個所については邦訳が複数ある（絵所訳と松永・大坪訳さらに池田訳）が，ここでは理解をより確実にするために筆者による拙訳をもとに検討を加える。ちなみに絵所訳は第4章に，松永・大坪訳はマイヤー（邦訳 1999）の第2章に，および池田訳は「あとがき」の箇所にそれぞれ提示されている。

2.3 歴史に学ぶ開発パースペクティヴ——後発国のケース——　59

　ヨーロッパの経済史に基づいてガーシェンクロンが見出したこれらの項目群はきわめて重要なので，ここで改めて吟味しておこう。

　① は，同時期にロストウ（1916－2003）によって提示された経済発展段階説を念頭に置いたものであることが推察される[50]。いわゆる「離陸期」に関連しよう。ただしガーシェンクロンは製造工業と鉱業とに限定されると述べる。とくに製造工業のばあい，先発国に比して後発国の成長率のほうが高い。② は産業所有の集中傾向が強くなることを含意していよう。つまり国家の手で大規模投資をおこなう必要性があることを含意している。③ と ④ は，消費財よりも資本財の生産のほうに力点が置かれている。いわゆる迂回生産の妙である。したがってハミルトンとリストによって強調された生産力の強化が，これに相当しよう。これに関連してガーシェンクロン自身は，ハーシュマンによって提示されていた連関効果は資本財のほうが大きいという捉え方をしている[51]。それゆえ生産力の増強は，大きな連関効果の見込める資本財が望ましいという立場であることがわかる。⑤ は ② とも関連していて，資本を創り出してそれを集中・融資するためには，不安定な労働をコントロールするのに特別な制度を創らなければならないことを，そしてその産業を支えるのに国家介入の度合いが大きくなることを含意している。最後に ⑥ は前節に述べたことと関連していて，工業と農業との関係についてである。農業生産性の向上があってはじめて工業化が可能となるというのがヨーロッパ経済史から得られる教訓だったことを，思い起こそう。そうなると今度は都市部での製造工業そのものが，しだいに重要性を増すようになるだろう。そうして近代化のプロセスが進行することとなる。しかし後発国のばあい，順序正しく農業生産性の向上から開始されることは稀なので，最初から工業そのものに活路を見出すことになる。そうすると産業一般に工業化の利益がいきわたるが，最後に農業のほうにその恩恵がおよんで生産性の向上につながるだろう。よって技術普及の順序が先発国とは逆になる。

50）ロストウ（邦訳 1961）。

51）ガーシェンクロン（絵所訳），87 ページおよび原注（11）参照。ハーシュマンによる原著はいうまでもなくハーシュマン（邦訳 1961）である。なお連関効果が投入・産出分析に使用される仕方については，宮川（前掲）の 145-151 ページを見よ。

60 第2章 学説史にみる国際開発過程

　ともあれガーシェンクロン流のこのような工業化方式には，国家介入が要請される。ガーシェンクロン自身，相対的に進んだ国（たとえばイギリス）とやや遅れた国（たとえばドイツ）とかなり遅れた国（たとえばロシア）を例として挙げ，順序としては国家の確立が第一であり，不足する資本を銀行が供給することが第二であり，そしてそれに基づく工場の建設が第三段階であると措定している[52]。

　たしかに後発国のばあい，まず国家ありきであろう。経済学において国家の存在はどのように理解されるかといえば，国民一般に課税して税金を徴収し，それを国民のために建設的に使用することである。近代化以前の段階の国においてそれは，大多数を占める農民への課税として現れる。それを元手にして工業化に供するのだ。生産力を増強するための工業化にはそれだけでは不足であろう。そこで銀行が重要な役割を果たすこととなる。先発国のように比較的早くから資本市場——世界で最初の株式会社はオランダ東インド会社であったし，それに続いてイギリス東インド会社も株式会社となり，オランダとイギリスでさらにフランスで早くも17世紀と18世紀に海外事業を契機として投機熱が嵩じてバブル現象が起こった——が形成されているようなところでは，後発国ほど銀行の重要性は高くはない。株式会社制度をじゅうぶん具備していないような国にあっては，政府お抱えで銀行を創設して，なるべく早く資本を創ることが重要となる。その意味において，資本市場が未発達なところでは銀行が中心的役割を果たすこととなる。戦略的産業に手っ取り早く資本を注入できるからだ。まさしく近代化を開始した段階のドイツは，それをやってのけたのだった。他方においてロシアは，国家による農民への課税の過酷な取り立てが災いし，最終的に革命が勃発し，ロマノフ王朝は滅んでしまう。もとよりこのような帰結にいたった過程に，どのような国家の弱点があったのかが問われなければならない。国家について論じるとき，社会諸階層間の葛藤が見られたことについて，もしくは国王と貴族（大地主）階層と商人階層，および国民の大部分を占める農民階層との間でどのようなやり取りがなされたかについて，じゅうぶん吟味すべきであろう[53]。ここでは焦点がぼやけてしまうのでそれ

───────────────

52) ガーシェンクロン，同書，81-82ページ。

2.3 歴史に学ぶ開発パースペクティヴ——後発国のケース—— 61

については深く立ち入ることはせず，経済問題に集中することとしよう。近代国家の確立の視点から結論を簡単にいってしまえば，近代化を果敢に遂行しえた北西ヨーロッパ国家群のばあい，歴史過程のいずこかの段階で社会階層間のとくに国王と貴族と商人のあいだで妥協点が見出されて，近代化の方向へ突き進んでいった。近代化を達成できなかった国のばあい，階層間の妥協がついに見出せず，力の均衡が失われて秩序そのものが崩壊していった。経済的側面についてみるならば，ロシアにおいては，農民をいよいよ過酷な窮乏化の淵に追い込んでいったため，著しく均衡が崩れてしまった。それだけ資本不足に窮していたというべきであろうか。かたやドイツでは銀行自体が企業を創出したのだった。そこではすでに強大な国家がある程度確立していた。それゆえガーシェンクロン流にいえば，銀行主導で産業を補強することに力を投入すればよい。株式会社制度を中心とした本格的な資本市場の形成は，さらなる次の開発課題となる。

　翻って後発工業化に続く後後発工業化の典型例は，日本のケースであろう。ここでもドイツと同様に株式会社もなければ近代的な企業組織もなく，商業銀行もなかった。ただし明治維新に先立つ江戸時代までに，地主（大名）勢力を基盤とした徳川政権によって確固たる高水準の行政組織が確立していた。また事実，市井の人びとの教育文化水準も相対的に高かった。これは開発論でいうところの豊富な人的資源ということになろうか。ともあれ近代化を推進するためのソフト面の諸要素が具備されていたことは間違いない。もっとも近代的ハードの組織を欠いていたのはたしかである。そして明治新政府は税権を徳川政権からスムーズに移譲され，前政権の徴税システムを廃藩置県によって受け継ぎ，全国民から広く税を徴収できた。すなわち近代国家の基礎が江戸時代の段階ですでにできていて，明治新政府はそれを近代的な装いに衣替えすればよかったのである。ただし近代合理的な考え方の普及にはかなり時間を要した。近代国家の樹立に多大なるエネルギーを割かないですみ，工業化のための資本形成をどうするかを第一義的問題にすればよかった。もとより時代の変わり目

---

53) これに関する詳細は，シュワルツ（前掲）の第1章を参照されたい。なお近代国家形成の含意については，フクヤマ（邦訳 2013）を参照のこと。

にともなっていろいろなかたちの政争が見られたとはいえ，近代国家の樹立を大幅に遅らせる性質のものではなかった。その意味においてはドイツと同様に，銀行主導の工業化を考えればよかった。つまり日本においては，国民からひろく税を徴収できたので，近代化のための資本不足の深刻さは大きな問題とはならなかった[54]。

　ここまでの叙述はあくまでも国内事情にとどまる。では対外的側面はどうか。後発国のばあい，前述のようにさしあたりリカード型の自由貿易路線に沿うものだった。つまり先発国に対して，後発国はなんらかの一次産品を輸出することと引き換えに工業製品を輸入することから開始することを余儀なくされた。この種の後発国は，食糧系の農作物もしくは非食糧系で工業製品の原料となる農作物を先発国へ輸出することから得られる収益を，工業化の過程に付加的に供することができたのである。それは具体的にみて国によっていろいろだが，小麦やライ麦・燕麦などの穀物，ブドウ酒，食肉，綿花，生糸，羊毛および茶などだ。

　ここまで，後発国が圧倒的な生産力を確立するための工業化に必要な資本はどのようにして確保できたかについてみてきたが，要約すると次のようになる。国内面では近代国家による国民一般への課税によって財政収入を確保し，対外面では代表的な一次産品から輸出収入を得て，それらを近代化のための主たる財源にするとよい。株式会社制度が未発達であり資本市場をとおしての資本調達が困難な段階にあるので，銀行が主導的役割を果たす。日本のばあい，財閥の存在も重要であったことも付け加えておく。さらに資本形成の財源に事欠くとなれば，外国から借り入れるしかない。ロシアの失敗は，外国への借金に大きく依存したことにも起因した。日本などはそれに頼らずに済んだのだった。

　さてここでガーシェンクロンによって提示された図式を経済学の枠組みで正確に捕捉するため，ケインズ流のマクロ方程式を用いて解釈してみよう。

　支出面からみた GDP は次式によって与えられる。

54）この側面の具体的説明については，同書の第4章の150-156ページ参照。

GDP＝C＋I＋G＋X－M ……………………………………………… (2.1)

　(2.1) 式から一国の国内総生産は，国全体の消費 C，設備投資 I，政府支出 G，輸出 X および輸入 M からなるものと捉えられる。C と I は民間部門のマクロ指標であり，G は公的部門のそれを，X と M は外国貿易部門のそれをそれぞれ表している。そこで後発国の工業化を直接的に示すのは I であり，これが資本形成⊿K を意味する。その資金源となるのが国民一般の貯蓄 S にほかならない。すなわち S が⊿K に転化するのである。このことは次式によって表される。

　　S＝I＝⊿K………………………………………………………………… (2.2)

　ここから貯蓄 S を企業の投資 I に連結する重要な役割を担う金融機関の存在が，クローズアップされる。その典型が商業銀行である。後発国のばあい，S を I に連結するための金融システムもしくは銀行システムがじゅうぶん整備されていない。それゆえに国家がそれを創らなければならない。現在われわれが暮らしている先進国の金融システムについて，もしくはもっと広義には資本市場についてイメージするとよい。各家計は可処分所得から消費しなかった分を貯蓄にまわす。貯蓄手段は先進国のばあい豊富にあり，銀行預金，有価証券の購入，保険の購入，政府系金融機関での貯金，金や貴金属などなんらかの国際商品の購入，不動産の購入など枚挙にいとまがないほどだ。近代化もしくは工業化を開始したばかりの後発国のばあい，そのような金融システムが欠如しているのである。そのような貯蓄手段から出発して，最終的に金融システムをとおして企業は必要な資本を調達する。いまでは金融ルートからみて直接金融と間接金融に分かれる。一般的にいえば，日本やドイツなどの後発国のばあい，間接金融優位構造にある。なぜなら有価証券を基盤とした資本市場は当初未整備だったからだ。金融システムが整備されるとなれば，金融機関の存在理由はいっそう明瞭になる。すなわち信用創造これである。いまの先進国では，通貨供給をとおしてそれが息づいている。近代化が緒についたばかりの後発国のばあい，現実ははるかに厳しいだろう。そのようなとき，国家が自ら主導して銀行を創設して間接金融の制度づくりをおこなわざるをえない。やがて資本市場

64　第2章　学説史にみる国際開発過程

が充実してくるのを待つこととなる。

　以上は民間部門についてのお話。それに対して公的部門はGで表され，国内から税金Tを徴収してそれを元手に政府支出する。それは次式によって表される。

$$T = G \quad\cdots\cdots\cdots\cdots\cdots\cdots\cdots\cdots\cdots\cdots\cdots\cdots\cdots\cdots\cdots\cdots\cdots\cdots\cdots (2.3)$$

　後発国のばあい，工業化の推進のためにTを用いなければならない。現在の開発論によれば，道路や港湾，鉄道などの経済インフラの整備だけでなく，教育や医療サービスなど社会インフラの拡充も重要であり，バランスよく配分される必要がある。しかし実際上，それに不足するケースがほとんどであろう。そのような財政赤字はどのようにしたら埋められるか。いまでは多くの国において，公債が発行されて埋め合わせられる。後発国が近代化を推し進める段階にあっては，Tの徴収を強化することが第一義的であろう。手っ取り早いのが関税収入である。たとえば独立革命直後のアメリカ合衆国においても，同様の事情が見られた[55]。事実，多くの途上国のばあい，財政収入に占める関税の占める割合は圧倒的に高い。なぜなら，国民が十分な税金を支払えるほど富裕になっていないからだ。産業構造が多様化して多くの産業から税を徴収できるとなれば，直接税のみに頼る必要はなくて消費税などの間接税に訴えることもできよう。富裕になった先進国はそれが可能である。しかし依然として貧困状態から脱け出せない途上国においては，産業構造もシンプルであり農業などの第一次産業が大部分を占めるであろう。そうであるなら，税源はいよいよ限られてくる。その結果，農民への課税が過酷をきわめれば，叛乱を引き起こしかねない。財政上のこのような制約問題はいまの主要国においても同様に見られたのであって，歴史上農民の叛乱は絶えることがなかった。長い封建主義の時代をとおして財政基盤が確立されるまでの日本においても，それは見ら

---

55) 当時ハミルトン体制もしくはアメリカ体制とよばれたシステムの重要な特徴のひとつがそれであって，ハミルトンが財務長官在任中のアメリカ連邦の財政収入のおよそ90％を関税が占めていたことから，それを財源として道路や運河などの経済インフラストラクチャーを整備するというものであった。この側面の詳細な説明としては，宮川（前掲）の第2章87-89ページを参照のこと。なおわが国の代表的開発経済学者の速水佑次郎（1932−2012）も，この面を重視している。速水（1995）の第8章「市場と国家」，234ページ参照。

2.3 歴史に学ぶ開発パースペクティヴ——後発国のケース—— 65

れた。そのような事情から，国家がなんらかのかたちで主導して生産力を強化し工業生産力を増進することが，財政上の理由からも必要となってくる。前述のように，産業構造が多様化してさまざまな産業からひろく税金を確保できるとなれば，税源を関税に頼らなくてすむようになる。かくしてそれぞれの段階に応じて財政政策の手段も変わってくるだろう。直接税を主体とした政策から，間接税を段階的に取り入れてゆく政策への移行が可能となる。とうぜんのごとくいまの先進国は後者であり，途上国は前者である。ともあれ後発工業化の段階にあっては，工業化のための税収 T の確保が最重要課題であった。日本のばあい，その点において幸運だったといえよう。

　最後に外国貿易部門が残っている。この部門の存在が，ある意味において重要である。というのも単に貿易黒字かもしくは貿易赤字かという問題だけではなくて，後発国の工業化のためには輸出収入の確保がきわめて重要だからだ。それを用いて工業製品の輸入に充て，さらに輸出余剰が得られるとなれば，自国の新しい金融システムを経由して工業化のための基金とすることもできる。いまの先進国が後発工業化の段階にあったとき，なんらかの一次産品を輸出して外貨を確保しようとしたことについてはすでに述べた。19 世紀の大部分においてそれは可能であったし，一次産品の輸出から多額の収入も期待できたのである。かくして当時の後発工業国にとって，関税収入の確保問題とは別の意味で，外国貿易部門は工業化のための基金づくりの意味からきわめて重要であった。

　かくしてマクロ方程式からみたガーシェンクロン的図式の捉え方を要約すると，次のようになる。

　民間部門のばあい S と I との連結について，国家とその意向を受けた銀行とが協力して制度としての金融システムを確立すること，公的部門のばあい，国家が国民から T を徴収してそれを近代化のための政府支出 G に使用すること，そしてガーシェンクロンはそれについてはあまり触れていないが，外国貿易面において関税収入と輸出収入 X とを確保し，必要な工業製品の輸入 M とさらに輸出余剰が可能ならそれを金融システムに連結して工業化の資金に供すること，以上である。

　なおガーシェンクロンよりやや前の思想家にカール・ポランニー（1886−

1964）があり，かれは19世紀に資本主義的発展の軌道に乗った国ぐにのばあい，制度づくりにおいて国家が主導的役割を果たしたことを強調していて，国家の重要性を認識するうえでかれの存在がきわめて重要であることを付け加えておく[56]。ポランニーと開発論とのかかわりについては，次章で改めて考察する。

　以上のことがらはある意味において，いたってオプティミスティックなパースペクティヴといえるだろう。これらの図式が首尾よく運ぶにはさまざまな付帯条件が必要である。20世紀の途上国にとって，どのような問題が持ち上がっ

表2.2　国家主導型成長主義の学者と主要学説

ハミルトン………………	原初的幼稚産業論（1791）
リスト…………………	後発国の立場からの幼稚産業論（1841）
ポランニー……………	歴史からみた市場経済批判（1944）
プレビッシュ…………	輸入代替工業化論（1950）
ガーシェンクロン……	後発性の利益説（1962）
アムスデン……………	韓国の国家介入擁護説（1989）
ウェイド………………	新興国の国家主導擁護説（1990）
ハジュン・チャン……	歴史からみた国家主導擁護説（2002）

　（注）括弧内の数値は当該学説が提示された西暦年を表している。
　（出所）筆者により作成。

たかについては次節であつかうこととする。とりあえず国家主導型の成長を擁護する主要な学説の系譜を表2.2に示しておく。

2.4　途上国の実態

　では途上国の実態はどうであったのか，もしくはどうであるのか。この問いに答えるのが本節の目的である。

56）ポランニー（邦訳 2009）参照。ランス・テイラーもポランニーの存在の重要性を認識していて，親国家派に属する代表的学者のひとりとして位置づけている（Taylor 2004：372）。

2.4 途上国の実態 67

先発国から後発国へ，後発国から後後発国へ，はたまたそれから後後後発国
へというように後続候補が順番に連続的に続いて経済発展を達成するといった
見方は，現在，一方において実態を反映しているように見えるが，他方におい
て非現実的でもある。というのは前世紀半ばに先進国になった日本，その後の
韓国や台湾，そしていまの中国など東アジアの経済発展路線を顧みると，かつ
て日本の赤松要（1896－1974）によって提唱された雁行形態論やその後レイモ
ンド・ヴァーノン（1913－99）によって提示されたプロダクト・サイクル説な
どによって理論づけられたようなパターンでの発展類型とみてよいかもしれな
い[57]。そのコンテクストにおいては，日本はやや異なる経路をたどったけれ
ど，その他のケースは多国籍企業が積極的な役割を演じるものとされ，受入国
の開発政策が輸入代替工業化局面から輸出指向工業化局面へと首尾よく切り替
わってゆくプロセスに，多国籍企業がポジティヴに関与するものとして措定さ
れる。そして開放性に富む輸出主導型経済発展を実現し，それによって規模の
経済を達成でき，いわゆるフェルドーン効果がさらなる成長をよび込む[58]。
この種のパターンは先に見たマクロ方程式の輸出 X が国民経済を主導するこ
とになるのだが，経済基盤が未発達な国民経済のばあい，大きな需要は国内に
おいては見込めない。そのようなとき大きな需要が見込めるのはすでに経済発
展を遂げている先進国であって，そこへ向けて競争力を有する財を大量に輸出
するのである。そうすることによって規模の経済を実現し，大量生産から生産
性向上へ，そこから輸出収入の大幅な増加へ，さらに国内所得の増加へとつな
がる。この一連のプロセスにおいて，多国籍企業が寄与するとみなすのだ。い
うなれば輸出オプティミズムの捉え方にほかならない。実際上東アジア地域で
は，これらの教説がストレートとはいえずとも，ある程度それに準じたかたち
で成長が実現しつつあるといえなくもない。この路線で考えると，外需主導か
ら内需主導へとつながる連続的転換が期待されるだろう。すなわち一定期間の

---

[57] 赤松（1965）の第 10 章「低開発国経済の雁行的発展」参照。Vernon（1966）. 赤松とヴァーノン
との違いは，赤松の弟子小島清によって赤松説はヴァーノンに先行して提示されたキャッチアップ
型プロダクト・サイクル説として特徴づけられ，ヴァーノン説を自生的プロダクト・サイクル説と
して峻別する必要のあることが強調された。
[58] このモデルについては，本書の第 6 章においてあつかう。

68 第 2 章 学説史にみる国際開発過程

輸出主導型成長を経て，国内経済がある程度富裕になるとなれば，言い換えるなら国民経済の中で中産的社会階層が大きな割合を占めるようになれば，そこに大きな国内需要の可能性を期待できるであろう。マクロ方程式においては，X に頼るのではなくて国内消費 C と民間企業の設備投資 I に大きく依存するような経済構造が生まれることとなり，内需主導型成長も可能となる。これは開発戦略面からみた一種の構造転換である。事実 1960 年代半ばに先進国になった日本はすでにこの段階にあり，その他の東アジア諸国は依然として輸出主導型成長期にあるように見えるが，この路線で順調に進行するとなればやがて内需が大きな割合を占めるようになるだろう。その意味においては，日本の後に韓国と台湾が続いていて，その後に中国が続くというまさしく雁行形態的な捉え方が妥当性をもっているのかもしれない[59]。

　これらの教説とは異なる視角から開発問題を捉えた政治経済学的見方も，看過できない。それは，東アジアの経済発展過程において国家が重要な役割を果たしたという認識である。そのようにいえば前述のガーシェンクロン的ヴィジョンがイメージされるが，ここでは，1990 年前後から主張されだした「新」国家主導型成長戦略とみなされるアムスデンやウェイドに代表される捉え方，および今世紀に入ってからのネオリストニアンとしての立場を堅持しているハジュン・チャンの視点である[60]。かれらが脚光を浴びるようになった背景は 1970 年代から開発論の分野において新古典派経済学が復権してきて，市場原理主義ともいうべき新自由主義経済学がグローバル・エコノミーの拡大とともに幅をきかせ，「市場の失敗」ともいえる事態があちこちに見受けられつつあったときにあって，そのことに対する懸念がいろいろ考えられ始めたことに

59）ここで注意しなければならないのは，外需主導から内需指導への転換過程が観察される傾向がしだいに優勢になりつつあるが，工業化過程はもともと非耐久消費財などの簡単な工業製品の輸入代替工業化から開始して，やがて競争力をつけてからその輸出に転ずるというパターンが妥当とされ，いわゆる幼稚産業論のコンテクストで捉えるのが自然である。とくに前者のパターンが強調されるようになった背景は，台湾の先進国市場向け輸出加工区を嚆矢として中国も経済特区の創設を基礎にして良好な実績を上げたことから，グローバルな次元でとくにエマージング・マーケットとよばれる新興工業国家群（NICs）において，成功と失敗とを問わずこれが共通の方式となってきたからだ。なお近年の開発論においてこの方式は，「開放経済型工業化」として特徴づけられている（Alain de Janvry et al. 2016：138）。

60）Amsden（1989），ウェイド（邦訳 2000），チャン（邦訳 2009）。

起因していた。その最大級の出来事が 1997 − 98 年に発生したアジア地域の経済危機であった。

　20 世紀末に発生した経済危機は，その当時アジア地域に広がっていた開発オプティミズムに冷水を浴びせることとなった。この出来事をめぐる議論は，その主要な原因はいったいどこにあるのかという点にあった。ひとつはアジア地域固有のクローニー・キャピタリズムにそれは起因しているという議論であり，いまひとつは新自由主義によって推進されてきた過度の自由化政策に起因するというものである[61]。前者はとくにインドネシアやフィリピンの政治体制のありように求められ，いうなればヴェーバー流の家産制国家[62]のなせる業であり，ネポティズム（身内びいき）やレントシーキングがはびこって，市場経済がうまく機能できないような制度的要因が大きく作用したというものである。後者は自由化政策の中で資本の自由化——とくに短期資本の自由化が，すなわち投機的な流動資本の継続的流入と突如とした大量流出——が災いしたのであって，それがネガティヴな方向に作用したことに起因したという趣旨の議論であった。事後的に見ておおよそ後者に軍配が上がったようだが，いずれの立場をとるにせよ，「国家」の存在が鍵であった。新自由主義はそこからグッド・ガバナンス（よき統治）をいっそう強化すべきであるという議論に発展したのに対して，後者の捉え方は行き過ぎた自由化を「国家」がくい止めなければ国民経済を危うくしかねないという論調となる。後者のばあい，国家が市場経済を上手に誘導するというウェイドの考え方と合致するものであり，そのときマレーシアによって採られた為替レートの固定化政策を妥当とした。しかしいうまでもなく新自由主義は，それは自由化に反する行動であるのでその政策を手厳しく非難した。はたしてその帰結はというと，その後のマレーシアの経済実績を見れば明らかであろう。

61）こうした事情を要約して整理した論考に Wade（1998）. がある。

62）ヴェーバーによる支配の類型のなかで伝統的支配に属するものであり，支配者の個人的な行政スタッフが臣民となり，その最高の形態がスルタン制であり，支配者の恣意と恩寵の範囲が大きくひろがっていて，合理性の入り込む余地がないものとされる［ヴェーバー（邦訳 1970）：45-46］。このようなヴェーバーによる家産制国家論を重視する立場の学者に石川滋がある（石川 2006：22-23）。なおフランシス・フクヤマ（1952−）も政治学の視点から，家産制国家の存在を近代国家と対比させながら論じている［フクヤマ（邦訳 2013）の第 9 章「政治制度の崩壊と家産制の復活」］。

70 第2章 学説史にみる国際開発過程

　かくしてあらゆる次元での自由化政策——すなわち市場原理主義とよばれる
もの——を多くの途上国に勧告もしくは強要してきた新自由主義は，資本の自
由化（資本の自由な国際間移動）に関しては，主に外国直接投資を意味する長
期資本の移動を称揚しながらも投機的色彩の濃い短期資本の移動についてはそ
のかぎりではないというように，その政策アジェンダを変更するまでにいたっ
た[63]。もともとそれはジョン・ウィリアムソンによって提示されていたワシ
ントン・コンセンサス[64]に根ざしていて，それを若干修正するかたちをとる
ものであった。たしかに多国籍企業のポジティヴな役割を含む外国直接投資に
ついては，とくに現下の中国を含む東アジア地域ではその妥当性は失われるも
のではないが，投機的色彩の濃い短期資本については，「良性」というよりも
むしろ「悪性」としての側面がそこかしこに見え隠れしている。それは，不動
産や有価証券などの資産価格の実態経済から乖離したかたちの大幅な上昇であ
るバブル現象を後押しするものだからだ。それを演出する投機筋が先進国にお
いてはM&A（企業の合併・買収獲得もしくは乗っ取り）というかたちで，か
たや途上国においては国民経済に大きな影響をおよぼす資本流入と資本逃避の
かたちで出没するのである。それへの対応策として国際間の投機的取引に対す
る課税を制度化するトービン税[65]を検討しようという動きがあるけれど，依
然として国際間でのコンセンサスにはいたっていない。とうぜんそこには複雑
な利害関係が絡んでいるからだ。もしそれが実現するとなれば，この種の国際
規制措置は，開発論のコンテクストではアムスデンやウェイドの路線に沿うも
のとして捉えることができよう。

　議論をもどして後発工業化論について別の角度から考えてみよう。後発工業
化の基本路線としては，いち早く近代国家を創り，国家が主導性を発揮して国
民にひろく課税し，株式会社制度とともに銀行中心の金融システムを具備して

---

63) その経緯については，宮川（前掲）の第1章「初期構造主義から新構造主義へ」を見よ。またロ
　ドリクの論考も参照のこと（Rodrik 2005）。
64) 本書第1章1.3節参照（Williamson, J. 1990）。
65) 代表的ケインジアンであるトービン（1918-2002）によって提案された外国為替投機防止のため
　の税である。トービンは1回の外国為替取引について0.2％の税金を科すとよいとした（Tobin
　1996）。　なおこの提案を支持するわが国の学者に吾郷健二（1940-　）がある（吾郷 2003 の第7
　章「開発金融と投機的資本——いわゆるトービン税をめぐって——」）。

2.4 途上国の実態 71

資本形成を図るというものだ。強大な生産力をつける工業化のための財源としては，既存の社会階層への課税だけでなくて外国貿易にも頼らざるをえない。さしあたり関税収入が主たる財源だが，なるべく多額の輸出収入を確保できたらよい。大陸ヨーロッパの主要国やアメリカ合衆国，日本などの後発国は，その点において「幸運」であった。というのもなんらかの一次産品を輸出することから多大な輸出収入を確保できたからだ。ところが現下の多くの途上国のばあい，そこに難問が持ち上がった。それは19世紀末から20世紀前半にかけて，長期にわたり一次産品価格の低迷もしくは悪化が続いたことだった。そのことを最もセンセーショナルなかたちで表明したのが，プレビッシュであった[66]。

　それはいわゆる輸出ペシミズムの披瀝だった。すなわち一次産品の生産と輸出に大きく依存しているような当時の多くの途上国において，一次産品価格が長期的に不利化傾向にあるならば，その種の貿易構造を維持することは著しく不利であるので，そのような事態から脱却しなければならないとし，輸入代替工業化政策の採用を推奨したのだった。ここでいう一次産品価格の長期的低下は，工業製品の輸入と引き換えにしだいに多くの一次産品を輸出しなければならないような事態に陥ることを意味していたので，途上国において問題は深刻に受けとめられ，それは，一国が富裕になるためにかつての後発国がおこなったようになんらかの一次産品を輸出してそこからある程度の輸出収入を確保するという方式が期待できないことを含意するものであった。このことはいまでは開発論においてプレビッシュ＝シンガー仮説として周知の論点となっていて，理論と統計の両面において依然として論争が続いている[67]。それについてはさておき，ここで留意すべきなのは，輸出ペシミズムの登場はかつての後発国のような基本路線ではじゅうぶんな輸出収入が確保できないことを意味するので，それに代わる方策として輸入代替工業化政策が提案されたという事情についての認識である。近代化もしくは工業化を目的とするなら，国家が主導

---

66) Prebisch (1950). なお同年にシンガーによる同趣旨の論考も提示された (Singer 1950)。 ふたりの関係については，トーイらによる論考が詳しい (Toye & Toye 2004)。

67) この問題については，宮川 (1996) の第2章「南北間交易条件論の新展開」と同 (2007) の第1章「初期構造主義から新構造主義へ」を見よ。

して綿密で詳細なシナリオを事前に準備しておかなければならないのに，現実がそれを許さなかった事情を理解しなければならない。すなわち見切り発車的な事情がそこには見られたのであって，一次産品の輸出に大きく依存することはきわめて危険であるのではないかという懸念も，それに付加された。かくして一次産品に対する将来の明るい見通しが描けないという事情から，プレビッシュ＝シンガー仮説の登場を機に，当時の多くの途上国は輸入代替工業化に踏み切ったのだった。ここで確認しておかなければならないのは，産業革命期のイギリスが，当時国際競争力を有していたインド産綿布を輸入代替したことと，やがていわゆる後発国が繊維産業を中心とした軽工業分野からハミルトン＝リスト流に幼稚産業化して，つまり段階的な輸入代替工業化をおこなったことと，20世紀の途上国の工業化とは区別されなければならないという認識である。先発国にせよ後発国にせよ，かれらの輸入代替工業化は綿密な国家戦略としてじゅうぶん準備されたうえでのものであった。先発国のばあいは長く続いた重商主義体制がその準備をし，後発国のばあいは幼稚産業論がその準備をさせた。ところがその後の途上国のばあいは事情が異なり，じゅうぶんな準備がなされない中での見切り発車であった。しかも時あたかも19世紀の第4四半世紀に見られた「大不況」期と，20世紀になってからの1930年代に発生した大恐慌とによって，輸出収入はさほど期待できそうにないという不運にもてあそばれたのだった。こうした事情は，輸出ペシミズムが登場するにいたった重要な背景のひとつである。

　開発論においては，交易条件論を契機にそれをめぐる論争が繰り広げられることになるが，実際の途上国世界においてはプレビッシュらによって提示された輸出ペシミズムがヴェーバーのいうところのエートス（強力な意思）となって，輸入代替工業化戦略がひろがっていった。繰り返すがそれは，多くの国にとってじゅうぶんな準備ができていない段階での試行錯誤的な意味合いでの工業化であった。もとより後発工業化論において主張された国家の重要な役割，金融システムを整備することの重要性についての認識，健全な株式会社制度をいかにして創り上げるかについてのノウハウなど，これらの準備も不十分な国ぐにが多かったことも重要な事実である。現在の多くの国ぐにが抱えている諸問題を見ると，まさしく多くのことがらに欠如していることが明らかとなろ

う。たとえばサハラ以南のアフリカ諸国を見るとよい。そこでは上に列挙した
ことがらのなにもかも欠如しているだろう。いうなれば近代国家そのものの存
在すら，いまだに形成されていないところが多い。こうした事情の背景には，
プレビッシュ流の中心国・周辺国論から派生したラテンアメリカ系従属学派や
ウォーラーステイン流の世界システム論が主張するように，ヨーロッパ世界に
よる対外的収奪行為が，この地域に対してネガティヴな影響を与えたこと，歴
史的に内発的に近代国家たるものがじゅうぶん生成していないことも手伝っ
て，システマティックに税を徴収する制度の不備，もしくはそれ以前の段階だ
ろうが，公的にせよ地域共同体もしくは家族共同体にせよ，初等教育の不徹底
など文化的要因も考えられる。ともあれこの地域のばあい，後発工業化のコン
テクストは適合しえず，むしろ前述のような楽観的見通しはなかなか得られな
いため，現在流行している「人間開発論」や「社会開発論」もしくはアメリカ
新制度学派のいうところの「経路依存性」の枠組み，さらには行動経済学の応
用などのアプローチがベターかもしれない[68]。

　地域ごとに見ていけば，現在のエマージング・マーケットもしくは新興工業
国にかぎり，後発工業化論に雁行形態論をミックスしたようなものがある程度
妥当性を有するかもしれない。たとえば現在，輸出加工区や経済特区を創設し
て日本やアメリカやヨーロッパ系の多国籍企業を誘致して，その種の外資と自
国の労働力とを結合する方式の採用が典型的となっている。ただし輸出ペシミ
ズムの雰囲気が満ちていた時代——19世紀末から20世紀前半——において
は，それらのヴィジョンは妥当性を失う。ところが21世紀に入ってから中国
やインドなどの新興国において一次産品需要がにわかに高まり，国際商品市場
が活気づき投機筋の暗躍も手伝って，多くの国は複雑で難しい局面に直面し
た[69]。しかし2015年ごろからそのような傾向は一転し，新興国のなかで中心
的存在である中国経済が減速し始めたのである。中国経済による一次産品への

---

68) 人間開発と社会開発については，西川（2000）の第III部所収の論考群，および田中（2006）が示
唆的である。歴史的経路依存性については，アメリカ新制度学派の重鎮ノースによる近年の解説書
が説得的である［ノース（邦訳2016）の第8章「秩序と無秩序の原因」］。バナジーとデュフロは
フィールドワークで行動経済学の「ナッジ」の応用を試みている［バナジー／デュフロ（邦
訳2012）；デュフロ（邦訳2017）］。

74　第 2 章　学説史にみる国際開発過程

需要低下によって，一次産品価格は低下傾向へと変化を見せたのだった。かくしてこの問題については，今後も冷静な観察が要請されよう。

　かたやラテンアメリカの事情に眼を転ずると，かなり様相が異なる。この地域は，プレビッシュの中心国・周辺国アプローチや従属学派が生誕した歴史的土壌が見られたところである。古くは大航海時代におけるスペインやポルトガルによる「新世界」からの富の収奪から，ヨーロッパ主要国の興隆を経て対外的な支配従属関係の形成，そして現在はアメリカ合衆国系の多国籍企業と国際金融機関の存在まで，それぞれの局面で支配の主体が入れ替わってきた。かくしてこの地域においては，対外勢力が圧倒していた歴史的事情があちこちに垣間見える。この地域の住民から見ると，あたかも対外世界からやってきた支配主体によって据え付けられたポンプによって，ほんらい現地住民に落ちるはずの富が吸い上げられてしまい，現地住民にそれはじゅうぶん還元されないように見えたであろう。そこにプレビッシュ流の世界観が生まれる土壌があったものとして捉えられる。しかしこの地域の政治的独立の時期は相対的に早かった。19 世紀初期に独立したところが多く，それ以降も以前と同様に，経済的にはモノカルチャー的構造を呈していた。この地域の国ぐには一次産品の生産と輸出に大きく依存した経済構造——いまから見るとそれはいたって脆弱なように見える——から出発したのであって，ある程度の輸出収入が見込めたものとみなしてよい。19 世紀の第 4 四半世紀に見られた「大不況」が起こる前の段階においては，いわば一次産品ブームといってもよいくらいの現象がみられたのだった。したがってそれは食糧系の農産物にせよ工業製品の原料となる非食糧系の農産物にせよ，もしくは鉱物資源にせよ，世界経済の需要に大きく依存する輸出向け一次産品部門を中心に循環する経済システムであった[70]。当初はそれが順調に進行した。この地域では輸出向け一次産品部門を中心として，いまでいうところの近代的設備なども比較的早い段階で具備されていっ

---

69) 21 世紀に入ってからの動向をみると，2002 年度から燃料系の資源を中心に一次産品価格が上昇
　　しはじめた。それに環境問題も加わり，エタノールをサトウキビやトウモロコシから抽出して車の
　　燃料にする方法が普及した。もとより原油や石炭に対する需要も旺盛であった。その結果，一次産
　　品輸出から得られる収入は増加傾向を示した。このような現象が見られたのも，中国経済の興隆が
　　根本的原因であった。

70) このメカニズムについては，宮川（1996）の第 5 章「開放型二重構造」を参照されたい。

た。道路や鉄道，港湾などの経済インフラストラクチャーはこれらの一次産品部門を中心に整備された [71]。これが開発論でいうところの近代的部門の始まりであった。それゆえ輸出向け一次産品部門に関係しないところは，依然として未開発状態であった。要するにこの地域では，輸出向け一次産品部門を中心とした経済がかなり構造化されていたのであって，政治的には独立したとはいえ，経済的には大農園や鉱山開発部門が圧倒的存在であって，その所有者や経営者らによる寡頭制が幅をきかせた。そのような政治経済構造を，この地域は長年にわたって蔵していたのである。

　プレビッシュやフルタードらによる構造主義経済学の見方によれば，そのような政治経済構造はこの地域の実質的な経済発展につながりにくい性質を蔵していた。いうなればそれこそヴェーバー的な家産制国家による支配類型であって，輸出向け一次産品部門の所有と経営に浴する社会階層に富が偏り，多国籍企業とそれとが連携して富を吸い上げて占有するというタイプ——このケースの多国籍企業は，エネルギー資源や鉱物資源のばあい採油権や採掘権などのレント（利権）追求型が多くを占め，中央アメリカではバナナ共和国 [72] が典型的である——であり，大衆一般に成長の果実があまねく還元されないような事情が長い間続いたものと考えられる。そのような不均等分配もこの地域では構造化していた。そのような構造的性質は，この地域においては本質上変わっていないように見える [73]。なぜならいまでいうところの所得格差がこの地域では，世界のその他の地域に比してかなり酷く，さほど是正されてこなかった事情が窺えるからだ [74]。時代は異なるが，21 世紀に入ってからこの地域で左派

---

71) これについてはフルタードの説明が説得的である。フルタード（邦訳 1972）の第 10 章「工業化　過程　I．第 1 段階」参照。

72) この呼称は，20 世紀をとおしてバナナ生産業者（多国籍アグリビジネス）が受入国の政治経済に過剰な影響力を有したことに由来する。ホンジュラス，コスタリカ，グアテマラおよびニカラグアなどが典型である［コッペル（邦訳 2012）］。

73) このような構造体質をアセモグルとロビンソンは，収奪的性格の経路依存性として捉える。

74) たとえば新自由主義の時期における代表的な国のジニ係数についてみてみよう。アルゼンチンは 1986 年の 0.417 から 1998 年には 0.501 へ，ブラジルは 1976 年の 0.595 から 1996 年には 0.591 へ，コロンビアは 1978 年の 0.502 から 1995 年の 0.544 へ，そしてメキシコでは 1984 年の 0.491 から 1994 年の 0.549 へそれぞれ推移した。これらの数値からわかることは，これらの国においては新自由主義時代に所得分配はほとんど改善されなかったこと，もしくは悪化すらしたことだ（Bourguibnon et al. eds. 2005：3, table1.1）。

76 第2章 学説史にみる国際開発過程

政権が次々に誕生したことからもそれは明らかであろう。政治面においてその
ようなかたちで大衆一般の不満が爆発したのだった。

　国際政治面では，20世紀以降アメリカ合衆国の影響力が大きく，この国で
は早くから多くの多国籍企業が海外へ進出した。地理的に近いラテンアメリカ
にも多くの企業が進出し続けたが，各国の開発戦略局面に沿うかたちのものが
多かった。たとえば本格的な工業化の段階に入っていないところでは，モノカ
ルチャー的構造に則ったアグリビジネス系もしくは鉱物資源系の類が多く見ら
れ，輸入代替工業化期に入ったところでは高度な関税をかいくぐって参入した
工業部門の企業が多かった。さらに輸入代替工業化から輸出指向工業化への転
換が世界で傾向的に見られるようになってからは，先進国市場へ向けての直接
投資が多くなり，その典型ともいえるのがメキシコとアメリカ合衆国との国境
地帯に創設されたマキラドーラであった。このようにラテンアメリカにおける
アメリカ系多国籍企業は，いかなる市場を指向するのか，もしくはどのような
財を対象にするのかなどそれぞれの時代局面において違いが見られるとはい
え，現地のラテンアメリカ人にとっては，多国籍企業の本社が所在する合衆国
へ利潤を吸い上げる単なるポンプにしか見えなかったであろう。たとえそれが
現地人にとってある程度の雇用をもたらし，成長の果実がそれなりの所得分配
に反映されたとしてもである。国家主導の輸入代替工業化期から輸出指向工業
化期においては，ハイパーインフレの昂進，およびIMFと世界銀行主導の自
由化期もしくは構造調整期においてはさらなる所得格差問題の表面化など，あ
る程度の成長は得られたとしてもこの地域では大きな矛盾を孕みつづけてき
た。そこに人びとの不満が鬱積していったのであろう。その結果が，多くの国
における左派政権の誕生であった。

　ともあれこの地域では，ある時期にポピュリスト政権も多く誕生した[75]。
事実このこともこの地域固有の所得格差問題に関係があろう。というのは社会
階層でいえば，組織労働者に代表される都市部の中産階層の影響力が強くなっ
たからだ。つまり伝統的な寡頭制ではなくて都市部の新中間層に政治の基盤を
置くポピュリスト政権が，輸入代替工業化期にとくに第二次輸入代替工業化
期——資本集約的な重化学工業製品の輸入代替期であり，それ以前の労働集約
的な軽工業品からさらに輸入代替が深化した時期として捉えられる——に誕生

して，都市部の中間層と伝統的な寡頭勢力によって富が占有されるという事態
を招いた。晩年のプレビッシュは，ラテンアメリカ地域に共通にみられたイン
フレと賃金上昇スパイラル現象を特権消費者社会という独特の術語を用いて説
明した76)。したがってこの段階において，この地域の所得分配はしだいにこ
のふたつの社会階層に偏っていった。そこから取り残された大部分の貧困大衆
には成長の利益は還元されなかった。そういうなかで新自由主義優位の時代に
入り，インフレはおおむね収束したとはいえ，分配面におけるそのような傾向
はいっそう強められていった。しかも対外勢力はアメリカ合衆国自身というよ
りもむしろ IMF や世銀という国際金融機関が主導するかたちのものであった
が，大衆にとっては背後にアメリカが隠れていることは容易に理解できたであ
ろう。それゆえ大衆の直観のレヴェルでは，生活水準は少しも向上することな
く，経済成長の果実は外国勢力によって，および受入国側における上層階級と
新中間層によって占有されているというものであった。しかも新自由主義全盛
の時期においては，アメリカの投機筋が資本の自由化の名のもとに間接投資
（キャピタルゲインの獲得）のかたち——別の見方をするなら，現地の富を
かっさらうパターン——で主役を演じた。合衆国政府と名だたる国際金融機関
との後押しによって，もとよりこの地域に限定されるわけではないけれど，国
際商品取引や為替取引によって得られる多大な利益はそのまま投機筋側に吸収
されたのだった。そのような事情から，貧困大衆にしてみると，いよいよ自ら
に還元されるべきものが外国勢力によって備えつけられたポンプによって吸い
上げられてしまうように見えたであろう。この地域では，もともと所得と富の
分配が不均等だったところに，さらにそれが追い打ちをかけたのだった。

---

75) 代表的なものを列挙するとこうなる。アルゼンチンでは 1946−55 年と 1973−76 年のペロン政
権，ブラジルでは 1951−54 年のヴァルガス政権とクールラー政権および 1985−90 年のサルネイ政
権，チリでは 1952−58 年のイバニェス政権と 1970−73 年のアジェンデ政権（左派政権でもあっ
た），ペルーでは 1963−68 年のベラウンデ政権と 1968−75 年のヴァレスコ政権および 1985−90 年
のガルシア政権，コロンビアでは 1982−86 年のベタンクール政権，メキシコでは 1970−76 年のエ
チェベリア政権，ヴェネズエラでは 1974−78 年のペレス政権，ウルグアイでは 1954−58 年のバト
レ政権がそれである。当時のポピュリスト政権とマクロ経済政策との関係は系統的に分析研究され
た（Dornbusch & Edwards eds. 1991）。
76) 1970 年代から 80 年代の研究で，最も体系づけられて展開された論考が Prebisch（1980）であ
る。

78　第2章　学説史にみる国際開発過程

　以上のことがらは，当該地域固有の事情により良好な開発パフォーマンスが得られなかったアフリカとラテンアメリカのケースについての話である。しかし目下アジアは活気に満ちている。後者のばあい，前世紀末に勃発した金融危機にもかかわらず，全般的に成長軌道に乗ったかに見え，東アジアをはじめとしてインドやヴェトナム，バングラデシュ，さらにはミャンマーなどの経済については，一部に批判的な見方があるとしてもオプティミスティックな見方が支配的となった[77]。

　しかし2015年になってにわかに事態は一変する。新興国の代表的存在である中国の成長が鈍化しはじめたのだ。それを機にグローバル・エコノミーは変調傾向を示すようになる。典型的なところについていうなら，一次産品市況の低迷これである。目下のところ予断を許さないが，中国経済の成長減速は内外経済に多大なる影響をおよぼしつつある。そのように事態が変容したため，開発パースペクティヴも楽観的見方から悲観的見方へ変わりつつあるように見える。しかし実態はカオス的状況にあるといったほうが正確であろう。

2.5　結　　び

　ここまでさまざまな角度から国際開発問題を見てきたが，さいごに途上国の開発に関連してどのような問題が議論されようとしているのか，もしくは議論されなければならないのかについて考えてみたい。

　開発問題を考えるにあたり，スミス流の発想を嚆矢とする自由貿易主義アプローチはきわめてオプティミスティックなものであることが明らかになった。自由貿易を推進すればするほど，貿易から得られる利益は先進国も得られるもののむしろ途上国のほうに多くつくとされ，労働者の賃金に代表される要素価格の南北間での均等化も可能とされる。もともとこの定理は，サミュエルソンによってヘクシャー＝オリーン・モデルを拡張することから得られた。しかも

---

[77] 21世紀に入ってから刊行された楽観的展望に，次の文献群が挙げられる。バグワティ（邦訳2005），サックス（邦訳2006），バーンスタイン（邦訳2006, 2010），また悲観的もしくは批判的展望にオックスファム・インターナショナル（邦訳2006），リボリ（邦訳2007）などがある。

要素は国際間で不移動であることが仮定されていた。ところが国際経済の実態は，労働にせよ資本にせよ要素移動がひろく見られるようになった。そこで登場したのがルーカスらの内生成長論である。それは資本の国際移動にともなって生産技術が習得過程をとおして移転され，途上国も経済成長が可能となることを含意する。これがいわゆる収斂化現象である[78]。途上国の貿易政策もしくは貿易戦略との関係から見て，それはヴァーノンのプロダクト・サイクル説ともつながっているようにも見える。

　資本の国際移動をこのようにみてくると，その性格は良性のものであって，受入国の経済成長に貢献するものとして捉えられる。たしかに東アジア地域におけるそれはポジティヴな効果をもたらしているようだが，その他の地域についてみると必ずしもそうとはいえず，初期構造主義やそれから派生した従属学派がラテンアメリカ地域について論じた内容が現実味を帯びている[79]。現地に居住するネイティヴにとって実態がそのように見えたからだ。とくに合衆国系の多国籍企業は，ラテンアメリカへの資本投下から，巧妙なポンプを用いて利潤を吸い上げるようなやり方であった。受入国側にさほど利益をもたらさないような種類のものであった。過去の悲惨な出来事から推測されるように，この地域においては，外部勢力の存在に対してかなり懐疑的見方が伝統的に強く，実質的な意味での協力関係は一部のオリガーキーを除いて得られにくかったかもしれない。たんに外部勢力の主体がかつての植民地主義の時代の宗主国から現在の多国籍企業に代わっただけかもしれないのであって，少なくともかれらにはそのように見えたのだ。かくして従属学派の筆致はかなり過激である。したがってアメリカ系多国籍企業はいうなれば新植民地主義の尖兵のように見えたのであろう。それゆえこの学派は，外部勢力との関係を断ち切ってしまおうとするデリンクのスタンスへと先鋭化していった。ただし初期構造主義のばあい，そのような姿勢はとらず，むしろ多国籍企業を受け入れて工業化過程にそれを組み入れようとした[80]。輸入代替工業化の時期にせよ輸出指向工

---

78) そのような現象をきわめて楽観的なパースペクティヴで素描したのが，マブマニ（邦訳 2015）であろう。

79) 従属学派の視点を端的に言い表したのは，Dos Santos（1970）である。

80) Prebisch（1959）.；Lewis（1955）.

80 　第2章　学説史にみる国際開発過程

業化のそれにせよ，多国籍企業を活用しようとしたのだが，さまざまな要因が
作用して，もっというならば阻害要因が妨害して，東アジア地域のような成果
は得られなかったというのが実情に近いであろう。構造学派の理論では，
ツー・ギャップ説がこの学派の立場を代表していよう。プレビッシュを嚆矢と
する輸出ペシミズムの考え方を基礎にして考案されたこの学説は，外国為替制
約と貯蓄制約とのいずれかが当該国の成長を阻害するような事情が見られると
き，外国トランスファーが良性のものとして重要な役割を果たすことが期待さ
れた。そこに含まれるのが外国直接投資もしくは外国援助であった。ここにお
いて多国籍企業が活動できる環境が理論面で用意されたのだった。援助につい
ても同様である。しかしながら現実には前者の行動に対する懐疑の眼と，先進
国側の金融機関からの貸付攻勢も手伝って累積債務問題がネガティヴに作用す
るようになり，この地域の成長可能性は 1980 年代に頓挫する羽目に陥ったの
である。いわゆる「失われた 10 年」と化した。

　そこで新規に登場したのが，実質的には 1970 年代からその兆候は見られて
いたが，新古典派経済学に内包された市場原理主義の基本哲学をひっさげて姿
を現した新自由主義経済学であった。この経済哲学を背景にした IMF と世界
銀行は，構造調整貸付（SAL）という政策を具体化していった。ここにいたっ
て構造主義経済学の影響は影を潜めることとなる。すなわち国家主導型成長戦
略からあらゆる次元での自由化政策路線への大転換であった。国家介入の度合
いをじょじょに低減させてゆき，貿易の自由化，資本市場の自由化，公的部門
の民営化などを進めていった。このうち資本の国際間移動の面では，外国直接
投資だけでなく外国間接投資も盛んになってゆく。いわゆる浮動性を併せもつ
投機筋を含む短期資本の移動の自由化である。かくして様相は一変する。しか
しながらその成果について見ると，いくらかの成長とインフレ抑制はできて
も，その他のマクロ指標は必ずしも好転したわけではなかった[81]。とくに雇
用情勢の悪化と所得分配の格差がいっそう助長されることとなった。前述のよ
うに，アメリカ政府を背後に自由化政策を強要する国際金融機関に対する懐疑

81）この時期にいくらか経済成長が見られたといっても，それ以前の輸入代替工業化期の成長率のほ
　うが高かったというのがいまでは一般的評価である。

的姿勢と，結果的にそのようになった所得分配と富の分配の格差の拡大とが組み合わさり，多種多様な左派政権の誕生という事態にいたったとみることができる。とくに急進的左派政権下に置かれたヴェネズエラやボリヴィア，アルゼンチンなどの国では，重要産業を国有化するまでになった[82]。なお2015年前後から中国の成長が低迷したことを機に，潮目がまた変わりつつあることも付け加えておきたい[83]。

翻ってアジア地域ではどうだったか。前述のように20世紀末に経済危機が勃発する。その背景をつぶさに見ると，インドネシアやフィリピンに観察されたようなバッドガヴァナンスと一体となったクローニー・キャピタリズムの根底的な影響だけではなくて，むしろ浮動性もしく投機性に富む短期資本の自由な移動のなせる業であることが共通に認識されるようになった。したがって資本の自由化を急ぎすぎたことが失敗の原因とされた。そこで世界銀行などの国際金融機関も，資本の移動面については慎重な姿勢を示すようになった。

アジアでの出来事を機に，構造調整貸付（SAL）から貧困削減戦略文書（PRSP）プログラムへと国際金融機関のスタンスは大きく変化した。それでもいくらかの譲歩が見られたとはいえ，IMFをはじめとして国際機関は依然として自由化路線を堅持している。変わったことといえば，ロドリックが見事に言い表したように「市場原理主義」から「制度原理主義」への変化である[84]。

82）当時のヴェネズエラ大統領チャベスは石油産業の国有化に踏み切り，経済合理性からやや乖離した政策を立て続けに打ち出した。石油輸出から得られる潤沢な収入を財源に低所得者向けの住宅建設，医療，教育，識字教育，食糧の低価格供給，および就業支援など社会政策に重点を置いた一連の政策であった。ボリヴィアの大統領モラレスは，天然ガスの国有化とインフラ投資を中心とした公共投資に重点を置き，ヴェネズエラのような社会政策の比重は低い。そしてブラジルとの浅からぬ関係もあって対内直接投資に依存し続けた。そしてアルゼンチンの大統領キルチネルはさまざまな経済活動への国家介入を復活させ，公共料金をはじめとする物価一般への直接介入，限定的ではあるが企業との価格協定や特定品目の輸出停止などヘテロドクス的色彩の濃い政策を打ち出した。しかし民営化企業の再国有化は限定的であった。さらにネオリベラリズムに沿っていた前任者のメネム政権と違って，ヴェネズエラの協力を得てIMFからの借入金を全額返済し，自立的発展のためのポリシー・スペースを確保しようとした。それは2002年に発生した債務危機がアルゼンチン経済に深刻な影響をおよぼしたことが，主要な背景であった。これらのことから，いずれ国も反米的スタンスをとったことで共通していることがわかる。またこれらの国ぐにはアメリカ主導の自由貿易協定に対しても反旗を翻している。以上のことがらは坂口（2006, 2007），宇佐見（2006），遅野井（2006），および松下（2007）に依拠した。

83）桑原（前掲），参照。

82　第2章　学説史にみる国際開発過程

言い換えるなら，市場メカニズムがきちんと機能するように諸制度そのものを適正化することが重要だという認識である。そのような表現が用いられるようになった背景に，コースやノースさらにはアセモグルらに代表されるアメリカ新制度学派の影響があるからであろう。ただしロドリックは，国際機関によっては，その拠って立つスタンスに違いが見られるようになったと述べる。プレビッシュの伝統を引き継いでいる ECLAC は，国家の果たす重要性を一貫して堅持しているが，IMF は相変わらず自由化路線をかたくなに護っていて，世銀はその中間的位置にあるという[85]。たしかに世銀のばあい，刊行された報告書をひもとくと，途上国世界を普遍的にもしくは一般的に論じるのではなくて，各地域の歴史文化的背景を等閑視するわけにはいかないという趣旨の論調が目立つようになっている[86]。その意味においては，世銀はいくらか構造主義的性格を復活させつつあるといえるかもしれない[87]。ともあれ国際組織の現状は自由化一辺倒ではなくなってきているということなのだ。われわれはそのような変化に注目しなければならない。

　経済発展における国家の果たすべき役割については，これまで幾多の学者が議論を繰りひろげてきた。歴史上，ケインズが最も傑出した存在かもしれないが，その基本路線を受け継いでいるのが前述のようにスティグリッツであろう。もしくは新構造主義経済学のテイラーも代表的学者である。もとよりネオケインジアンのサールウォールもそうである。行き過ぎた市場の暴力をくい止

---

84) Rodrik (2007b) : 30-31.

85) *Ibid.*: 29.

86) たとえば毎年刊行されている『世界開発報告』において，公平性や制度，各地域の風土に根ざした開発プロセス，地域固有の紛争と貧困との関係，地域とジェンダーとの関係などがあつかわれた。

87) 世界銀行の歴代のチーフエコノミストのなかでも中国人（正確には台湾人）のジャスティン・リン（林毅夫）の存在が，異彩を放っている。かれはロバート・ゼーリック総裁のときその地位に就いた（任期は 2008-2012 年）。かれを見出したのはシカゴ学派のシュルツだったというのが，興味をそそられる。リンはインフラ建設において国家が主導しなければならないと論じ，開放型の工業化路線を拡張したモデルを考案した。このことについての詳細は，オズノス（邦訳 2015）の 173-182 ページ参照。「新しい」構造主義経済学の視点から論じたものに，Lin (2009, 2011)，Lin & Monga (2014)，リン（邦訳 2016）がある。かれが提唱する「新しい」構造主義経済学は，本書第1章で見たように，国家介入を容認することにおいては新構造主義経済学と似通っているけれど，比較優位の原理を重視する点においては，新古典派経済学と親和的である（宮川 2017）。

めるのはやはり国家であろうし，国家群の協調介入であろう。近年の金融暴力に内在する「悪性」的特徴については，いっそう糾弾されてしかるべきである。そういう意味から，次章においては早くから市場批判をしていたカール・ポランニーの開発思想に焦点を当てて考察する。

第3章

構造主義経済学者としてのカール・ポランニー
──『大転換』を中心として──

3.1 はじめに

ポランニー（K. Polanyi：1886－1964）といえば，多くの社会科学者のばあい，本章でとりあげる『大転換』（1944）がまず思い浮かぶであろう[1]。それはかれの代表作であり，後世に多大なる影響をおよぼしただけでなく，いまなおおよぼし続けている業績である。なぜか。

管見によれば，現下の先進国と途上国との違いを問わず，「市場経済」が蔓延し，しかもそれが行き過ぎたものに変貌したという感触を幾多の人びとが抱くようになったからではないだろうか。ありていにいえば，ケインズとは異なる意味で，市場経済のネガティヴな側面を早くから批判していたということなのだ[2]。いうなれば市場メカニズムの自由な作用に対するひとつの有力な批判勢力として，ポランニーの存在ががぜんクローズアップされつつあるということである。

1）ポランニー（邦訳 2009）。本章ではもっぱら訳書に依拠している。なおオリジナル版は 1944 年に刊行され，1957 年版が最初の邦訳として，野口らによって 1975 年に同出版社から刊行された。筆者はすでに後者を二度読了していたが，その趣旨を完全には捕捉しない状態にあった。新訳によって筆者なりに──それこそ専門とする開発論からのスタンスで──要点をどうにか捕捉できたので，新たな解釈を加えてここに論考のかたちで公にしようと考えた。近年，この主著に関連して次から次へと学際的性格の強い研究文献が刊行されつつあり，それらは本章をまとめるうえで大いに有用であったことを付け加えておく［Harvey et al. eds. 2007；Polanyi-Levitt 2005a；ポランニー（邦訳 2012），野口 2011，若森 2011，および佐藤 2012］。

2）ケインズの主著は次の 2 つの著作である。ケインズ（邦訳 1979－80）および同（邦訳 1983）。ただし前者のオリジナル版は 1930 年に，後者のそれは 1936 年にそれぞれ刊行された。とくに後者は後世において，ケインズ革命とまで言わしめたほどの絶大なる影響をおよぼした。それは，大恐慌時のアメリカで遂行されたニューディールの理論的バックボーンとなった。

3.1 はじめに 85

　市場経済のネガティヴな側面とはどういうことなのか。さしあたり思い起こされるのは，20世紀前半に起こった大恐慌である。それは世界経済に多大なる悪影響をおよぼすこととなった。経済の低迷，大量失業，デフレーションの蔓延，および企業倒産の大嵐というようにパニック現象が世界のいたるところで観察された。そこからの救世主がケインズであったことについては，異論の余地はあるまい。事実，1940年代から1970年代前半まではケインジアン・コンセンサス[3]の時代であった。というのも大恐慌もしくは大不況に象徴されるような「市場の失敗」を未然に防止するためには，国家が前面に出てそれを是正する必要があるというのが暗黙の了解となっていったからだ。いうなれば国家主導で国民経済を運営するのがふつうのこととされた。ケインズが主著『雇用・利子および貨幣の一般理論』(1936)によって，経済が悲惨な事態に陥らないための処方箋を用意してくれたのだった[4]。

　ところが1970年代半ばごろから事情は大きく変わってくる。歴史上の出来事を順にあげてみよう。1971年のニクソン・ショック，1973年から74年にかけて起こった第一次石油危機，さらには1979年の第二次石油危機がそれである。前者によって国際金融制度の大幅な変更を余儀なくされ，固定為替相場制から変動為替相場制へと一種の「大転換」がなされた。後者はそれまで欧米に本社を構える石油メジャーの思うままに操られていた原油価格が，石油輸出国機構（OPEC）による国際価格カルテル化によって，いわゆる交易条件の逆転現象が生起した。ブレトンウッズ体制下の固定為替相場制の時期は，文字どおりケインジアン・コンセンサスの時代であった。なぜならUSドルを基軸通貨とし，それを金によって裏づけし，各主要国の通貨はUSドルとの特定の交換比率によって固定されたからだ。つまり外国為替そのものを市場の自由な諸力によって決めさせるというのではなくて，国際間の枠組みによって規制された

　3）この術語はシンガーによる（Singer 1997）。詳細は宮川（2007）の第1章補遺「新構造主義による新自由主義評価」のとくに47-56ページ参照。
　4）それは通常ポリシーミックスとよばれる。景気の下降局面においては，金利を引き下げ通貨供給を増やすような金融政策と減税や公共事業を盛んにする積極財政が推奨されるのに対し，景気の上昇局面では，過熱してインフレ傾向になるのを抑えるため金利の引き上げと通貨供給の抑制，増税政策などが施される。究極的目標は完全雇用の達成であった。したがってケインジアン・コンセンサスの時代は，国内均衡優先であって，国際均衡努力は二の次とされるのがふつうであった。

というに等しかった。ところが変動為替相場制ということになれば，各国の通貨はそれこそ自由な需要と供給との力関係によって取引されるのがふつうとなり，いわばそれは市場原理主義の国際金融版と化した。そのような大変化をもたらしたのが，ニクソン・ショックであった。

　交易条件の逆転とはどのようなものだったのか。大量の原油を輸出し，それをとくに先進国へ輸出できる国にとって，外国貿易はたいへん有利に作用した。かつては同量の工業製品を輸入するのに大量の原油を輸出しなければならなかったのが，相対的に少なめの原油を輸出するだけで済むようになったのだから。そのようになるプロセスにおいて主導的役割を担ったのが，前出のOPECであった。このことを広い視野で捉えるなら，こうなる。すなわち主要エネルギーたる原油の基礎価格を決定するうえで，かつては欧米系の石油メジャーが自らに都合のいいように誘導していたのが，OPECによる国際価格カルテル化によって，そのイニシアティヴを奪われたということなのである。それを契機として，世界経済への影響がさまざまなかたちで現象化することとなる。たとえば当時の日本などがそうなのだが，エネルギー資源の大きな割合を輸入に頼らざるをえないような国のばあい，主要な輸入原料としての原油の価格が大きく跳ね上がったのだから，製品化の過程をつうじて輸入インフレ的現象が具体化してくるであろう。結果的にそれは，景気停滞とともにインフレ的でもあるスタグフレーションというかたちで具体化したのだった。原油の輸入に依存している先進国のばあい，それと似通った現象がみられたのであって，世界のいたるところでスタグフレーションが頭をもたげるようになり，蔓延化していった。そのような事態に陥ると，いよいよケインズ的処方箋が有効でなくなる。ケインズ的パースペクティヴによれば，景気低迷期にはデフレ的現象が一般的であり，物価は下落し，雇用は不安定化し，非自発的失業が増加する。それとは逆に好景気が訪れると，雇用は増進するけれども景気の過熱がインフレをともないがちとなる。そのようなことが想定されたうえでケインズ流の金融財政政策が用意されたのであり，ケインジアン・コンセンサスの時代にはポリシーミックスとして重宝がられた。ところがスタグフレーションが現象化するとなれば，事情はまったく違ってくる。それはまさしく「想定外」の出来事だったのである。その結果，国際金融面だけでなく国際経済の実物面に

おいてもケインズの神通力はしだいに消え失せる運命をたどることとなった。

　以上のことが 1970 年代に起こったことであり，世界全体の経済思想面における「大転換」をもたらす重要な契機となったといえる。そのことに加えて，1980 年代に国際経済を根底から揺さぶる出来事が起こった。ラテンアメリカ地域がその発火点となる。いわゆる累積債務問題これである。それはラテンアメリカ主要国のひとつであるメキシコで起きた 1982 年のデフォルト宣言を契機に，ブラジル，アルゼンチンへとひろがり，その他の国ぐにも包含するかたちで 1980 年代を特徴づける深刻な事態へと発展した。さらにそれはこの地域のみにとどまらず，アジアやアフリカにも飛び火するにおよんだ。とくにラテンアメリカへ大量に貸し付けていたアメリカの金融機関が最大の被害者であった。北西ヨーロッパの主要国や日本の金融機関も例外ではなく，次から次へとデフォルト宣言をするラテンアメリカの国ぐにへの過去の融資はことごとく不良債権化することとなった。いうなればラテンアメリカ地域一帯において，1980 年代は「失われた 10 年」と化した。加えてアメリカや日本は，民間のおもな金融機関を中心に俄かに吹き上がったこの累積債務問題に苦しむ羽目となった。カントリーリスクという言葉が頻繁に用いられたのもこの時期である[5]。とりもなおさずそれはラテンアメリカ地域をさし示していた。最終的にこの問題は，ブレイディ提案の骨子であるところの債務の証券化を国際的フレームワークで進めてゆくことと，累積債務国側では債務返済（DS）比率について輸出努力をとおして引き上げることなどで解消することが試みられた。そうこうするうちに 1990 年代を迎えるにおよび，この問題は終息するにいたった。

　これと並行して先進国側では，不振にあえぐアメリカ経済を立て直すため 1985 年のプラザ合意にいたった。旧西ドイツや日本は徹底的なリフレ政策の推進を約束づけられ，その結果日本はとりわけ圧倒的な円高ドル安から一転して，資産価格の乖離的上昇が現象化するバブル経済が進行するにいたった。このころから債務国に対しては，じゅうらいの国家主導の保護主義を内包する産

　5）いまでは，ソブリンリスクという術語が用いられるのが一般的である。それは 2010 年に発生した南欧の財政危機もしくは経済危機について言うことが多い。

業政策ではなくてなるべく自由化政策へ転換することを勧告する機運が生じ，いわゆる構造調整融資（SAL）が制度化されていった。当時，金融関係者のあいだでとかく話題になったのが IMF コンディショナリティであった[6]。

　結果的に以上のような事情から，なにもかも市場の諸力に委ねておくのがよいという市場原理主義的な雰囲気が横溢することとなり，ワシントン・コンセンサスがもてはやされるにいたった[7]。事ここにいたると，あらゆる次元における市場の優位性が強調されるようになる。経済学の主流派の新古典派経済学の流れを汲む概念装置について，ここでいくつか取り上げておこう。

　まず X 非効率[8]という概念がある。いわゆる「親方日の丸」的なぬるま湯体質と化した組織はいっこうに効率は上がらない。それよりもむしろ競争的雰囲気に満ちた組織は効率が増進する。このような発想こそ，公営企業の民営化を妥当とする論理にほかならない。それはインセンティヴ構造とも関係している。人びとをつき動かす動機づけとして，努力して成果が上がった分については報酬のかたちで還元されるとよいというにある。過度に平等主義的な雰囲気が強いと，人びとは努力して成果を上げようとする意欲が損なわれてしまう。すなわちインセンティヴが埋没したような組織がそれであり，公営企業にはそのような組織的コスト上昇がともないがちである。それゆえ民営化すべしということになる。実際上，日本においても 1980 年代以降，国鉄の分割民営化や日本専売公社の民営化など，公営色の濃かった企業は次から次へと民営化されていった。

6）これこそ後述のワシントン・コンセンサスを具体化したものであった。それはアメリカ政府を背景に，世界銀行と IMF によって推進された。あらゆる次元で国家介入のレヴェルを低減させ，規制緩和もしくは規制撤廃を重視するような自由化政策の色彩の濃い国や地域に対しては融資を惜しまないが，それとは逆に国家介入のレヴェルが高い国や地域のばあい，むしろペナルティが科されるといった類のものであった。

7）それは財政規律をはじめとするさまざまな次元での自由化政策の勧告であり，ジョン・ウィリアムソンによって定義づけられた（Williamson 1990）。ワシントン・コンセンサスは 21 世紀に入ってから次のように言い換えられるようになった。①諸価格を妥当なものにすべし。②所有権を妥当なものにすべし。③諸制度を妥当なものにすべし。④ガヴァナンスを妥当なものにすべし。⑤競争を妥当なものにすべし。⑥国民的イノヴェーションを妥当なものにすべし。⑦企業家精神を妥当なものにすべし。これらの項目群をスローガンとしているが，それに対する批判の声も多い（Jomo et al. 2005：vii-xxii）。

8）ライベンスタイン本人による平易な解説がある（Leibenstein 1978：17-38）。

3.1 はじめに　89

　市場原理主義を代表するもうひとつの有力な理論は，レントシーキング説[9]である。それは次のような論理体系である。ほんらい市場の自由な需要と供給との力関係に委ねるべきところに，いずこかの特定の業界勢力が自らに大きくかかわる経済制度の決定局面においてその決定権を有するかもしくはそれへの影響力を有する者――有力な政治家や実力派の高級官僚――に働きかけて，自らに有利な方向へ制度をもってこさせようとする行為が，それがおこなわれなかったばあいの健全な市場メカニズムの作用（パレート最適状態）を歪めてしまうというにある。それがおこなわれることにより，非効率的な業者がいっそう効率的な業者を排除してしまう可能性がひろがるからだ。すなわちこのことは，国家が介入するケースの典型例としてなんらかの規制が課されることを意味し，そのようなとき上述のレントシーキングが入り込む余地が与えられるであろう。その論理の帰結が，いわゆる規制緩和もしくは規制撤廃の正当化ということなのだ。事実，日本においてもその路線に沿って規制撤廃が実施された。たとえば大規模店舗法の撤廃により，人口集積地の郊外に大規模なショッピングセンターが設立されて活況を呈しているように見える。もっともそれは自動車社会が日常化している地域のことではあるが，それ以前の規制が課された段階において，主要駅近郊の既存の商店街が政治に働きかけていたということであろうか。通常のレントシーキング説によれば，そのような論理になる。たしかに消費者の視点に立てば，同じ財でも相対的に割高だったのが，規制が撤廃されたことによりそれを割安な価格で入手可能となる。そのようなことからレントシーキング説は，依然として規制撤廃を正当化する有力な理論装置であり続けている。

　国際貿易論の分野においても，レントシーキング説は適用された[10]。すなわち保護主義的な措置が講じられるとしたらそれは，国際貿易における一種の規制にほかならない。ほんらい自由な国際貿易に委ねておくべきところに，なんらかの利害集団が自らに有利になるように規制を課させようと働きかける。輸入割当が典型例であるとされる。こうした行為も，自由な国際貿易から得ら

9）この概念のオリジナルはタロックによる（Tullock 1967）［トリソン他編（邦訳 2002）に所収］。
10）Krueger（1974）［同訳書，所収］．クルーガーは1980年代前半に，チェネリー（構造学派）に代わって世界銀行のチーフエコノミストの地位についた。

れたはずの効率をいちじるしく歪めて非効率化することとなる――パレート最適からはずれて死重的損失が付随する――ので，保護措置は撤廃すべしということになる。

最後に自由貿易主義を代表する理論として，有効保護率もしくは実効保護率の概念をあげておくべきであろう[11]。それは，貿易可能財の生産過程において加工度合いが進むにつれて保護のレヴェルがどのようになるかについて測定する理論装置のことだ。実際この理論は，途上国や新興国の保護レヴェルを測定するのに使用された。1980年代後半においてだったが，そのとき新自由主義へ向けて大きく動き始めていた[12]。結論をいってしまうならこうなる。新興国において，貿易可能財とくに輸入代替工業製品についてみたとき，加工の程度が高ければ高いほどすなわち付加価値が高くなるほど保護のレヴェルは高くなるというものであった。この理論に隠されていることは，保護のレヴェルが高いというのはそれだけ非効率の程度が大きいというにある。したがってこの理論の帰結は，保護レヴェルをなるべく低めて，限りなく自由貿易すなわち比較優位の原理に近づけるべきだということである。

かくして以上のような理論背景の下に，規制を含む国家介入を正当化していたケインジアン・コンセンサスから徹底的な市場メカニズムの作用を重視するワシントン・コンセンサスへの「大転換」が，1980年代のラテンアメリカ地域に発生した累積債務問題が決定打を与えるかたちで形成されたのだった。

ではそのような潮流のなかで，ポランニーの立ち位置はどのようにかかわってくるのだろうか。

3.2　ポランニーの遺産

ポランニーは，社会科学の分野においてはむしろ，文化人類学の領域でその名を知られていたといったほうが事実に近いかもしれない[13]。開発論の分野

---

11) この概念のオリジナルはコーデンによる（Corden 1966）。
12) その代表的なものが，世界銀行（1987）である。

では，開発人類学という術語も使用されるようになった。その意味において，ポランニーは一定の役割を果たしたといえるであろう。たしかに主著『大転換』以外の著作もしくは論考群に眼を向けると，人類学をあつかったものが多いように感じられる。そうであるのはなぜだろうか。ひとつの解答として，次のことがいえるであろう。ポランニーのばあい，市場経済が浸透している領域とそうでない領域との峻別がよりいっそう重要であった，ということこれである。つまり市場経済がいまだに行き届いていない空間が，ポランニーの主たる研究対象だったのだ。その空間とは地理的および歴史的なそれを意味する。そのようなコンテクストで考えると，アフリカの象牙海岸だったところでかつて見られた奴隷貿易の存在も，人類学的に認識可能となる [14]。

翻ってポランニーに類似した視角から先進国や途上国の経済構造を考えたのが，構造学派の学者たちだった [15]。途上国についてみると，それは二重構造という術語に集約される [16]。近代的部門と伝統的部門との併存状況をさし示すのだが，先進国のそれは近代的部門のみからなる単一構造として認識された。言い換えるなら，近代的部門は市場経済が行き届いたところとして認識されるのに対して，伝統的部門は市場経済によっては特徴づけられないところなのである。新古典派がイメージするような競争的需要と供給との力関係によって均衡価格が決定されるのが市場メカニズムであると措定するならば，先進国についてみるとき，農業や漁業など第一次産業で生産される農作物や魚貝類の市場，もしくは個人商店や小規模の自営業などのサービス業はそれに近い存在かもしれない。しかしながら名だたる製造工業や大規模な金融保険などのサービス業はむしろ，寡占もしくは独占の色彩が濃いであろう。後者のばあい，非

---

13) わが国においてこの路線で影響をあたえたのは，栗本慎一郎（1941- ）である。かれは自らの研究成果を，栗本（1979）にまとめた。さらに教科書として，栗本編（1995）も刊行された。むろんかれの研究の中心は，ポランニー研究であった。同様の路線に沿ったポランニー本人による著書と論考群も翻訳された〔ポランニー（邦訳 1975a, 1975b, 1980）〕。

14) たとえばポランニー（邦訳 1975b）の第1部第2章「奴隷貿易の挑戦——王国の展開——」，および栗本（前掲）の第7章「貿易港と対外貨幣」などの説明に，そのような分析視角が窺える。

15) 構造学派を広義に捉えるならば，ラテンアメリカ系構造学派を代表するプレビッシュやフルタード，さらにルイスがあり，欧米系のそれにシンガー，ミュルダール，ペルー，チェネリー，シアーズを挙げることができる（本書第1章）。

16) これについては，本書の第5章において詳細に考察する。

価格競争が日常であり，「健全な」市場メカニズムが作用すると想定したうえ
での仮の均衡価格に比して，実際の価格は割高であり，供給量は少なめであ
る。すなわち消費者の意向はそっちのけで独占寡占業者の意向に沿うかたちで
のプライシングがなされるであろう。そこに独占禁止法の存在理由が見出され
る。現下の日本で話題に上っている電気・ガス料金を例にとってみても，この
ことは明白である。ただしそうだからといって独禁法が適用されて割高な電
気・ガス料金が是正されることはほとんどない。一消費者から見て憤懣やるか
たないことだが，そこには政治勢力が入り込んでしまっているように見え
る[17]。やや話は脱線してしまったが，途上国の二重構造について，ポラン
ニーの視点を踏まえながらみてみよう。

　ポランニーは，20世紀前半の第二次世界大戦を挟んだ時代におけるイギリ
スやアメリカの事情について考察した。そして行き過ぎた市場経済を批判し
た。その詳細については後述することとし，ここでは市場が浸透していない領
域が重要性を帯びてくる。開発論では，それは慣習経済として認識される[18]。
ルイスの認識では，生存維持的自給部門と措定された[19]。さらにいうならば
そこは，共同体原理が作用するところである[20]。それとは逆に市場経済が支
配的である近代的部門なら，利得動機が作用する。さらには貨幣的属性がいき
わたっている。伝統的部門では，人類学でいうところの互酬，再分配，パトロ
ン＝クライアント関係が見られる。そこでの動機づけは経済的利己心を基礎に
もつホモエコノミクスのそれではなくて，社会構造的な，たとえば身分を中心
とした帰属意識である。ヴェーバー流の表現を用いるなら没主体的とでも言お
うか，そのようなものである。

　ヴェーバーら近代主義者はそのような伝統的社会のありようをいずれかとい
えばネガティヴな意味で捉えたのに対し，ポランニーはむしろポジティヴな解
釈を与えたことで知られる[21]。というのも行き過ぎた市場のありようが人間

---

17) ところで現在，電気・ガス料金の分野は部分的な競争政策が試みられようとしている。
18) これが明確に提示されたのは，石川（1990）の第1章「開発の経済学は必要か」の第3節D「市場経済，慣習経済・命令経済の制度とその変化の理論」である。とくに29-35ページ参照。
19) Lewis（1954）.
20) この認識は，安場・江崎編（1985）の第11章「二重構造」（安場231-249ページ）において明示されている。

性を損なう方向に作用する側面——ポランニーは「悪魔の碾き臼」という造語を用いた[22]——を強調したというのが，真実に近いであろう。とくに世界の中心国であるイギリスにおいて産業革命の進行とともに，人びとはじょじょに利得動機で行動するのが一般的になる——19世紀のイギリス経済でまさしくそのような機運が充満してゆく——につれて，いわゆる財やサービスの取引にとどまらず資本や労働，土地などの生産要素も同様の論理で市場取引されるにおよんで，それをポランニーは行き過ぎた市場経済のありようとみなしたのである。

　したがって歴史空間的にみて，そのような19世紀型の市場のありようはきわめて特殊的で限定的な現象であるとポランニーはみなした。長いスパンで歴史を捉えるとき，経済的動機よりもむしろ社会的動機のほうが支配的だったのであり，歴史上，経済的動機は社会に「埋め込まれていた」（embedded）と措定した[23]。そのような経済的動機が前面に現出していない社会のありようをポランニーはむしろ一般的な状態とみなした。それゆえ現代社会を彩るような経済的動機が前面に出ているような社会は，それ以前においてその中に埋め込まれていた経済が「離床[24]」（disembed）したからだというのが，ポランニーの基本認識となる。そのようなポランニー流の解釈のコンテクストで捉え

---

21) ヴェーバーは代表作『プロテスタンティズムの倫理と資本主義の精神』において，近代資本主義の発展を称揚するとともに，それと対極的な伝統主義を否定する。じつはポランニーは，そのようなヴェーバーから多大な影響を受けた。1947年にアメリカのコロンビア大学の客員教授として招聘されたとき，「一般経済史」の講座を担当した。それにさいしてポランニーは，マルクスやテンニースらの先行研究を参考にしたが，ヴェーバーの『一般社会経済史要論』の影響が大きかったとされる［Cangiani 2007, in Harvey et al. eds. *op. cit.*: 28；若森（前掲）39-40ページ，ポランニー・レヴィット「日本語版への序文」ポランニー（邦訳 2012）所収viiページ］。もとよりポランニーは，市場経済一辺倒に塗り替わりつつある近代社会のありようを批判的に捉えた。

22) ポランニー『大転換』の第II部（57-231ページ）がその個所であり，その中核部分を占めるのがイギリス経済史に登場する「スピーナムランド法」である。

23) これはひじょうに重要な概念であり，ポランニー歴史学の解説書には必ず登場する。ポランニー自身は次のように述べている。「……〈19世紀に進行してきた社会のばあい〉経済が社会的諸関係の中に埋め込まれているのではなく，反対に社会的諸関係が経済システムの中に埋め込まれているのである。……〈中略〉……ひとたび経済システムが，特定の動機に基づき，特別な地位を与えられて別個の制度として組織されるや，社会は，経済システムがそれ自身の法則に従って機能することを可能とするようにかたちづくられねばならないからである。これが，市場経済は市場社会の中でしか機能することができないという，よく知られた主張の意味である。」（『大転換』，100ページ）

94　第3章　構造主義経済学者としてのカール・ポランニー ──『大転換』を中心として──

るなら，離床した経済的動機がいよいよ猛威を揮っているのが現代社会である
ということになる。そしてそれによって，多くの人びとがむしろ被害を被って
いるという解釈がポランニー的帰結である。したがってポランニーは，そのよ
うなゆゆしき事態を未然に防ぐには，行き過ぎた経済をふたたび埋め込む必要
があるとした。ときあたかもケインズ主義が日の目を見るようになったニュー
ディール政策が，アメリカを席巻しつつあった。まさしくそれは市場経済を埋
め込むひとつの証であるとみたのであり，さらには20世紀前半に実現してい
たソヴィエト型社会主義の実験が進行中であった。それは別のかたちで経済を
埋め込んでいるようにポランニーには見えたのだった。かくして当時のポラン
ニーの結論は，社会主義を称揚することであった[25]。

3.3　市場メカニズムの自由な作用に対する批判勢力

近年，世界のいたるところが金融危機もしくは財政危機に見舞われている。
そのような現象にいたらしめた諸悪の根源は行き過ぎた市場メカニズムにある
ことが，ひろく認識されつつある。前世紀末に発生したアジア経済危機のと

---

24) この概念はとうぜんながら，「埋め込まれた経済」の対概念として捉えられる。訳書では，「埋め込み
床」ではなくて「切り離し」という術語が使用されている。訳書の冒頭のブロックによる紹介の箇
所（xxix-xxxiiページ）がそれに該当する。筆者はポランニーの真意を伝えるうえで「離床」のほ
うが妥当と考える。歴史的に長いこと埋め込まれていた経済が独り立ちして成長するのだが，残余
社会を圧倒してしまい，むしろ社会全体にとって害悪化することを含意している。『大転換』の中
では，第Ⅱ部全体にわたって市場経済の自律メカニズムの拡大というコンテクストで具体的に展開
されている。そのような市場経済の拡大現象を別の角度から捉えると，マルクスの歴史観である史
的唯物論のパースペクティヴと親和的であるといえる。なぜならマルクスは生産諸関係を下部構
造，政治文化宗教などその他の社会諸関係を上部構造として捉え，後者は前者によって規定される
とみたから。ポランニーにとって経済が「離床」するということは，社会諸関係によって「埋め込
まれていた」のが，立場が逆転してしまうことを意味する。
25) 『大転換』第Ⅲ部「大転換の進展」（401-468ページ）が結論部分である。世界規模で市場が崩壊
して，ファシズムとニューディール，そして社会主義が現出したのが当時の事情であり，ポラン
ニーは最終的に社会主義に賛同した。それはスターリン主義を擁護することにもつながるゆえ，事
後的にかなり批判されることになった。しかしポランニーは同書の中で，ロバート・オーウェン
（1771-1858）を激賞している箇所が多く見られる。たしかにオーウェン自身によって著された
『オーウェン自叙伝』を読むと，自画自賛的な側面もかなり散見されるけれど，ラナアックの実験
工場においては，労働者家族に対して教育面を含む配慮が施されたことがわかる。

き，主流派の新古典派はアジア経済特有のクローニー・キャピタリズムにその根源はあると主張した。しかし他方において，国際分散投資という名のもとに投機活動に熱心なヘッジファンド犯人説も浮上した。そしてとくに後者の存在がしだいにクローズアップされるようになり，資本の自由な移動を称揚するワシントン・コンセンサスが矢面に立たされるにいたる[26]。この局面で潮目が変わることとなった。すなわち資本移動のうち投機的色彩の濃い短期資本の移動については，なんらかの規制が必要ではないかという考えがそれである。かつて代表的ケインジアンであったトービン（1918−2002）が外国為替を含む有価証券への国際投機活動に対して，課税することを提案したことがあった。いわゆるトービン税がそれである[27]。しかしこれまでのところそれの具体化へ向けて世界的なコンセンサスは得られておらず，依然としてそれは構想の段階にあるにすぎない。世界各地でヘッジファンドを中心に投機活動がおこなわれていて，安定的経済状態を攪乱するどころか世界市民に対して大迷惑をかけているのではないかという認識があまねくあるはずなのに，なぜかそれを規制する方向での具体的な動きは見られない。その主たる理由は，おそらくそのような短期資本を自由化することからかなり多額の利得を手にするステークホルダー（利害関係者）が，世界のいたるところにいて，世界の政治経済に影響力を有するアメリカ政府や代表的国際機関に対して，そうさせないようにいろいろと工作しているのではないかと疑われる——それこそ前述のレントシーキングの典型例といえよう——ことである。ここでいうところのステークホルダーには，先進国に本社を構える大企業や代表的金融機関，もしくはかれらと気脈をつうじている官僚組織，さらには BRICS（ブラジル，ロシア，インド，中国および南アフリカ共和国）などの新興国の中の利害関係者が含まれよう。アメリカの投資銀行などは代表的投機組織であるので，かれら自身に規制の網がかからないようになおさら政治的に働きかけるであろう。水面下のロビー活動が盛んにおこなわれているのではないか[28]。そのようなことがいたるところで見られるとなれば，かつてヴェーバーによって賤民資本主義とよばれたよう

26）このあたりの事情については，ウェイドの論考が示唆的である（Wade 1998）。

27）Tobin（1996）：xi.

28）アメリカ中枢部の回転ドア人事がそれを物語っている［ファーガソン（邦訳 2014）］。

96　第3章　構造主義経済学者としてのカール・ポランニー ——『大転換』を中心として——

に，人間存在はカネ儲けの誘惑に弱いものかもしれない。

　かくして現実の動きはなかなか規制する方向には進みそうにない。それゆえ21世紀に入ってからも，グローバルな次元における金融危機の連鎖に歯止めがかからない。ではわれわれはどうしたらよいのだろうか。この問いに対する筆者の解答は，開発思想もしくは開発哲学の次元において，それを凌駕する可能性のあるものを探求することである。その意味において，第二次世界大戦の真只中で注目すべき書『大転換』を著したポランニーの存在がクローズアップされる。

　これまでのところ経済学や開発論の分野において，ポランニーはある程度取りあつかわれてきた。すでに見たようにそれは，文化人類学を拡充するかたちで論じられることが多かった[29]。それゆえいずれかといえば，文化人類学もしくは歴史学の領域における大きな存在とみなされるのが常であった。しかし新構造主義経済学の旗手ランス・テイラーは，自らの著書の中で経済理論構造としては，保護と生産計画の系統における代表的学者のひとりとして位置づけている[30]。いうまでもなくそれは『大転換』を念頭においてのことだ。テイラーは同じ系統に属する学者として，学説史上幼稚産業論で知られるハミルトンとリストを創始者として位置づけ，旧ソヴィエト連邦のゴスプラン，プレビッシュとガーシェンクロン，東アジア諸国の計画策定者，および近年ではアムスデンとウェイドを挙げている[31]。つまりテイラーは，1940-70年における保護主義と計画経済の系統にポランニーを位置づけているのである。この時期はまさしく，われわれの認識では，ケインジアン・コンセンサスのそれにほかならない。言い換えるならケインズ経済学の全盛期であった。前述のように「市場の失敗」を，とりわけ大恐慌にいたらしめるような市場メカニズムの機能不全を是正するために，国家は介入する必要があるという意味で，コンセンサスが得られていた時期に，ポランニーは登場したのだった。さらにいうなら

29）先の注13を見よ。なおアメリカ新制度学派の泰斗ノースはみずからの著書の中で，「（ポランニーは）経済学にはほとんど影響をおよぼしていないが，その他の社会科学，歴史学には遥かに大きな影響をおよぼしている」と述べている［ノース（邦訳 2013），87ページ］。もとよりそこでの底本になっているのは『大転換』である。

30）Taylor (2004a): 370.

31）Ibid.: 370. 本書第2章，表2.2参照。

同じころ，筋金入りの市場原理主義を標榜するハイエクも登場していることを忘れるべきではない。とき恰もアメリカではニューディール，ドイツではファシズム，ソヴィエト連邦では社会主義がそれぞれ歴史の舞台に登場していて，いうなればまさしく激動期であった。そのときハイエクは市場原理の重要性に，ポランニーは社会主義の可能性にそれぞれ期待を寄せたのだった[32]。そして歴史は第二次世界大戦の終結を見て，ニューディールからブレトンウッズ体制へ，そして市場原理主義へとその歩を進めるにいたった[33]。そしていま現在，ポランニーの『大転換』が，ふたたび脚光を浴びようとしているのである。

3.4 『大転換』に盛り込まれた構造主義的要素

　本節では，筆者の専門である開発論のコンテクストでポランニーの思想を捉えることとする[34]。ポランニーほんらいの考えによれば，すでに見たように市場メカニズムの作用が機能するのはきわめて限定的な領域である。これは構造主義経済学と同じ視点であるといえる。18世紀後半にイギリスで初めて産業革命が起こったが，それが進行するプロセスの中で市場が拡大していったのであって，ミクロの領域で，経済合理的に行動するホモエコノミクスがもてはやされるようになった。それはまさしく技術制約下で最大の利潤を獲得しようとする企業の存在，もしくは予算制約下で最大の効用を実現しようとする消費者の存在に象徴されるように，新古典派経済学が思い描くような世界にほかならない。ポランニーによれば，そのような経済のあり方一辺倒で世界を捉えるのは誤りである。産業革命に先立つ社会はまったく別物であって，ほんらい人間が織りなす社会において経済的側面はほんの一部にすぎなかったのだ。

---

32) このあたりの経緯については，ポランニーの愛娘カリ・ポランニー・レヴィットによる論考が詳しい［Planyi-Levitt 2005a；2007：xi-xiv］。

33) 周知のようにブレトンウッズ体制は，イギリス代表のケインズとアメリカ代表のハリー・ホワイトによって主導決定された。その後東西冷戦の表面化によってアメリカでは，マッカーシズムの嵐が吹き荒れ，ホワイトを含むニューディール派は一掃されてしまう。しかしニューディール体制下で決まった諸制度は，1970年代初頭まで存続した。

34) カリ・ポランニー・レヴィットの視点も同様のものである（Palanyi-Levitt 2005a）。

98　第3章　構造主義経済学者としてのカール・ポランニー ──『大転換』を中心として──

　そこでポランニーはいかなる概念装置を用いたのだろうか。この問いに対しては，複数の解答が寄せられるであろう[35]。

　まずひとつは前述のことに関連するが，ポランニーによれば，産業革命以前の社会において市場経済は「埋め込まれていた」のであって，人びとは経済的動機もしくは経済概念に左右されて行動することは稀であった。すなわち人間は経済以外の社会的取り決めもしくはつながりによって支配されていたとみるのである。ところが産業革命が進行するにつれて，市場経済は「離床する」ようになり，じょじょに人間社会に覆いかぶさってくる。つまり経済的取引関係や利得動機，カネ儲けおよび経済的に自らを有利な立場におきたいという意識などに支配されるようになってゆく。市場経済メカニズムが強大になっていくにつれ，人間社会の経済的弱肉強食的傾向が色濃くなり，格差が先鋭化するようになる。したがって健全な人間社会を取りもどすには，市場経済メカニズムの猛威をふたたび「埋め込む」必要があるという結論にいたる。その結果前述のようにポランニーは，当時資本主義とは別個に興隆しつつあった社会主義を支持するスタンスをとった。この着想を開発論や現下の社会にあてはめて考えてみるとたいへんおもしろい。ワシントン・コンセンサスに列挙されたことがらはいずれも，市場経済メカニズムを称賛したものであり，それに基づいた政策パッケージである。市場経済は，スミス流に解釈するなら一方においてたしかに経済効率一般を増進する性質が観察されるけれど，他方において猛威的現象が人間の織りなす社会を破壊してしまいかねない。後者の象徴的出来事が，前述したような世界各地に見られる経済危機もしくは金融危機である。それはまさしく市場の猛威であって，効率増進とはいいがたい。世界各地の多くの人びとがそれによって困窮化する羽目に陥ったのに対して，一部のITもしくは金融成金が大手を振って闊歩するといったふうである。したがってポランニーの路線で考えるなら，そのような不均衡にならないような市場経済の「埋め込み」が要請されることになる。

　次なる概念装置は「擬制商品」（fictitious commodities）と措定されるもの

────────────────

35) これについては，いろいろなポランニー解説書に明示されている。カリ・ポランニー・レヴィットによる幾編かの論考や，野口，佐藤，若森ら日本人学者による著書においてもてはやされ，いまではおなじみである。

3.4 『大転換』に盛り込まれた構造主義的要素 99

である[36]。市場経済によってほんらいイメージされるのは，正真正銘の財貨という商品であり，それこそ需要と供給の織りなす市場で取引される類のものである。その結果として均衡が達成される。つまり財貨一般は，市場で取引される目的の下で生産されるという属性がある。ところが資本，土地，労働などの生産要素とされるものは，ほんらい人間社会においては経済的側面だけで特徴づけられるものではなかった。たとえば土地は自然に存在するものであって，人間がそれを所有して売買の対象にし，すなわち経済取引に供するようになり，経済的意味のみによって土地の存在を価値づけるというのはそもそも誤りである。土地の存在はむしろ，もっと地理的な土地利用として環境の視点から考えなければならない性格のものであろう。労働も同様である。人間が生きてゆくうえで労働の持つ意味をよく考えなければならない。現代社会において労働は，買い手市場とか売り手市場とかいわれ，需要と供給によって均衡賃金が決まるとされる。人間存在の中で労働の占める重要性は一部でしかないというのが，ポランニーの主張である。なぜならそのような労働が生活のためとかもしくは稼ぐ必要からかなりの時間を費やすというのは，人間性そのものを失うということを意味するからだ。新古典派が通常のこととして，生産要素の合理的な結合でもって最大利潤の獲得が実現されるというが，それは経営者もしくは資本家の視点にほかならない。相対的に廉価な要素を多めに使用して割高な要素を少なめにするというのが，通常のやり方であろう。そのようなプロセスによって翻弄される労働者の悲哀については一顧だにされない。新古典派が用意する手立ては，解雇された労働者はもっと有利な職を求めて移動するだろうというパースペクティヴである。労働者の抱える立場はそのような簡単なものではないだろうことは，容易に想像がつく。現下の日本を例にとっても，非正規雇用者の置かれた立場がいかに不安定であるかを想像してみるとよい。景気低迷期において，かれらのウェルフェアは低下する一方である。そのような事態は，社会不安へとつながっていく。

ポランニーはとくに労働問題について，イギリス経済史に登場してくる救貧法（スピーナムランド法）の形成とその変容プロセスに焦点をあてた[37]。救

36）『大転換』の第6章「自己調整的市場と擬制商品――労働・土地・貨幣――」，117-132ページ。

貧法とはいったいどのようなものだったのか。さしあたり農村部において，地主やジェントリー（郷紳）による囲い込み運動（エンクロージャー）によって，農民は居住していた共有地から追い出されて都市へ流れていった。そこでかれらを待ち受けていたのは，困窮生活であった。なにかの職にありつければよいが，現在いうところの貧困者兼浮浪者になるケースも多く見られた。いうなれば半失業状態である。そこで時の政府が用意したのが，古くは救貧院，新規には労役所（ワークハウス）であった[38]。働く意志のある者には，生存維持水準を下回る程度の生活保障しか与えなかった。かくしていわゆる資本家（兼経営者）は，その水準に付加されるところの低賃金を与えて生存維持水準まで埋めようとした。したがってその種の賃金水準は，恐ろしいほど低いものであった。イギリス経済史においてそのような労働事情が見られたことから，マルクスやエンゲルスの名がイメージされるかもしれない[39]。しかし開発論の分野においてはむしろ，ルイスの無制限労働供給モデルが妥当性を有するということなのである。ルイス自身，ノーベル経済学賞の受賞記念講演で述べているのだが，産業革命期のイギリスにおいて，賃金水準は数十年にわたって低水準のままだったという[40]。これは何を意味するだろうか。むろん当時のイギリスのそのような事情をイメージして，さらには20世紀半ばの幾多の途上国に見られたよく似た事情を示すものとして，ルイス・モデルが考案されたのであろう。ルイスは，都市の工業部門に設定されたそのような生存維持水準に限りなく近い低賃金水準においても，どれだけでも農村部から労働力が供給される傾向があるとみなした。ポランニーはそのような労働移動の背後に隠された，ある制度的要因に焦点をあてた。このことにはひじょうに重要な意味がある。ポランニーの捉え方は，産業革命期のイギリスの生存維持水準ぎりぎりの

---

37) 同書，第7章「スピーナムランド法——1795年——」と第8章「スピーナムランド法以前と以後」参照。

38) 救貧法に付随して現出した労働者の具体的な生活事情については，角山・川北編（1982）の第2章「家庭と消費生活」，およびディケンズによる一連の作品が参考になる。ディケンズがどのようにして市井の人びとの生活を取材したかについては，トマリン（邦訳 2014）が詳しい。開発論の分野では，バナジー・デュフロ（邦訳 2012）の第8章「レンガひとつずつ貯蓄」参照。

39) とくにエンゲルス（邦訳 1990）がそれである。

40) Lewis（1979）.

賃金水準の背後に，救貧法が存在したことを喝破するものであった。19 世紀前半のイギリスにおいて，救貧法が廃止される過程で議論されたことがらのひとつに，次の言辞がある。「労働者には生活保護の必要はない。飢える危険性があるならば，尻に火がついたように熱心にかれらは働こうとするだろう[41]」と。このような事情は，歴史を飛び越えて現下の先進国においても見られるのではないだろうか。なぜなら派遣労働法の存在がまさしくそれに該当するからだ。この種の議論を続けると労働経済学の領域に踏み込むことになってしまうので，ここではこのあたりにとどめておく。

さて開発論のコンテクストにもどって論じるなら，ポランニーが労働の商品化の一例として取り上げたイギリスの救貧法の存在は，経済史を内包する開発論におけるルイス・モデルを補完する役割を果たしたといえるであろう。なぜならイギリス経済史における産業革命期の制度的賃金水準——限りなく生存維持水準に近いとされるもの——の背景にある事情が，スピーナムランドに内包されたインプリケーションに関するポランニーの解釈によって，明らかにされたからだ。ルイスによる無制限労働供給モデルは，生存維持レヴェルの賃金を前提にしていて，当時のイギリスの事情を説明するうえで妥当とされている[42]。しかし第二次世界大戦後の幾多の途上国に見られる大量の労働移動の背景にある事情は，それとは異なるものである。そのばあい，近代的資本制部門の賃金水準は伝統的非資本制部門の生存維持レヴェルをやや上回る程度の水準であると措定される。後者の特色は共同体としての性格を有していて，そこで得られる所得はパトロン＝クライアント関係において，構成員に平等に分配されるというものである。したがってかつてのイギリスにおいて見られたようなエンクロージャーやスピーナムランドといった政策が，背景にあるというのではない。モデルにおける近代的資本制部門には，プランテーションや鉱物採掘業，輸入代替工業部門，もしくは輸出指向工業部門などがカテゴライズされ

---

41) ポランニーによれば，これはタウンゼンドの『救貧法論』(1786) に盛り込まれた考え方である。いうなれば「労働者を飢餓状態に追いやれ」という発想にほかならない［『大転換』203-208 ページ］。

42) たとえば，アメリカを代表する経済史家ジェフリー・ウィリアムソンによる見方がそれだ。ウィリアムソン（邦訳 2003）31-36 ページ参照。ただしウィリアムソンは労働移動問題を，救貧法のコンテクストで論じているわけではない。

102 　第3章　構造主義経済学者としてのカール・ポランニー ──『大転換』を中心として──

る。それゆえ途上国のばあい，近代化政策として一般化できるであろう。

　擬制商品のうち資本の貨幣面についてポランニーは，1870 年から 1914 年にかけて隆盛をきわめ，そして 1930 年代初頭に崩壊した金本位制を中心に論じている[43]。イギリス主導の市場経済の広がりであるところのグローバル・エコノミーを支えた国際通貨制度が，金本位制であった。その理論的基礎は，貨幣数量説に依拠して構築された国際収支の自律的調整メカニズムである。自由貿易の結果，黒字基調の国は通貨供給量の増加によってインフレ傾向がもたらされ，逆に貿易赤字基調の国は通貨供給量の減少によってデフレ傾向がもたらされる。いずれにせよ結果的に均衡に達するとされた。ポランニーはそのような市場の自由な作用からもたらされるインフレやデフレの経済現象によって，人びとが過酷な影響下におかれる事情が，この制度においてはまったく顧慮されていないと批判する。いうなればアングロサクソン流の経済学の主要部分を占める貨幣数量説に隠されたネガティヴな一面を，明らかにしたのだった。ポランニーによって措定された資本の擬制商品化の視点を，現下の開発問題にあてはめて考えるなら，資本の自由化現象がまさしくそれに該当しよう[44]。グローバリゼーションの一環としての資本の自由化は，グローバルな規模で金融投機を招来し，いわば金融怪獣と化している。この領域においてもポランニーのパースペクティヴからすると，なんらかの手段によってそれを「埋め込む」必要があるだろう。金融暴走の結果，数多くの市井の人びとが生活困難に追い立てられているのだから[45]。

　上述の事情は，理論面だけにとどまらず歴史の重大局面においても見られた。1873−96 年に起こった英国「大不況」のときがそうである。そのときデフレ現象が観察された[46]。物価の下落および利潤率の低下がそれである。そ

---

43)『大転換』の第 2 章参照。

44) この現象については本章の冒頭ですでに触れたが，1990 年代半ばにメキシコで発生した通貨危機（テキーラ危機）を契機に，20 世紀末にアジアの新興市場において危機は広範囲に見られ，今世紀に入ってからも新興市場においてそれは断続的に起こり，2010 年以降ヨーロッパにおいて発生した。いまなお抜本的解決にいたっていない。

45) ファーガソン，前掲書。

46) 英国「大不況」に内在する歴史上の重要性については，宮川（2009）第 3 章「歴史のなかの一次産品部門」の，とくに 21-27 ページ参照。さらに吉川（2013）第 3 章「大不況 1873−96」も参照されたい。

3.4 『大転換』に盛り込まれた構造主義的要素 103

れはヨーロッパ全域を巻き込むこととなり，とくに社会的下層階級は右往左往
することを余儀なくされた。市場経済のグローバルな規模での拡大を意味する
ものであった。一方において当時の新興国への資本移動が，他方において英語
圏の国や地域への大量移民が見られた。こうした事情は，ポランニーの捉え方
によれば，擬制商品としての資本と労働がグローバルな規模でひろがっていっ
たということなのだ。すなわちイギリスを中心とする市場経済が残余世界を飲
み込んでゆくプロセスとして映るのである。そのような市場経済の拡大に対抗
するかたちでいわば制御装置が，他方において作動する。それをポランニー
は，「二重運動」（double movement）という概念で表した[47]。つまり市場経
済の拡大の国際版が自由貿易であるとするならば，それに対する拮抗力として
保護主義が誘発される。典型的なところをみると，イギリス中心型のグローバ
ル・エコノミーが拡大した時期である 19 世紀において，前半においてはアメ
リカで後半においてはドイツで，ハミルトンとリストによる幼稚産業論に裏づ
けられて保護主義が勃興した。イギリス国内においては，行き過ぎた市場経済
の一面である労働の擬制商品化の現象たる児童労働に対して，工場法が用意さ
れて実施された。さらに 20 世紀に入ってから市場経済の猛威に対する二重運
動として具体化したのが，社会主義運動とファシズムの台頭，保護主義および
ニューディールであった。事ここにいたると，われわれの記憶にとって新しい
出来事である。そして前述の「埋め込まれた経済」という概念装置が，ここで
効果を発揮する。市場経済が悪い方向で猛威を揮うとなれば，それを社会的に
「埋め込む」必要が生じてこよう。その典型的運動がニューディールであった。
もっと具体的にいうなら，その政策の一環として制度化されたグラス＝ス
ティーガル法——フーヴァー大統領（任期：1929 年 3 月－33 年 3 月）のとき
1932 年に提案され，実質的にローズベルト大統領（任期：1933 年 3 月－45 年
4 月）に代わった 1933 年から適用されたので，ニューディールの重要部分と
して解釈される——が，最大の効果を上げたのではないだろうか[48]。それと
いうのも，金融機関の商業銀行としての機能と投資銀行としての機能——事実

---

47) ポランニーがこの問題について史実に基づいて具体的に記述している箇所は，『大転換』第 19 章
「大衆政治と市場経済」である。

104　第3章　構造主義経済学者としてのカール・ポランニー ——『大転換』を中心として——

上は投機活動を意味する——とを峻別して，各銀行の行動範囲に制約を課したからだ。そうすることで資産価格の浮動性を「埋め込んだ」のだった。ニューディールよりも少し前に保護主義の具体化として，スムート＝ホーレイ関税法（1930）が課されたことがあった。これは歴史上，悪法であるとされるのが常である。場当たり的な高関税としての意味合いが強く，それを契機に世界はブロック経済化してゆき，最終的に第二次世界大戦の勃発につながったという解釈が一般的である。したがってそれは，幼稚産業を育成する保護主義とはまったく別物である。

　ポランニーによって着想されたこれらの概念装置を，ルイス・モデルとは別に開発論の分野にあてはめて考えてみると，1930年代の大恐慌時にラテンアメリカで採用された輸入代替工業化戦略も，一種の「二重運動」として捉えることができる。これは途上国が採った保護主義の代表格であり，幼稚産業保護のひとつのヴァリエーションであった。後にそれを理論面で主導したのがプレビッシュであった。長い間自由貿易の原理に則って多くの途上国は比較優位にあるとされた一次産品の生産と輸出に特化してきたが，市場経済メカニズムの進行の結果招来した大恐慌によって，そのような貿易のあり方は頓挫してしまった。加えて交易条件が長期的に悪化したというのが，プレビッシュの主たる論拠であった。そこで保護主義をともなう輸入代替工業化に訴えようという帰結にいたったのだった。

3.5　結　　び

　ポランニーの『大転換』が刊行された同じ年に，ハイエクは『隷従への道』を著している。後者も歴史にその名を刻むこととなる名著である。むしろ当時

48）この銀行法は長い間適用されたが，1980年代になって改定され，実質的に撤廃された。それ以降，資本移動の自由化の流れを生み，アメリカを中心に投機的バブル経済が進行した。歴史上この法こそ，ケインジアン・コンセンサスの嚆矢ともよべるものであった。ところでこの法の現代版として，アメリカのオバマ政権下で2010年7月に，ドッド＝フランク法が制定された。いうなれば，市場経済における金融暴走に対する「二重運動」の一環である。しかしこの法の成立過程の背景に利害関係者による執拗な抵抗があり，その実質的効果はかなり疑わしいといわざるをえない。

の機運に合致して脚光を浴びたということでは，後者のほうが早かった。それはポランニーとは正反対に，市場原理主義のバイブルのような存在である。ハイエクのばあい，当時それ相当の勢力になっていた社会主義運動や枢軸国の台頭に見られたファシズムに対する反発としてそれを著し，徹底して市場原理主義を擁護した。もとよりニューディールを理論面で主導したケインズへの対抗意識もあったに違いない。いずれにせよハイエクは市場メカニズムがもたらす効率の有利性を主張したのに対し，ポランニーは市場諸力が人間社会にもたらす凶暴性を悪とみなし，それを「離床」させてはならず，「埋め込んで」おく必要性を訴えた。その主体は国家であるという意味において，ケインズの立場および構造主義の立ち位置と親和的である。

　ここまでポランニーが示してくれた主要な概念装置のインプリケーションについてみてきたが，そうすることで得られた結論はこうだ。ポランニーのばあい，開発論との接点は，経済史のコンテクストで得られるということ，これである。ひとつにはルイスの無制限労働供給モデルでイギリスの産業革命期における労働移動を説明するさい，生存維持レヴェルの賃金が長い間維持されていたという史実について，いろいろと話題を集めていた救貧法の形成過程とその廃止にかかわるポランニーの解釈は説得的であり，ルイス・モデルを補完する性質を有していることであった。いまひとつにはプレビッシュが提唱した輸入代替工業化が 1930 年代の大恐慌を契機に出現した背景は，ポランニーによって提示された「二重運動」の概念をあてはめて考えると，理解しやすいということであった。もっというならば，開発経済学の生誕自体，新古典派経済学に内包された概念装置のみで途上国経済をみることの非妥当性を訴えたことに始まったことに思いを馳せると，それこそ 20 世紀半ばに生じたひとつの「二重運動」であったといえるだろう。さらにいえば，本書の第 1 章に見たようなこの分野におけるパラダイムの変遷過程も，「二重運動」のコンテクストで捉えることがじゅうぶん可能だろう。

　以上述べてきたこと以外にポランニーは，幾多の文献によって文化人類学の分野で「互酬」「再分配」「交換」というキーワードを駆使することによって，市場経済とは別の社会のありようについて論じている。この領域の説明は，ルイスが定式化した二重構造の中の非資本制部門すなわち伝統的自給自足部門を

106 第3章 構造主義経済学者としてのカール・ポランニー ──『大転換』を中心として──

正面からあつかったものとして捉えることができる[49]。つまり歴史空間的に市場経済が入り込んでいないところで，市場とはまったく異なるなんらかの社会法則が作用していることについて説明したものである。ポランニーにとっては，歴史空間的にみて，これらの領域のほうが市場経済のそれよりも大きくて広いのだ。そこに「市場経済は，社会のほんの一部を占めるにすぎない」というかれ独特の信念が透けて見えるのである。

---

49) 近年，この領域をどのように捉えたらよいかが学際的分野で重要なテーマになりつつあるといっても，過言ではあるまい。たとえば，学際的アプローチをとっている学者として注目されているダイアモンド（邦訳 2013）を参照のこと。

第4章

構造主義経済学を捉えなおす

4.1　はじめに

　本章の題目は，本書の主題を文字通りストレートに表現したものである。研究動機は，筆者はもともとラウル・プレビッシュに代表される初期構造主義経済学から研究活動を開始したこと，第1章にみたように，構造主義は目下のところ表舞台から後景に押しやられた状況にあるとはいえ，やや復権の兆しが見えようとしていること，および国際経済の実際面において一見したところ自由貿易を標榜しているものの，事実上はむしろ保護主義の色彩が濃い国や地域が多く見られる――構造主義はおよそ自由貿易と保護主義の中間からやや後者よりに位置づけられる――こと，さらにいうならこのところ新重商主義とよんでもいい過ぎではないような事象が現出するようになったことなどに求められる。そこでこのような側面を射程に入れて初期から現在までの構造主義を再検討し，筆者なりの論評を加えることとする。

　さしあたり，初期構造主義の正確な位置づけもしくは簡潔な特徴づけから開始するのが至当であろう。この学派はおもに第二次世界大戦後，ヨーロッパとラテンアメリカを中心に展開された。代表的学者としては，ヨーロッパでは，スウェーデンを代表する碩学グンナー・ミュルダールがあり，さらにフランスを代表する政治経済学者フランソワ・ペルー，イギリスのダドリー・シアーズ，ハンス・シンガーなどだ[1]。後者のばあい，アルゼンチン生まれの学者であり，国連貿易開発会議（UNCTAD）の初代事務局長を務めたプレビッシュと，カリブ海生まれで世界的開発経済学者となったアーサー・ルイス，およびブラジル生まれでブラジル経済と国連ラテンアメリカ経済委員会（ECLA）[2]――プレビッシュが中心となって創設された――を中心に活躍したセルソ・フ

108 第4章 構造主義経済学を捉えなおす

ルタードなどが挙げられる。とくにミュルダールとペルー，プレビッシュはほ
ぼ同世代であり，開発思想もしくは政治経済発展論をそれぞれ独自の視点から
展開し，当時経済学の主流であった新古典派経済学を正面から批判した。かれ
らに共通する問題意識は，当時の先進国一般の経済発展過程を基礎に樹立され
た主流派経済学のばあい，低開発国一般にはあてはまらないのではないかとい
う疑念であった。純粋な構造主義ではないものの初期開発論のパイオニアのひ
とりであるアルバート・ハーシュマンは，主流派学説をモノエコノミクスとよ
んだ[3]。そのことの含意は，容易に想像されるように，ただひとつの経済
学——ここのコンテクストでは，主流派の根幹をなすミクロ経済学とマクロ経
済学とみなしてよい——によってすべての国や地域について論じるのは無理で
ある，ということこれである。かくしてかれらの登場を機に，低開発国にもっ
とふさわしい経済学があるはずだという認識が，開発に関係する研究者や実務
家に共有のものとなった。

4.2　パイオニアたちの着想

　では，それはいかなるものであったのか。低開発国の経済構造について共通
に認識されたのは，ある程度の曖昧性を蔵していたとはいえ，いわゆる二重構
造（dualism）であった。言い換えるなら先進国のそれは単一構造である。そ
れはなにかといえば，主流派の経済学が認識する世界なのだ。次のような説明

1）シンガーのばあい，プレビッシュと並んで交易条件の長期的悪化説を唱えた学者として知られる
　（Singer 1950）。ふたりの関係については，Toye & Toye（2004）が詳しい。またシンガーはボン
　大学でシュンペーターから，ケンブリッジ大学でケインズからそれぞれ薫陶を受けた稀有な学者で
　あって，かれの開発思想にそれが投影されている（Shaw 2005）。なおシアーズの立論については，
　本章の後の節（4.4.a）であつかう。
2）ECLA は 1980 年代に，国連ラテンアメリカ・カリブ経済委員会（ECLAC）としてカリブ海域
　を内包するかたちに発展的に改組した。その拠って立つ理論スタンスについては，ECLAC（邦
　訳 1986）および Rodrik（2007b）が詳しい。
3）ハーシュマンはもともと，均衡成長論を唱えたローゼンスタイン・ロダンやラグナー・ヌルクセ
　ら——かれらも初期構造主義経済学者にカテゴライズされる——に対抗するかたちで不均衡成長論
　を引っ提げて登場した。しかしこの術語は，開発論の重心が構造主義から新古典派へ移行しつつあ
　ることを背景に使用された（Hirschman 1981）。

が，ひとつの例になろう。すなわち一方において消費者としての経済主体は予
算制約の下で効用の最大化を目的に行動するものと想定され，他方において生
産者としての経済主体たる企業は技術制約の下で生産要素を合理的に結合し利
潤の最大化を目的に行動すると想定される。代表的な経済主体がそのような行
動をとる結果，なんらかの均衡が成立する。それは財貨の市場均衡が先導し，
そこから派生するかたちで生産要素市場の均衡が達成されるとする。そのよう
な世界において，経済合理的な経済主体によるいわゆるワルラス的一般均衡が
成立する。そのような理論体系に歪みが生ずるものとして独占や寡占などの不
完全競争市場についても，理論化が進められた。それは市場の不完全性もしく
は市場の失敗というコンテクストで論じられるものである。また別の視角から
の説明はこうだ。すなわち一方に家計群，他方に企業群がそれぞれあり，その
中間的位置に政府と金融機関がそれぞれ存在する。それぞれの主体は経済合理
的に行動する（ホモエコノミクスの想定）。家計は可処分所得の一定割合を消
費にまわし，残りを貯蓄する。家計からの貯蓄は金融機関を経由して企業にま
わり，企業はそれを元手に投資活動をおこなう。そのさい金融機関は企業への
貸し付けをおもな業務とする商業銀行としての機能と，有価証券（株式，社
債，公債など）を運用する投資銀行としての機能を有する。そして政府はひろ
く社会から税金を徴収して公共事業などの政府支出をおこなう。さらに外国部
門がこれに加わる。かくして各経済主体は有機的に連関しあい，ひとつの国民
経済を形成する。通常，そのようなイメージで捉えられる。以上のような理論
やイメージがあてはまる領域をここではさしあたり，単一構造とよんでおこ
う。もしくは筆者によるターミノロジーによれば，近代的システムが行きとど
いている世界ということになる。

　ではここでいう二重構造とはなにか。開発論一般においてそれは，ルイスに
よって提示された世界がさしあたりイメージされる[4]。ルイス的世界のイメー
ジは，非資本制の伝統的自給自足部門から資本制の近代的部門へ向けて大量の
労働移動が見られる現象によって特徴づけられる。ここでいう自給自足部門と
は，資本制下における商品作物もしくは換金作物になっていない自給用作物——

4）Lewis (1954).

110　第4章　構造主義経済学を捉えなおす

タロイモやヤムイモ，キャッサバ，パンノキおよびトウモロコシなど——をかなり低い生産性の下で，社会学でいうところのパトロン＝クライアント関係 5)が優勢な社会において，収穫された作物がパトロンの意向によってクライアントに分配されるシステム，いうなれば共同体原理が機能するような部門をいう。ルイスの認識では，そこに圧倒的人口を抱えていることを含意する。ルイスは偽装失業という概念を用いてそれを特徴づけた。この部門においては，あえて経済学のジャーゴンを用いるなら，産出高の最大化を目的とするという意味において，平均生産力原理が作用する社会として認識される。他方において資本制部門では，限界生産力原理が機能する 6)。もとよりこの意味づけはルイスによって初めてなされたのであって，ミュルダールやプレビッシュのばあい，二重構造についての認識はやや趣が異なる。たとえばミュルダールは，事態の進行につれて，近代的部門と伝統的部門の格差として映る二重構造が深化する可能性がある，という意味合いで捉えた 7)。それとは逆に事態が良好に進行するとなれば，二重構造的色彩はじょじょに薄れてゆくものと解釈できる。その結果が単一構造として捉えられるのだ。他方プレビッシュの二重構造観は，近代的部門と伝統的部門とで技術格差が大きいこと——技術の異質性がかなりの程度見られ，生存維持水準に近いところで大量の労働が雇用される低生産性部門の職から高生産性部門の職まで共存しているといった事情——にウェイトが置かれる 8)。したがってプレビッシュのばあい，顕在化している技術格差が希薄化するプロセスを二重構造の解消すなわち単一構造化として捉えた。二重構造の解消について楽観視するのかそれとも悲観的見方なのかいずれなの

5）この術語の概念はなんらかの共同体において，政治をつかさどる長（パトロン：親分）と共同体の構成員（クライアント：子分）との間で贈与や互酬をとおして取り結ばれる社会関係のことだが，いわゆる首長制社会から封建主義社会まで網羅する。とうぜんそこに歴史構造的な意味も入ってくる。後者のコンテクストにおいては，ヨーロッパ流近代との接触をつうじて伝統的共同体が崩壊するプロセスとして捉えられる。なおこれについては，本書第5章において詳細にあつかう。開発論のコンテクストでは，それは二重構造から単一構造への転換となる。共同体原理の基本概念については，安場（1980）の第4章「成長モデル」および同（1985）の第11章「二重構造」，石川（2006）の第1章「国際開発政策論の構築に向けて」が詳しい。

6）これについての詳細は，宮川（2007）の第6章「ルイス問題再考」を参照されたい。

7）たとえばミュルダール（邦訳 1959）が象徴的であり，「逆流効果」という術語が用いられた。

8）Prebisch（1950）。およびこの面を簡潔に解説したものとして Bielschwsky（2006：9）がある。

4.2 パイオニアたちの着想　111

かといえば，ルイスとプレビッシュは楽観視し，ミュルダールは悲観的見方を
とった。またミュルダールのばあい，社会科学を論じるさい価値前提を明示化
する必要性があることを訴え，逆流効果や累積的因果関係というジャーゴンを
用いて開発問題を論じた[9]。さらにミュルダールは，ポジティヴな波及効果が
具体化する可能性も考慮に入れた。かれの拠って立つ理論スタンスは平等主義
であり，根本的発展の前提として土地改革や社会保障の充実化を考えた[10]。
しかしながら全体を流れるトーンはペシミスティックであった。かたやプレ
ビッシュのばあい，輸入代替工業化とそれを補完するという意味で地域経済統
合を開発政策案として提示したことはあまりにも有名である[11]。

　ペルーのばあい，シュンペーターの経済発展観を受け継ぎ，さらにそれを拡
張して国際的支配＝被支配の枠組み設定を準備し，「発展の極」もしくは「成
長の極」の概念を考案した[12]。地理空間的に発展の極を創出しようというの
だが，主導的な産業のばあい，政府の手で集中的投資を果敢におこなうことに
よってそれは可能であると想定する。多国籍企業の誘致が手っ取り早い方法か
もしれない。ただしそれを実現するためには，インフラストラクチャーを含め
て付随的な産業群が誘発されるように国家主導でじゅうぶん計画化される必要

9）これらのことがらは，ミュルダール自身の著作中の随所に見られる。たとえばミュルダール（邦
　訳 1959，1967）など。近年のミュルダール研究として藤田（2010）があり，価値前提の明示化に
　ついてはとくに同書の 82 ページ参照。ミュルダール自身の論及としては，Myrdal（1956：336-40）
　を見よ。
10）このような結論については，藤田（前掲）の随所に示されていて，ミュルダールは本質的に近代
　主義者だったことが示されている。
11）プレビッシュには，これらを提示したオリジナル論文 2 編と大原による詳細な考察がある
　（Prebisch 1950, 1959；大原 1971）。さらには宮川（1989）と同（2009）の第 2 章「一次産品問題と
　プレビッシュ」も参照されたい。ラテンアメリカの地域統合においてプレビッシュが果たした役割
　については，Adebajo（2014）を見よ。事実，プレビッシュが敷いた路線に沿ってラテンアメリカ
　自由貿易地域（LAFTA）が結成され，その後ラテンアメリカ統合連合（LAIA）を経て南米共同
　市場（MERCOSUR）の結成へとつながり，そしていまは太平洋同盟が注目を集めている（桑
　原 2017）。
12）ペルーによる研究も，ミュルダールやプレビッシュと同様に膨大である。ポイントになるものに
　限定して挙げるなら，ペルー自身によるフランス語版 2 編と英語版 2 編があり，ヒギンズ，ポレン
　スク，ハンセン，テイラー／アリダおよび西川による解説がある。Perroux（1955, 1961, 1988a,
　1988b）；Higgins（1988b）；Polenske（1988）；Hansen（1987）；Taylor & Arida（1988），西川（1976）
　の第 10 章「支配の理論」，同（2000）の第 4 章「経済発展から人間発展へ――シュンペーターとペ
　ルー――」など。

112　第4章　構造主義経済学を捉えなおす

がある。失敗すればそれは単なる飛び地と化してしまいかねない。そのように
なるのも支配力を有する単位と支配力を有さない単位との国際関係において，
前者による後者の非可逆的な支配のプロセスが進行するからだ。そのようなば
あい「非接合」という概念が用意され，それこそ二重構造の深化としての現象
を含意している。ところでここで不意に気づくのは，昨今の新興国において共
通に見られる開発方式として経済特区（輸出加工区）の創設があることだ。し
かも当該国において高度の経済成長を実現させてきたことが観察されている。
そのような現象をいまの開発論では，開放経済型工業化（open-economy
industrialization）とよんでいる[13]。そのような現象は，多国籍企業の受入国
が上手に操作して「発展の極」が構築されたものとして捉えられる。いうなれ
ば，開放経済型工業化の成功の源流はペルーにあるのかもしれない。もしそう
であるならば，ペルーは再評価されてよいだろう。ただしペルー自身は，いず
れかといえば二重構造が深化する公算のほうが高いとみていた。

　ペルーの考え方を継承して理論的に発展させたのはむしろ，ハーシュマンで
ある。かれはいわゆる産業の誘発効果として「連関効果」を定式化した[14]。
この術語は前方と後方とに分けて考えられ，多くの国で実験的に試みられた。
実現可能性としては，後方連関効果のほうの可能性が高いと考えられた。この
着想の成功例として，戦後日本の傾斜生産方式の採用がある[15]。それはちょ
うど大恐慌期のアメリカにおいて，ニューディールが採用されたこととケイン
ズの『雇用・利子および貨幣の一般理論』の刊行（1936）との間に時間的ズレ
が認められることと似通っていて，日本の傾斜生産方式は1947−48年に採用
された。まさしく日本経済はこれによって，その他の産業群を誘発することと
なる鉄鋼業と石炭産業に資源を傾斜配分したのだった。当時の日本は現在とは
異なり，完全に途上国に属していた。先の戦争によって工業生産力はかなり破
壊されていたからだ。もっともこの国のばあいは，典型的な植民地的構造——

---

13) de Janvry & Sadoulet（2016）: 119, 137-38.

14) ハーシュマン（邦訳 1961）参照。連関効果の開発論におけるインプリケーションについては，
　　宮川（2007）の第3章「幼稚産業論の発展」を参照されたい。

15) 有沢広巳博士を中心に考案されて実施された。その経緯については，大野（2005）の第10章
　　「戦後復興」が詳しい。

なんらかの一次産品を集中的に生産してそれを植民地本国へ輸出するように仕向けられた貿易パターン——を蔵しているわけではなかったことに，留意しなければならない。

　パイオニアたちの全盛時代の典型的な途上国にとって最も実現性の高い政策案は，プレビッシュによって与えられた。前述のようにそれは輸入代替工業化（ISI）と称する貿易政策だが，そこにいたる手掛かりとなったのは多くの途上国が構造的に仕向けられていた一次産品の生産・輸出についての悲観的見方である。輸出ペシミズムと言い換えられるそれは，そのような構造を抱えた途上国にとって，工業製品を輸出する傾向のある先進国——プレビッシュのターミノロジーによれば周辺地域と中心地域 16)——との貿易において交易条件が長期的に悪化しつつあるという認識に立脚するものであった。この仮説については絶えまなく論争が続いているが，多くの途上国の共感を得たのは確かである。かくして政治的独立を果たしたとしても，モノカルチャー的産業構造から脱却できずにいた多くの国ぐにが工業化をめざしたのは，無理からぬところであろう。しかし開発論の分野においては，この開発戦略は失敗に帰したところが多いというのがおおかたの見方である。

　しかしラテンアメリカ系構造主義の創始者プレビッシュの功績を軽視すべきではない。というのは，かれに続く後継者たちが開発論の分野における理論や思想をさらに深めたからだ。構造主義の基本的枠組みは，プレビッシュによって確立されたといっても過言ではない。二重構造の見方については先にみたが，研究対象が低開発国一般というよりもとくにラテンアメリカの国ぐにの特徴として，次のことがらが挙げられる 17)。生産構造が単純であって多様化が

---

16) 周辺国と中心国とも言い換えられる。周辺国は中心国の景気循環の影響をダイレクトに受けやすく，その振れ幅ははるかに大きい。このプレビッシュによる用語法が，左派系の学派に影響をおよぼした。従属学派では中枢・衛星といった術語へ，世界システム論では中核・周辺・半周辺という術語が使用されることとなった。事実ウォーラーステイン自身，プレビッシュの用語法に触発されたと述べている。ウォーラーステイン（邦訳 2013：第Ⅳ巻），4 ページ参照。ついでにいうなら主流派の経済史家ジェフリー・ウィリアムソンやオルークも，中核・周辺アプローチを用いている（Williamson 2006, 2011：O'Rourke & Williamson 2017）。

17) Bielschowsky, *op. cit.*: 9. 構造主義経済学の特色については，同様の内容がかつてチェネリーやアーント，ジェイムソンによって論じられた（Chenery 1975；Arndt 1985；Jameson 1986）。なお新しい説明に Cimoli & Porcile（2016）がある。

114　第4章　構造主義経済学を捉えなおす

遅れていること，それを解消するためには，複数部門への同時的投資が必要であり，そのためには貯蓄・投資および外国為替が連結することが要請される。そして農業と鉱業に過度に特化していて，そのため一次産品に対する国際需要は低下気味であることや交易条件の悪化傾向が見られること，および輸入工業製品に対する需要の所得弾力性が大きいことなどに起因して外国為替制約が生じやすく，さらには適正な制度と企業能力に欠如していて，貯蓄・投資性向は低く，資本蓄積と技術進歩が不十分であるにもかかわらず，過剰な消費と非生産的な投資によって余剰部分は浪費される傾向が強いなど，実質的な経済発展につながりにくいネガティヴな事情が指摘された。いうなればそれは，ラテンアメリカ全体に共通に見られる構造についての一種のパースペクティヴであった。

　ラテンアメリカ地域については，フルタードがプレビッシュの後継者として輝きを放っている。フルタードはプレビッシュより一世代若く，プレビッシュの開発思想を受け継ぐのに最適の立場にあった。すなわちかれはプレビッシュによって与えられたパースペクティヴをさらに理論的に深めて，歴史構造主義的特徴づけをやってのけた[18]。構造主義経済学者としてのフルタードの功績は，ラテンアメリカ地域とくにブラジルの「低開発性」（低開発構造）について歴史的に裏づけられた具体的な説明を試みたこと，および二重構造の意味について歴史的解釈をおこなったことだ。すなわちかれはこの地域の特徴である低開発性をハイブリッド（混成）構造とよび，たとえば鉱物や原油，コーヒーやバナナ，茶，天然ゴムなどの輸出向け一次産品部門を中心に循環する経済として特徴づける[19]（この認識はプレビッシュと同じ）。これら輸出部門の経済状況が国全体に影響をおよぼす。残余経済は生存維持レヴェルの自給部門である。輸出部門には外資系企業がかなりのレヴェルで関与している。その周囲の自給部門から雇用は引き出される。自給部門といっても土地所有制度の視点からみるとそれは，大規模なラティフンディオと零細で小規模のミクロフンディオとに大別される。自給部門における賃金水準はきわめて低く，生存維持レ

---

18) Bielschowsky, *ibid*.: 9-13.; Bresser-Pereira（2004）: 26-29.
19) Furtado（1964），in Bernstein ed.: 35-37.

4.2 パイオニアたちの着想　115

ヴェルである。輸出部門での賃金はそれよりもいくらか高い。よって輸出部門
に対して労働力は自給部門から弾力的に供給される。その意味において，ルイ
ス的な二重構造の性質を帯びているといえる。しかし輸出部門で得られた利潤
の多くは外資系企業の本国へ送金される傾向が強い。つまり現地における資本
蓄積につながりにくい事情が，このことから窺える。

　ブラジルのような国のばあい，ハイブリッド構造はいっそう複雑であり，輸
入代替工業部門が既存の2部門に加わる。この部門にも外国資本は参入してい
る。資本構成がどのようになっているかによるだろうが，そこから得られる利
潤のいくらかは海外へ移送される。残余利潤が現地に投資される。輸出部門と
国内工業部門（輸入代替工業部門）において得られる利潤の大部分が現地に生
産的に投資されるとなれば，資本蓄積過程は進行するけれど，実際は海外へ流
出する傾向が強く，従来からのハイブリッド構造から抜けられない国が多い。
所得格差も賃金格差も著しく，構造が硬直化している国も多く見られる。その
ような状態をフルタードは低開発構造とよんだ。つまりそれは二重構造の深化
にほかならない。

　ルイスの無制限労働供給モデルに照らして考えると，ラテンアメリカのばあ
い，従来からの輸出向け一次産品部門——大規模農業と大規模鉱業——と比較
的新規に構築された工業部門——典型的には輸入代替工業部門——とを合わせ
て資本制の近代的部門として捉えられるのに対して，圧倒的人口を抱える自給
部門——その多くはミニフンディオやミクロフンディオである——が存在す
る。それはとりもなおさず二重構造にほかならない。二重性を区別するライン
は，ルイスのいう資本制か非資本制かのいずれかである。フルタードのいう利
潤が流出する公算が最も高いのが，中央アメリカのいわゆるバナナ共和国であ
ろう。ニカラグア，グアテマラ，エクアドル，およびホンジュラスなどがそれ
に該当する。メキシコやブラジル，アルゼンチンでは，比較的早くから工業部
門が形成されてきた。これらの国ぐにおいては，工業部門（もともと輸入代
替工業部門）の存在が大きい。低開発構造から脱却するには，工業部門におい
て民族資本の割合をいかに大きくするかであろう。そうして国内投資の割合を
大きくする方向に仕向ける必要があろう。

　かくしてフルタードはプレビッシュの着想を分析のレヴェルで深めるととも

116　第4章　構造主義経済学を捉えなおす

に，ルイスの労働移動モデルとも接合したことがわかる。これに関連して二重構造論をさらに掘り下げた検討は次章に譲ることにして，ここではプレビッシュほんらいの着想にもどろう。

　プレビッシュは推論のレヴェルで，次のように論じた。すなわち周辺国にとって交易条件が長期的に悪化していて中心国との貿易からじゅうぶんな利益は得られにくいので，輸出向け一次産品部門から新規の工業部門（輸入代替工業部門）へ資源を移転させるようにしたほうが周辺国にとって有利であると[20]。この推論にはふたつの重要な要素が含まれる。すなわち前半部分は，周辺国における技術進歩から得られるはずの利益が交易条件の不利化によって中心国へ向かうことをいうのだが，それは周辺国から中心国への所得移転が生じていることを含意している。プレビッシュによって与えられたこの着想から後の従属学派による「不等価交換」という概念が生み出されたことは，容易に想像がつく。また後半部分は，輸入代替工業化を正当化した箇所である。それもとくに労働力という資源を輸出向け一次産品部門から輸入代替工業部門へ移転することによって，その国は国民全体のウェルフェアのレヴェルを高めることができるというものである。すなわちこの部分は，一次産品部門から工業部門への資源移転をよびかけたところにほかならない。ここの部分はある意味においてかなり重要性を帯びている。というのも開発論において二重構造のエッセンスは，非資本制の自給部門から資本制の近代的部門への労働移動が，とくにルイス的世界において，含意されることにあるから。ところがプレビッシュにおいては，輸出向け一次産品部門にせよ輸入代替工業部門にせよ資本制部門内での移動なのであって，自給部門の認識がはなはだ希薄なのだ。その意味において二重構造に対する認識に曖昧性が見受けられるわけだ。先に見たようにフルタードがその穴を上手に埋めたとみなしてよいだろう。ともあれ周辺国の経済構造の背景がそれであることに変わりはない。

　ここではさしあたり初期構造主義を代表する第一世代の3人の着想を表に整理しておく。

---

20) Prebisch (1950, 1959), *op. cit.*. ここで述べていることは，これら2編の論考のエッセンスである。

表 4.1　初期構造主義を代表する 3 人の立論と政策案

	ミュルダール	プレビッシュ	ペルー
研究方法	価値前提の明示	限界概念とケインズ主義	空間的政治経済学
主要理論	累積的因果関係	交易条件の長期的悪化説	発展（成長）の極説
	（逆流効果）	（輸出ペシミズム）	（支配＝被支配関係）
政策案	平等主義的社会政策	輸入代替工業化・地域統合	計画的な極の創設
	（土地改革，社会保障）	（先進国側の特恵関税）	（多国籍企業の誘致）

（出所）藤田（2010），大原（1971），西川（1976），宮川（1989），Perroux（1988a），Polenske （1988），Bielschowsky（2006），Palma（2016b）などを基に筆者により作成。

4.3　主要学派の論点の相違

　ここまで取り上げた代表的な開発論のパイオニアたちはいずれも，構造主義を標榜した学者である。かれらの登場以降現われた構造主義系統の学者らが提示したパースペクティヴについては，次節以降においてみることとする。ここでは初期構造主義と従属学派との相違，および新古典派との違いについて確認しておきたい。

　クリストバル・カイによれば，構造主義経済学者と従属学派系統の学者との違いは，低開発国経済を二重構造として認識するかどうかに求められる[21]。二重構造という認識は，首尾よくいけば資本制の近代的部門が非資本制の伝統

---

21) カイ（邦訳 2002），32-33 ページ参照。カイは構造学派をラテンアメリカ系構造学派に限定して論じている。筆者はカイとは異なり，ECLAC 関係者だけでなくミュルダールやペルー，ルイス，ヌルクセおよびローゼンスタイン・ロダンも含めて広義に捉える。カイは従属学派についても細かく分類しており，カルドーゾ，ピント，スンケルおよびフルタードらは改良主義的従属学派に，ドス・サントス，フランク，マリーニらはマルクス主義的従属学派に，さらにベックフォード，ロドニー，ガーヴァンらをカリブ海従属学派にそれぞれ属するとみる（同書，181-185 ページ）。かれの論理にしたがえば，出自がラテンアメリカ以外のアミンやエマヌエル，ウォーラーステイン，アリギらはマルクス主義的従属学派になろう。筆者は第 2 カテゴリーについては，カルドーゾを除いて構造学派とみなす。たとえばスンケル自身，1993 年に刊行された編著書で新構造学派と称している。なお西川（2000）の第 5 章「構造学派から従属論へ」も，ヨーロッパ系の一連の学者たちを含む構造学派から従属学派への流れを簡潔に整理している。なお同様の問題をあつかった新しい論考に Palma（2016b）がある。

118 第4章 構造主義経済学を捉えなおす

的部門をじょじょに包摂してゆき，近代的システムが国民経済もしくは地域経済全体にいきわたる可能性があるということを含意している。もとより開発過程が首尾よくいかなければ，むしろ二重構造が深化するとみなされる。二重構造が解消されて単一構造となるか，もしくは二重構造が深刻化して二部門間の格差が広がってしまいそれが構造化するかのいずれかである。それゆえ構造学派には近代化の可能性が隠されているので，従属学派とはその点において分岐する。従属学派のばあい，周辺地域は中核地域との貿易関係をとおして非可逆的に搾取される立場であって，貿易から得られる利益はいっさいなくてどんどん貧困化が深化するとみる。いうなれば自由貿易は周辺地域を貧困化なさしめる諸悪の根源として捉えるのだ。そのことを従属派の術語を用いるなら，中核地域と周辺地域との間の自由貿易によって，周辺地域の「低開発の発展」[22]がますます深刻化するということになる。構造学派は自由貿易をそこまで否定的には捉えない。国民経済の発展のためにはなんらかの工業化——プレビッシュのばあいは輸入代替工業化——が必要であり，そのためには幼稚産業論で正当化されるような保護主義に訴えようというのだ[23]。あくまでも一時的な保護である。従属学派は貿易をとおすにせよ多国籍企業をとおすにせよ，中核地域と関係をもつ周辺地域はそこに備え付けられたポンプによって，ほんらい周辺地域に落ちるはずの富を奪われてしまうとみる。したがってこの学派の帰結は，とにかく周辺地域は中核地域との関係を断ってしまえ——デリンクせよ——と主張することとなる。別の言いかたをするなら，自力更生（self-reliance）という術語がふさわしいかもしれない[24]。ところでプレビッシュの流れを受け継ぐラテンアメリカ系構造学派のスタンスは，これとはまったく異

22）この術語はフランクによる。フランクも多作の学者だが，体系的にまとまっている邦訳としてはフランク（邦訳 1978, 1980, 2000）がある。「低開発の発展」は Frank (1966) にて提示された。もとより「低開発性」のオリジナル概念は，前述のようにフルタードによって与えられた。

23）幼稚産業論の系譜については，宮川（2007）の第2章「幼稚産業論の原型——ハミルトンとリストのケース——」と第3章（前掲）参照。これに関係するプレビッシュの論考は，前掲のPrebisch (1959) である。

24）これらの術語に関連づけられる代表的政治家と研究者に，ジュリアス・K. ニェレレ（タンザニア元首相）とサミール・アミンがあげられる。アミンによれば，デリンクとは全体的なアウタルキーを意味するのではなく，新自由主義的な資本主義の拡大に対する反対宣言であり，周辺国が「低開発の発展」に陥らないための経済的自立を求める態度のことである（Amin 1990 : xii）。

なる。1980年代半ばに提示された ECLAC による文書に次の記述がある[25]。

「対外的脆弱性を克服することは自給自足経済をめざすことではなく，ダ
イナミックに，また選択的かつ多角的に（無差別な関税ではなく）国際経済
に参加することを意味する。このことは，また，ラテンアメリカ諸国が，特
定の輸出産品，少数の市場に依存しないようにすることを意味する。」

ここに引用した文言ほど，構造学派と従属学派との違いを明瞭に表している
ものはあるまい。すなわちここまでを要約するなら次のようになる。ひとつは
構造学派が二重構造を認識することによって，暗にもしくは公然と近代化を認
めるのに対して，従属学派はそれを認めない，つまり近代化に対して否定的で
あることだ。いまひとつは構造学派が国際貿易への参画もしくは多国籍企業の
受け入れをとおして，国際経済へコミットしようとする姿勢を示しているのに
対して，従属学派はそれを完全に拒絶しデリンクもしくは自力更生という姿勢
で臨もうとする点だ。以上のことはひじょうに重要な相違点である。

さて構造学派を正確に位置づけるためには，主流派である新古典派経済学と
どのようにその拠って立つスタンスが異なるのかについても，述べておく必要
がある。そこで新古典派の考え方について，貿易論のコンテクストでサーヴェ
イしてみよう。

新古典派は自由貿易主義の伝統の上に立つ。それは本書の第2章に見たよう
に，古典派経済学のアダム・スミスからデイヴィッド・リカードを経て，ジョ
ン・スチュアート・ミル，そしてアルフレッド・マーシャルにいたる自由貿易
主義，さらにはそれらを理論面で精緻化したエリ・ヘクシャー，バーティル・
オリーン，ポール・サミュエルソン，アン・クルーガーおよびジャグディ
シュ・バグワティへと続く[26]。主流派の学者たちの中ですでにお馴染みに
なっているこれらの理論を列挙するなら，次のようになる。貿易の絶対優位
説，余剰はけ口説，比較生産費説，生産要素賦存説，要素価格均等化説および

---

25) 国連ラテンアメリカ・カリブ経済委員会（ECLAC）編（邦訳 1986），107 ページ参照。
26) 一連の理論のエッセンスについては，宮川（1996）の第9章「ストルパー＝サミュエルソン定理
と途上国の貿易政策——貿易論からみた主流派の視点——」と本書第6章参照。

120　第4章　構造主義経済学を捉えなおす

貿易のレントシーキング説，これである。古典派のばあい，アウタルキーの貿易体制よりも自由貿易から得られる利益のほうが大きいという趣旨の論理展開であった。すなわち一国は鎖国体制をとるよりも，外国との自由貿易を選択したほうがその国と相手国のいずれにとっても有利であるということだ。スミスの立論のばあい，当時のイギリスを取り巻く国際環境が重商主義だったことに大きく起因していたことはあまりにも有名である[27]。リカードはロバート・マルサス（1766-1834）との間で繰り広げられた有名な論争——穀物法論争[28]——を経て，後世に思想面で圧倒的影響を与えることとなる比較生産費説を唱えた[29]。スミスの絶対優位説は理論的に粗削りで普遍性という面では限定的だったが，リカードはその壁を突き破り比較優位の原理を確立したことで，自由貿易の普遍性をいっそう高めた。後に続く理論群は，リカードの教説をいったん認めたうえで構築された。すなわち比較生産費説が妥当するものとして，貿易に参加する国や地域はどのような産業部門に比較優位をもつようになるのかという問いに対して，相対的に豊富な生産要素を集約的に投入して生産される財の産業部門にその国や地域は比較優位をもつという教説が，ヘクシャー＝オリーン定理にほかならない。労働が相対的に豊富な国は労働集約的財に比較優位をもつであろうし，資本が豊富に賦存する国は資本集約的財に比較優位をもつであろう。さらにいうならば，土地が多く賦存する国ならば，土地集約的財——たとえば農産物——に比較優位をもつであろう。そのようにそれぞれの国が比較優位にある財を輸出し，比較劣位にある財を輸入するとき，比較生産費説が教えるようなしかたで各国は貿易からの利益を享受することとなる。しかもサミュエルソンによって，比較優位の原理に則って各国が自由貿易をおこなうとき，結果的に各国の生産要素の価格は均等化することが論理的に実証された[30]。自由貿易体制下にある国や地域の生産要素，すなわち資本・労働の所有者へ支払われる報酬は等しくなるというのだ。もっとも，そのよう

27）スミス自身当時の重商主義を舌鋒鋭く批判して，自由貿易の優位を主張した。現在も，重商主義研究は継続的におこなわれている。たとえば竹本・大森編（2002），マグヌソン（邦訳 2009, 2017）など。

28）これについての簡潔な解説としては，宮川（2009 前掲）の 50-52 ページ参照。

29）リカード（邦訳 1987）がその集大成である。

4.3 主要学派の論点の相違　121

な帰結が得られるための諸仮定が付されたうえでのことではあるが。貿易に関する新古典派の教説をまとめると，次のようになる。すなわちアウタルキーよりもある程度の保護主義が優位にあり，さらに自由貿易がそれより優位にあるということ，これである。もっというならば，それは歴史を超越して妥当するとみる。

　そのような考え方に対して，構造主義から批判の狼煙が上がる。その口火を切ったのがプレビッシュである。かれはリカードの比較生産費説は歴史的な時間の流れを顧慮しない，言い換えるなら静態的設定で構築されたものであって，たしかにそのような前提の上に立つならば，自由貿易の相互利益は妥当性をもつだろうが，動態的設定に組みなおすならば，必ずしもそうではないとした。プレビッシュが用いたツールは，前述の交易条件であった。中心国と周辺国との枠組み設定で，すなわち世界貿易の代表的な中心国——通常イメージされるのは覇権国家であり，19世紀はイギリス，20世紀はアメリカ——と周辺国——同様にイメージされるのはその他の残余途上国——との貿易（いわゆる南北貿易）において，前者が比較優位にあるとされるのは工業製品一般であり，後者のそれは一次産品一般である。そのような国際貿易が長い間続いてきたが，周辺国にとって交易条件が不利に推移してきたと主張した[31]。したがってそのようなかたちの南北貿易のありかたから，とくにモノカルチャー的産業構造下にある途上国は利益に与ることはできない。それだけではなくて，そのような貿易を続けるとなれば，貿易から得られる利益は中心国のみに一方的に流れるとみなした。つまりプレビッシュの分析視角は，静態的設定ではリカード流の比較優位の原理が妥当するけれど，動態的設定においては，交易条件が周辺国に不利な傾向を有したので，主流派の自由貿易主義は妥当性を失うということを訴えたことにある。このことをもっと客観的にみるならば，主流派の教説に一定の理解を示しながら，根本的次元においてそれを否定した。したがって主流派から見ると，プレビッシュに代表される構造学派の存在はマル

---

30) Samuelson (1948, 1949). クルーガーも同様の路線で保護主義にはレントシーキングがともないがちであり，効率性において自由貿易の優位性を説き，バグワティらは直接的非生産的利潤追求活動として前者を批判した（Krueger 1974；Bhagwati, Brecher & Srinivasan 1984）。

31) Prebisch (1950). シンガーも同趣旨であった（Singer 1950）。

122　第4章　構造主義経済学を捉えなおす

クス主義に似通っていて，それはあたかも敵側が送り込んだ「トロイの木馬」のようなものと解釈された[32]。そこでプレビッシュ説は主流派から批判の大嵐に遭うこととなる。その詳細についてはすでに他のところで論じているので，ここではこれ以上は述べない[33]。議論をわかりやすくするために，ここで主要学派の認識の違いを表に整理しておく（表4.2）

表4.2　各学派のスタンス

	主流派（新古典派）	構造学派	従属学派
経済構造認識	非史的単一構造	史的二重構造	支配側による搾取
理論のツール	市場均衡論	資本制部門（限界概念）	マルクス主義的弁証法
	（一般均衡）	非資本制部門	
		（パトロン＝クライアント	
		関係，共同体原理）	
南北関係の枠組み	均等関係	中心国・周辺国関係	中核・周辺・半周辺関係
貿易の結論	自由貿易	保護主義	デリンク
		（輸入代替工業化）	（自力更生）
上の結論の根拠	貿易の相互利益	中心国への所得移転	低開発の発展
	（比較優位の原理）	（交易条件の悪化）	（不等価交換）

（出所）筆者により作成。ただし構造学派はプレビッシュとフルタード，ルイスとの混合型である。また従属学派はウォーラーステイン学派（世界システム論）とほんらいの従属論との混合型とした。

---

32) Palma (1987)：531.

33) 宮川 (1996) の第2章「南北間交易条件論の新展開」参照。近年の主流派では経済史家のジェフリー・ウィリアムソンが新規に批判的検証をおこない，1870年代から1914年までは交易条件の悪化傾向は見られないが，それ以降不利化に転じたと結論づけた（Williamson 2006：87-107, 2011：185-195）。

4.4 構造主義の諸理論とサールウォール法則

　前節において，構造学派のパイオニアの教説を，とくにプレビッシュのそれ
を簡単にサーヴェイしたが，かれの理論の最大のポイントは，中心国と周辺国
の輸入需要の所得弾力性と価格弾力性とが非対称的であることだ[34]。すなわ
ち中心国のそれが相対的に小さいのに対して周辺国のそれは相対的に大きい。
つまりそれが一次産品と工業製品に蔵する代表的な属性であるとみなされた。
この考え方に最も近似した理論を展開したのは，ダドリー・シアーズであ
る[35]。かれのモデルをサールウォールが簡潔に要約しているので，さしあた
りそれに焦点を当ててみよう[36]。

4.4.a　シアーズ・モデル

　中心国 c と周辺国 p との貿易面での設定はプレビッシュと同じである。た
だしシアーズは，両国の輸入関数から話を始める。中心国のそれはその所得水
準に限界輸入性向を乗じた値に定数項を加えたものとして捉える。

$$M_c = \alpha Y_c + \beta \quad\text{……………………………………………(4.1)}$$

同様に，周辺国のそれは次式によって与えられる。

$$M_p = \alpha' Y_p + \beta' \quad\text{……………………………………………(4.2)}$$

　(4.1) (4.2) 式の左辺はそれぞれ中心国 c と周辺国 p の輸入関数を，右辺の
Y はそれぞれ中心国と周辺国の所得水準を，α と β はそれぞれ中心国の限界
輸入性向と定数項を，および α' と β' はそれぞれ周辺国のそれらを示してい

---

34) プレビッシュによる交易条件論については，同様の命題を提示したシンガーによって要領よく整
　理された (Singer 1987 : 627)。
35) Seers (1962a). なお構造主義の特色を最もよく表している論考は Seers (1962b, 1963) である。
36) Thirlwall (2006) : 245-246.

124　第4章　構造主義経済学を捉えなおす

る。さしあたり貿易収支が均衡している状態を想定すると，次式が得られる。

$$Y_p \diagup Y_c = (\beta - \beta') \diagup \alpha Y_c + \alpha \diagup \alpha' \quad\cdots\cdots\cdots\cdots\cdots\cdots\cdots (4.3)$$

　次に時間の経過を考えると，景気循環プロセスをつうじて中心国の所得水準はrの率で指数的成長をするとなれば，次式が得られる。ただしもとの所得水準を Y_{co} とする。

$$Y_{pt} \diagup Y_{ct} = (\beta - \beta') \diagup \alpha' Y_{co} e^{rt} + \alpha \diagup \alpha' \quad\cdots\cdots\cdots\cdots\cdots\cdots (4.4)$$

　これを時間 t について微分すると，さらに次式が得られる。

$$d(Y_{pt}/Y_{ct}) \diagup dt = -r(\beta - \beta') \diagup \alpha' Y_{co} e^{rt} \quad\cdots\cdots\cdots\cdots\cdots\cdots (4.5)$$

　(4.5) 式の右辺の分母は正であるので，$(\beta - \beta')$ が正であるなら，時間の経過につれて中心国と周辺国との所得格差は広がることになる。β' は周辺国の輸入需要関数の定数項であり，中心国からの輸入需要の所得弾力性は1より大きいと想定される——プレビッシュが主張したように工業製品に対する需要の所得弾力性は相対的に大きいとみなしてよい——ので，β は負になるだろう。それゆえ $(\beta - \beta')$ は正である。かくしてプレビッシュの設定と同様に中心国は工業製品を，周辺国は一次産品をそれぞれ輸出するような典型的な貿易パターンのばあい，いま述べたような傾向が見られるであろう。さらにいえば，周辺国は中心国に比して人口が増える割合が大きいと考えられる。したがって一人当たり所得についてみると，中心国と周辺国との格差はさらに広がるものと考えられる。

　そこで，そのような傾向をくい止めるにはどうしたらよいだろうか。シアーズの対策案は通常の国際収支論が教えるように資本流入を図ることである。そうすれば所得格差は是正される。しかし，周辺国が債務を積み上げることはとてもできはしないだろう。たしかに1980年代に債務累積問題が多くの周辺国において発生してかなり深刻な事態を招いたことは，われわれの記憶に鮮明に残っている。それではなにが考えられるだろうか。プレビッシュと同様に，輸入代替工業化政策が次に考えられる。それは周辺国のなかには可能な国もあるかもしれないが，大部分の周辺国のばあい，途方もないことであろう。した

がってシアーズの結論は，周辺国の輸入関数を中心国に似通ったものにもって
ゆくことだとする。すなわち構造変化を起こして，工業製品に対する周辺国の
輸入需要弾力性を低下させて，中心国側において周辺国の輸出に対する需要の
所得弾力性を高めるように働きかけることにある。かくしていずれの選択肢を
とっても，実現するには困難をともなうだろうし，事態の推移を観察できるよ
うになった現在から事後的に評価しても，かれが構想したいずれの処方箋も多
くの周辺国にとって困難を極めることになることは，容易に想像されるところ
だ。

　シアーズは上述のように，ある程度中心国の協力が得られないかぎり，貿易
をとおしての周辺国の開発は困難であることを見通していた。その意味におい
ては，プレビッシュと同様である。ただしプレビッシュのばあい，交易条件の
長期的不利化傾向を根拠に輸入代替工業化を正当化したが。プレビッシュがイ
メージしていた周辺国はラテンアメリカ地域であり，シアーズのそれはアフリ
カであっただろうことは無理からぬところである。したがってフィジビリティ
の観点から，処方箋に強弱が付されたものと推察される。

　プレビッシュが念頭に置いたとされるラテンアメリカのばあい，1930 年代
に世界的広がりを見せた大恐慌がこの地域にも深刻な影響をおよぼしていたた
め，好むと好まざるとにかかわらず工業化の段階にすでに入っていたのだっ
た。大恐慌以前，とくにイギリスが覇権国家だった時代である 19 世紀をとお
して，この地域は一次産品をおもに中心国へ輸出することから利益に与ってい
たことをプレビッシュ自身認識していた。しかし国際環境が大きく変化し，か
れの論法によれば，19 世紀の第 4 四半世紀から 20 世紀半ばにかけて周辺国に
とって交易条件は不利化したのだった。大恐慌はその傾向に拍車をかけた。そ
れゆえ保護をともなう工業化の必要性をプレビッシュは訴えた，と捉えること
ができる。加えて筆者はすでに他のところで明らかにしたが，イギリスや大陸
ヨーロッパからの資本移動が 19 世紀の後半にすでに見られていたのであって，
それは地域固有の鉱山やプランテーションと貿易港とをつなぐ輸送インフラス
トラクチャーの建設，もしくは鉄道会社の株式や債券の購入をとおしての資本
流入を意味していた [37]。そのような背景も手伝って，自らの工業化へ向けて
の意思決定が容易であった事情も重要性をもっていたであろう。その結果が，

126　第4章　構造主義経済学を捉えなおす

輸入代替工業化戦略の勧告だったのだ。プレビッシュによる当初のオリジナル
論文に見られる論調から，覇権国家がイギリスからアメリカへ交代したことも
重要な背景のひとつであったことが見てとれる。なぜなら19世紀のイギリス
は，圧倒的に貿易立国の様相を呈していたからだ。それとは逆にアメリカのば
あい，必ずしも貿易立国ではなくて，輸入係数は圧倒的に低い傾向にあっ
た[38]。そのような背景をもとに，なんらかの一次産品の輸出に依存していた
周辺国について考えたとき，かなり悲観的パースペクティヴを抱いたのではな
かろうか。その帰結が，交易条件の長期的悪化説の別表現であるところの輸出
ペシミズムだった，とみなすことができる。

4. 4. b　ツー・ギャップ説

この輸出ペシミズムの理論化が，構造主義経済学の核心部分を構成するとこ
ろとなる。最も広く知られた理論は，交易条件説とともにツー・ギャップ
（two-gap）説である。二つのギャップ説もしくは貯蓄・外国為替制約説とよ
ばれるものがそれだ。この教説についても詳細は他のところですでに明らかに
しているので，ここではいくらか簡潔に別様の説明を試みる。

ツー・ギャップ説で最も有名なのは，ホリス・チェネリーである[39]。チェ
ネリーは世界銀行総裁がマクナマラのとき，チーフエコノミストを務めた学者
である。いうなれば，世界銀行の中心思想が構造主義によって影響を受けてい
たときの代表的学者である。ともあれかれは一連のツー・ギャップ説を構築し
て，そのモデル群が経済援助のための基礎を与えたのだった。この教説は中心
国・周辺国の枠組みとは別のかたちで構築された。むしろ経済成長論のコンテ
クストのほうである。すなわち一国が経済成長をめざすとき，足をひっぱる制
約となるのが貯蓄不足であり，外国為替不足がそれに加わる。これらの要因が
制約となって成長しづらいというわけだ[40]。一国が目標成長率を設定し，そ
れを実現するのにどれだけの資本が不足するかという視角から必要な援助額が

37）宮川（2009 前掲），21-31 ページ参照。
38）Prebisch (1950) の随所にこのことは指摘されている。
39）Chenery & Bruno (1962)；── & Strout (1966)；──& Eckstein (1970).

計算され，それを基礎に世界銀行は援助配分を決めたとされる。一般的に経済学では，貯蓄は投資に転化する。途上国一般においては，とうぜんのごとく貯蓄不足に見舞われよう。貯蓄がじゅうぶん得られないので，投資は進まない。言い換えるなら資本蓄積が弱すぎるのだ。資本形成のための貯蓄であるはずなのに，社会階層においてごく一部の富裕層が存在するのに対して，中間層がはなはだ希薄なのである。むしろ圧倒的多数を占めるのは貧困階層である。だとすれば貯蓄の主たる担い手は富裕層にかぎられることになる。むろんそこに隠されている前提は，きちんと金融制度が整備されていることだ。資本制的発展のための株式会社制度，信用創造の役割を担う商業銀行制度など貯蓄を投資に連結するための装置が用意されていなければならぬ。そのような制度的前提があって初めて，経済学でいうところの投資活動がおこなわれるのだ。低開発状態が構造的である途上国のばあい，根本問題はそのあたりにありそうだ。制度的設定が整備されている国のばあい，たとえばプレビッシュが想定していたラテンアメリカの主要国のばあい，中産層が依然じゅうぶん形成されていないとしても一定の貯蓄は確保できたであろう[41]。しかし不足であることには変わりない。目標とされる成長率を達成するのに必要な投資に国内貯蓄がどのくらい不足しているかが計算されて，その不足分を外国からの援助で埋めるとよいというのが基本的考え方である。それは経済援助だけとはかぎらない。先進国に本社を構える多国籍企業の受け入れも，援助に代わる資本フローのひとつの形態である。それは外国直接投資ともいうが，目標の投資にとどかない国内貯蓄の不足分を，経済援助やその他の資本フローが埋めるパターンである。経済援助はおおよそ港湾や空港，その他の社会資本などインフラストラクチャーのさらなる整備に使用され，直接投資は民間投資の不足分を埋めるであろう。さらにいうなら，これらの外国資源が受入国の雇用増進に寄与するとなればなおさらよい。文字どおり理想である。

---

40) 邦文献で比較的わかりやすく説明したものに，高木（1992）の第13章「経済協力」がある。さらに厳密な説明としては宮川（1996前掲）の第6章「2つのギャップと第3のギャップ」を見よ。

41) プレビッシュによる1950年の論考をハーシュマンは，ECLAマニフェストとよんだ。つまりそれは，ラテンアメリカにおける新興の中産階級応援歌として歴史的役割を担った研究業績であるという含みがある（Hirschman 1961）。

128　第4章　構造主義経済学を捉えなおす

　外国為替制約とはいかなるものか。多くの途上国のばあい通常，国際収支は
赤字である。実物面での貿易収支自体が赤字である。一次産品に代表される輸
出が弱く，工業製品に代表される輸入が旺盛なのだ。別の視点から見ると，そ
れこそモノカルチャー的産業構造に内在する脆弱性なのである。赤字なるがゆ
えに，目標とされる投資にみあう外国為替が確保できない状態にある。一次産
品ブームや中心国の景気循環の好況局面において一次産品に対する需要が旺盛
であるときは，外国為替制約はいくらか緩和されるだろう。もし貿易が黒字で
あるならば，その分を資本形成につなげるとよい。しかし多くの国は，そうは
ならないで赤字構造である。したがってその不足分を計測して，それにみあう
分の資本を外国に求めようというのである。手段は貯蓄制約のときと同様であ
る。経済援助と外国直接投資の誘致，これである。

　さてここまでくると，完全に先の従属学派とは相容れないことは明白であろ
う。従属学派によれば，周辺国は中心国との貿易関係のみならず経済関係一切
を断ち切ることが最善なのである。先進国からの援助や多国籍企業の誘致を積
極的に勧めようとする構造主義経済学のスタンスは，従属学派にとってもって
のほかのこととして映ずるであろう。このレヴェルでは，前述の二重構造を認
めるとか認めないとかの問題とは次元が異なる。ここにいたって構造学派と従
属学派は完全に乖離した状態にある，といってもよいくらいだ。おそらくその
ような違いが顕著化するようになった背景のひとつに，ケインズ経済学の存在
があるものと考えられる。というのもツー・ギャップ説は，プレビッシュの交
易条件悪化説を別様に言い換えた輸出ペシミズムをケインズ流のマクロ経済学
の手法で構築されたものであること，もっというならハロッド＝ドーマー型経
済成長モデル[42]のヴァリエーションであること，に理論的基礎が求められるか
らだ[43]。ケインズ経済学はもともと修正資本主義であって，主流派経済学の
不十分なところを補完したという解釈が支配的である。その意味において，ケ
インズ経済学は主流派をピースミールな次元で批判していることになる。かた

────────────

42) 一般的に知られているハロッド＝ドーマーの成長モデルから得られる結論は，一国の経済成長率
　は一国の貯蓄率と限界資本産出高比率との比率によって表され，前者が大きく後者が小さいほど一
　国の成長率は高くなるということだ。
43) その厳密な含意については，宮川（1996）の第6章（前掲）を参照のこと。

や従属学派はマルクス流の中核地域（中心国）による周辺地域の搾取という視角から国際関係を認識するので，マルクス経済学に内在するヘーゲル流の弁証法的色彩も帯びている。しかも一方による他方の徹底的な搾取として捉える。その仲介役を果たすのが国際貿易であり，さらには多国籍企業の存在なのだ。また1970年代のNIEsの興隆を横目で睨みながらウォーラーステイン学派（世界システム論）は，半周辺という概念を付けたすことを忘れなかった[44]。

4.4.c　サールウォール法則 [45]

　最後にポストケインジアンの代表的学者であり，プレビッシュの交易条件論をさらに理論的に拡充しようとしているサールウォールによって提示された国際収支制約説——サールウォール法則——について触れておこう。プレビッシュは交易条件の長期的悪化が生じた背景のひとつとして，前述のような中心国と周辺国間で輸入需要の所得弾力性が非対称的であることを訴えたが，そこが着眼点である。すなわちもともと周辺国が中心国との国際貿易において輸出するように運命づけられた財のばあい，需要の所得弾力性が小さいという性質がある。そのような状態で国際貿易を続けると，たしかに輸出はある程度伸びるかもしれないが，輸入の伸びはそれを上回り続けるだろう。だとすれば国際収支赤字は構造化し，それは深刻化し，最終的に周辺国の成長にとって大きな制約要因となるだろう。そうであるならば，そのような状態から脱却するためには，貿易に対してなんらかの規制が必要となるという趣旨である[46]。サールウォールにしたがって，簡単に国際収支制約下の周辺国成長モデルを素描してみよう。

---

44) このことのわかりやすい説明としては，シュワルツ（邦訳 2001）の第2章「国家，市場，および国際間不平等の起源」の69-72ページを参照されたい。

45) サールウォールはほんらいネオケインジアンに属し，構造主義経済学者として理論展開してきたわけではないが，その理論スタンスは構造主義にかなり近い。そこでここでは，ツー・ギャップ説のひとつのヴァリエーションとしてこの法則を捉えることとする。なおかれの法則は目下その妥当性と実証をめぐって注目されていることを付け加えておく（Thirlwall 1979；——& McCombie eds. 2004；Arestis, McCombie & Vickerman eds. 2006；Murakami & Hernandez 2016；Pfaffenzeller 2017）。

46) サールウォール自身による簡潔な説明としては，Thirlwall（2011：519）を見よ。

130　第4章　構造主義経済学を捉えなおす

まず一国の動態的国際収支均衡は次式によって与えられる。

$$P_{ht} \cdot X_t = P_{wt} \cdot M_t \cdot E_t \cdots\cdots\cdots\cdots\cdots\cdots\cdots\cdots\cdots\cdots\cdots\cdots\cdots (4.6)$$

（4.6）式でXは輸出量，P_hは自国通貨による輸出価格，Mは輸入量，P_wは相手国（世界）通貨による輸入価格，Eは為替レート（すなわち外国通貨の自国での価格），およびtは時間である。対数をとり時間tで微分すると次式が得られる。

$$p_{ht} + x_t = p_{wt} + m_t + e_t \cdots\cdots\cdots\cdots\cdots\cdots\cdots\cdots\cdots\cdots\cdots\cdots (4.7)$$

この式は，動態経済において，国際収支均衡のための条件は輸出価値成長率が輸入価値成長率に等しいということを示している。ただし（4.7）式の添え字は変数の連続的変化率を表している。また輸入需要量は輸入価格と輸入代替財の価格と自国所得水準（Y_t）に依存するだろうし，同様に輸出需要量は輸出財の国内価格と輸出と競合的財の価格と世界所得水準（Z_t）に依存するだろう。かくして次の2式が得られる。

$$M_t = (P_{wt}E_t)^\phi P_{ht}{}^\Phi Y_t{}^\pi \cdots\cdots\cdots\cdots\cdots\cdots\cdots\cdots\cdots\cdots\cdots\cdots (4.8)$$

$$X_t = (P_{ht}/E_t)^\eta P_{wt}{}^\delta Z_t{}^\varepsilon \cdots\cdots\cdots\cdots\cdots\cdots\cdots\cdots\cdots\cdots\cdots\cdots (4.9)$$

上の2式でϕは自国の輸入需要の価格弾力性（$\phi < 0$），Φは輸入需要の交差弾力性（$\Phi > 0$），πは輸入需要の所得弾力性（$\pi > 0$），ηは輸出需要の価格弾力性（$\eta < 0$），εは輸出需要の所得弾力性（$\varepsilon > 0$）をそれぞれ示している。次に輸入成長率と輸出成長率を求めると，次の2式が得られる。

$$m_t = \phi(p_{wt}) + \phi(e_t) + \Phi(p_{ht}) + \pi(y_t) \cdots\cdots\cdots\cdots\cdots\cdots\cdots (4.10)$$

$$x_t = \eta(p_{ht}) - \eta(e_t) + \delta(p_{wt}) + \varepsilon(z_t) \cdots\cdots\cdots\cdots\cdots\cdots\cdots (4.11)$$

（4.10）式でyは自国の所得成長率を，（4.11）式でzは世界の所得成長率をそれぞれ表している。

方程式（4.10）と（4.11）式を（4.7）式に代入して，国際収支均衡と整合する国内所得成長率について解くと，国際収支均衡成長率（y_{Bt}）が得られる。

$$y_{Bt} = [p_{ht}(1 + \eta - \Phi) - p_{wt}(1 - \delta + \phi) - e_t(1 + \eta + \phi) + \varepsilon(z_t)] / \pi \cdots (4.12)$$

(4.12) 式から得られる結論は，さまざまな制約下——たとえばマーシャル＝ラーナー条件（$|\eta + \phi| > 1$）が満たされるとき，国際収支均衡成長率は改善することとなるが，それが継続するには連続的な為替レート切り下げ（$e_t > 0$）が要請される——でしか継続的な国際収支均衡成長は得られない，ということこれである。

そこで次の手順を経ると，面白い結論に到達する。すなわち通常の仮定にしたがって，輸出入需要の自国の価格弾力性が交差弾力性に等しい（$\phi = -\Phi$，$\eta = -\delta$）とすれば，(4.12) 式は次のように書き換えられる。

$$y_{Bt} = [(1 + \eta + \phi)(p_{ht} - p_{wt} - e_t) + \varepsilon(z_t)] / \pi \cdots\cdots\cdots\cdots (4.13)$$

サールウォールによれば，共通通貨で測った相対的国際価格は長期的にはほとんど変動しないことが実証されている（$p_{ht} - p_{wt} - e_t = 0$）ので，(4.13) 式は (4.11) 式から次のようになってしまう。

$$y_{Bt} = x_t / \pi \cdots\cdots\cdots\cdots\cdots\cdots\cdots\cdots\cdots\cdots (4.14)$$

つまり一国の長期成長率は国際収支均衡が維持されるものとしたばあい，その国の輸入需要の所得弾力性に対するその国の輸出成長率の比率によって規定される，ということになる[47]。言い換えるなら一国が確実に成長を続けるためには，相対的に需要の所得弾力性の小さい財を輸入するようにして，相対的にそれの大きめな財を輸出するようにしたらよい，ということこれである。すなわち国際収支の困難を生み出すことなく，需要拡大が可能となる。いうなればそのような制約内で投資を奨励し，雇用と生産性を増進するとなれば，需要はそれ自ら供給を創出することとなる[48]。かくしてこのモデルは輸出主導型成長を強力に擁護することとなる。

この法則はポール・クルーグマンによって45度ルールとよばれた[49]。一国

---

47) Thirlwall & McCombie eds.(2004), *op. cit.*: 25.
48) これこそ，サールウォールがネオケインジアンとしての特徴を有するところである。
49) Krugman (1989).

132　第4章　構造主義経済学を捉えなおす

の成長率は，いかなる財をおもに輸出しているかによって大きく影響されることを意味するから。なんらかの一次産品を輸出している周辺国は，需要の所得弾力性の大きめな財を輸出するように構造転換できるなら，永続的に成長率を確保できるだろう，ということになる。究極的には，輸出加工区の創設や外国資本の流入をとおしてそれは可能であるという含みがある。つまりここにいたる推論のプロセスには，サールウォール自身述べているように，シアーズやプレビッシュの中心国・周辺国モデル，および成長率を加味したことにおいてはニコラス・カルドアのフェルドーン効果——企業において産出高成長率が大きければ大きいほど生産性向上もそれだけ大きくなることを示すもの——などが，総合的に組み込まれている[50]。構造主義とケインズ主義との一総合なのである。なお次章において，二重構造論とフェルドーン効果との総合を試みる。

4.5　構造学派の発展

　かくして開発論のパイオニアたちがそれぞれの立場から提示した理論もしくは思想は，そのまま立ち消える運命に置かれたものと，後継者がそれを受け継いでさらに理論を発展させるものに分かれていった。前者のばあい，その思想もしくは理論のスケールはとてつもなく大きかった。その代表格がミュルダールであろう。しかしかれが提示した累積的因果関係の逆流効果（ポジティヴに機能するばあいは波及効果），もしくは軟性国家論などの着想は，いまなお多くの低開発国を特色づけるもとになっているのであって，けっして看過できるものではない。開発過程がスムーズに進まない状態にある，もしくは新興国やそれに続く国ぐにとは異なり，マージナライズされた状態にすえ置かれた国や地域のばあい，とくにそのことがあてはまる。さらにいうなら，わが国のミュルダール研究者藤田があつかうように，かれの功績は開発論に限定されるどこ

---

50) Thirlwall (2003), *op. cit.*: 22；——& Pachero-Lopez (2008), *op. cit.*: 69；——(2011), *op. cit.*: 110–113.

4.5 構造学派の発展　133

ろかそれ以外の領域の占める割合のほうがむしろ大きいという面を挙げねばならないだろう[51]。いうなれば開発論にかぎり，ミュルダールは一匹狼的な存在であった。かれとは対照的に，ペルーやプレビッシュは有能で有力な後継者に恵まれた。ただしペルーもある意味においてミュルダールと同様に，かれが取り組んだ射程は政治経済学全般におよんでいて，「成長の極」のみにとどまるものではない。しかし開発論の分野においては，前述のようにハーシュマンが受け継ぐ運命にあった[52]。

　その後の理論的発展という意味では，プレビッシュが最も恵まれていた。交易条件論はいまなお論争が続いていて，学派の分岐まで引き起こした。最も過激な方面に向かったのが従属学派であることはいうまでもない。前述のように不等価交換としてそれは言い換えられ，中心・周辺の枠組みは世界システム論によって中核・周辺・半周辺に置き換えられた。そしてその主張も先鋭的であり，デリンクもしくはもっと穏やかな表現としては自力更生が妥当とされた。そのような帰結にいたったのも，管見によれば，ラテンアメリカおよびアフリカ固有の歴史構造にあるといえよう。プレビッシュの交易条件論は自由な南北貿易を経て，南側から北側へ所得が移転され続けるので，その流れをくい止める必要があるというのがほんらいの趣旨であった。それは前述のように輸出ペシミズムという面を有していて，構造主義アプローチの理論としてツー・ギャップ説を生み出すこととなる。さらにそれは，新構造主義を代表する理論としてのスリー・ギャップ説の展開へ拡張された[53]。

　ツー・ギャップ説は前述のように，一次産品の輸出を強化しても芳しい効果は期待できない——一国にとって従来からの輸出の増加は望ましい経済成長をもたらさない公算が大きい——ので，経済援助もしくは多国籍企業の導入をとおして工業化に力を注ぐならば，貯蓄制約下と外国為替制約下のいずれが優勢

---

51) 藤田（前掲）は全体をとおして，その点を強調している。およびバーバー（邦訳 2011）も併せて参照されたい。

52) 西川（2000 前掲）は，独自の学風をもつセンや従属学派のアミンもペルーの影響を受けているとみる。パルマはフルタードもペルーの影響を受けたとしている（Palma 2016b：389）。なおハーシュマンが成してきた仕事全般については，矢野（2004），高橋（2015）および Adelman（2013）を見よ。

53) Bacha（1990）；Taylor（1991, 1994）；Ros（1994, 2003）．

134 第 4 章 構造主義経済学を捉えなおす

であろうとも，一定程度の成長が可能であることを主張する説である。実際上
この説のモデル化に努力を傾けたホリス・チェネリーは，新古典派が復権して
くるまで，世界銀行のチーフエコノミストであった。新古典派が復権したとき
のチーフエコノミストは，アン・クルーガーが務めることとなる。それゆえ
1970 年代——ドルショックに始まり，2 度のオイルショックが発生した時期で
あり，それとともに資源ナショナリズム，新国際経済秩序（NIEO）が主張さ
れ，学界においては従属学派の興隆を見た——から 1980 年代への時局変化に
ともなって，第 1 章ですでに見たように世界銀行本体が，構造主義の影響下か
ら新古典派の影響下へ大きく変貌したのだった。したがって開発論の分野にお
いて構造学派が影響力を有していたのは第二次世界大戦後から 1980 年までで
あって，従属学派の一時的な興隆が見られはしたものの，それ以降新古典派が
取って代わったといえる。それも新自由主義とよばれる新しい名称を冠しての
ことであった。ただしそのトレンドも，20 世紀末のアジア経済危機，2000 年
代後半のアメリカ本国における金融危機を契機に，終焉を迎える運命にあっ
た。このトレンドをもっと広い視野で捉えなおすと，次のことがいえる。すな
わち第二次世界大戦後から経済学全般のトレンドはケインズ経済学が優勢な状
況にあったこと，そして 1970 年代の混乱期を経て，1980 年代から新古典派が
復権してきたことと，それは大いに関係があることだ。輸出ペシミズムと
ツー・ギャップ説はケインズ経済学の路線で展開されたことを，忘れてはなら
ない [54]。プレビッシュをはじめとする構造学派の学者のばあい，新古典派に
みられる伝統的な経済学——ハーシュマンのいうモノエコノミクス——を用い
て低開発国を論じることは無理であるという認識でほぼ一致していたことは，
すでに述べた。低開発国の構造は根本的に先進国のそれとは異質なので，それ
にふさわしい経済学が求められるという趣旨であった。それもケインズに手が
かりが求められた。周知のようにケインズは 1930 年代に発生した大恐慌を目
の当たりにして，その当時支配的だった市場均衡を中心におく古典派経済学の
非妥当性を説明し，大不況時もしくはそれが発生する前の段階に妥当する経済
学を新規に構築する必要性を訴え，それが『雇用・利子及び貨幣の一般理論』

54）宮川（2007 前掲）の第 7 章「ケインズと開発論」参照。

4.5 構造学派の発展　135

(1936) を生み出したのである。それこそ，不完全雇用状態を射程に入れたいわゆるマクロ経済学にほかならない。ケインズは市場諸力に絶大なる信頼を寄せる古典派経済学の失敗をそこに求めたのだが，構造学派も新古典派経済学の失敗を低開発国の経済構造の異質性に求めた。国際経済もしくは世界経済において，従来からの市場諸力にそのまま委ねた状態にある南北貿易——先進国は比較優位にある工業製品に，途上国は同様に比較優位にある一次産品にそれぞれ特化して自由貿易を進めるという種類の貿易パターン——を続けるとなれば，先進国はますます有利に，途上国はますます不利になるという認識につながる。このことが途上国からみた輸出ペシミズムにほかならない。理論上は交易条件の不利化だが，パースペクティヴとしては輸出ペシミズムなのだ。その帰結が，ケインズと同様に国家介入の妥当性なのである。ケインズのばあいは，政府が率先してマクロ経済の軌道修正をおこなうかたちの国家介入を意味したが，構造学派は産業保護というかたちの国家介入であった。貿易論の枠組みでは，幼稚産業論とのミックス型としても解釈可能である。戦略的産業が育つまでの一時的保護を意味するので，当該途上国にとって，それが成功するか失敗するかは構造転換能力しだいであろう。それゆえそれは容易なことではない。ケインズ経済学は第二次世界大戦後，サミュエルソンの力を借りて，新古典派総合——不完全雇用のときはケインズ流の財政金融ポリシーミックスを実施し，完全雇用もしくはそれに近い状態のときは伝統的な市場諸力にゆだねるやりかたにしてマクロ経済を運営できるという考え方——の中に組み込まれる運命にあった[55]。

　さてツー・ギャップ説はどうだったか。これもケインズ経済学の系譜に乗っかっていた。というのもそれは，もともと短期を前提に構築されたケインズ流マクロ経済学を動学化して結実したハロッド＝ドーマー型経済成長モデルにヒントを得て構築されたからだ。かくして当該途上国の経済成長を意図するとき，貯蓄不足か外国為替不足かのいずれかが阻害要因となりがちであることから，そのような状態を克服するためには輸出強化ではなくてむしろ外からの資本流入を奨励する政策が望ましいという趣旨になる。チェネリー (1918-94)

――――――――――

55) 詳細については，本書第6章参照。

136　第4章　構造主義経済学を捉えなおす

を中心としてブルーノ（1932−96），ストラウト，エクスタインらによる一連のモデル群，むしろ新古典派に属するマッキノン（1935−2014）によるモデルなどがそうである。とくに1960年代はツー・ギャップ説の全盛時代であった[56]。その後しばらく間をおいて，新自由主義優勢の時期になったが，1990年代にはスリー・ギャップ・モデルが構築されるようになる。ツー・ギャップ説は一国の成長の阻害要因を貯蓄不足と外国為替不足に求めたが，新構造学派のバーシャ，テイラーおよびロスらはもうひとつの制約として財政制約を考案した[57]。すなわち一国の成長を阻害する要因としては，貯蓄や外国為替の不足だけでなく財政収入不足も考えられるとし，それぞれの制約が支配的な局面において，かれらは一国がとるべき政策対応を提示した。これらのモデルが登場するようになった背景は，とくに1980年代にラテンアメリカ地域において債務累積問題が表面化したこと，およびこの地域においてはハイパーインフレ現象が頻発したことなどに求められる。これらを説明する理論としてスリー・ギャップ・モデルが用いられた。インフレ率が穏やかなばあいは，シニオレイジ——インフレ税もしくは強制貯蓄としての側面をもつ——をともなう財政制約が支配的であり，公的投資によるクラウディングイン効果が観察されたとし，インフレ率がしだいに大きくなるにしたがってシニオレイジの上限局面にぶつかる領域においては，従来からの貯蓄・外国為替制約が支配的であり，さらにインフレ率が昂じるとハイパーインフレ現象が顕在化するとみる。その結果スリー・ギャップ説によって提示された政策案は，積極財政，強制貯蓄，オリヴェラ＝タンジ効果[58]，および輸出対応などであった。かくしてこのモデルのばあい，ツー・ギャップ説に内在する単なる輸出ペシミズムにとどまるものではないことが明らかであろう。なぜなら事例によっては，当時のアジア

---

56) この辺りの事情については，リトルを参照されたい。リトルはその流れは1980年ぐらいまで続いていて，世界銀行の中心的経済理論はツー・ギャップ説とルイス流の余剰労働移動説だったと述べている。そのことは，チェネリーが主導的役割を果たしていたこと，およびルイス・モデルは1970年代にハリス＝トダーロの期待賃金モデルに拡張され，それをめぐって関係学界で盛んに議論されたことなどから明らかであろう（Little 1982 : 147-150）。

57) 注53）に挙げた論考群参照。

58) 税体系がインフレにインデックス化されないとき，税徴収が遅れがちとなり，インフレが加速化するにつれて実質的徴収額は累積的に低下することをいう。

NIEs によって実現されつつあった輸出指向工業化がポジティヴに受け取られる傾向があったからだ。財政制約が支配的なケースにおいては，クラウディングイン効果を狙った積極的な公的投資が妥当とされた。したがってそこにケインズ政策が組み入れられていることがわかる。テイラーのモデルにおいては，フリードマン流のマネタリスト的色彩の濃い新貨幣数量説の可変流通速度も組み入れられていて，その面においては構造学派ほんらいの性格からやや逸脱した観がある。ともあれテイラーら数理経済学系の新構造主義は，盛んな貿易を背景に高度の経済成長を実現しつつあった NIEs の興隆を横目に見ながら，初期構造主義と主流派との総合を試みようとするものだった。ところが 1980 年代からのアジア NIEs の成功の背景に多大な国家介入が仕組まれていたことが，ウェイドやアムスデン，チャンらの研究によって明らかにされた[59]。つまり新興工業国の成功は自由貿易を徹底して追求する市場原理主義によってもたらされたのではないことが，一様に認識されたのだった。こんどはそこから，途上国の開発過程に国家はどのようなかかわりをもったらよいかという国家の役割を正確に位置づけるべきだという点が重視されるようになり，世界銀行のスタンスも変容することとなった。それは開発思想において，初期構造主義に内包されていた視角が再度見直されることを意味した。

　そのような状況変化を見て構造学派は，時局を超越して耐えうる教説を再確認するまでになっている。そこでスリー・ギャップ説のエッセンスへ話を移そう。前述のようにそれは，成長阻害要因として貯蓄制約・外国為替制約・財政制約を意味する。しかも輸出ペシミズムの考え方をある程度受け継いでいて，外国為替制約は構造的であると措定する[60]。すなわち所得弾力性の高低を基礎にしつつ貿易構造の転換がならないかぎり，いよいよそれは構造化する。だとすれば，前節においてみたポストケインジアンのサールウォール法則ときわめて似通った帰結になることがわかる。それゆえ典型的な途上国のばあい，外

---

59) ウェイド（邦訳 2000），Amsden (1989)，チャン（邦訳 2009）。

60) Ocampo & Taylor et al.(2009), chap. 5：75-83. オカンポとテイラーらは多くの途上国において，財政制約と外国為替制約，貯蓄制約と外国為替制約，貯蓄制約と財政制約それぞれの組合せについて検証したところ，やはり第 2 カテゴリーが最も多いことを見出している。このあたりの詳細については，次章において考察する。

138 第4章 構造主義経済学を捉えなおす

国からのトランスファー——国際間の資本移動を意味し、それには政府ベースの政府開発援助（ODA）をはじめとする経済援助、直接投資と間接投資とに大別される民間資本の移動が含まれる——をつうじて国内の貯蓄不足と財政収入不足を補おうとするのが常である。そのような事情は次式によって示される。

$$(I-S) + (G-T) = M-X \quad\cdots\cdots\cdots\cdots\cdots\cdots\cdots\cdots\cdots\cdots\cdots\cdots\cdots\cdots\cdots\cdots\cdots (4.15)$$

　（4.15）式で右辺は外国為替制約をすなわち対外トランスファーを示し、左辺の第1括弧は国内の投資・貯蓄ギャップを、第2括弧は国内の政府支出・財政収入ギャップをそれぞれ示している。この式が一般的なケインズ流のマクロ方程式から導出されるのは、もはや自明であろう。典型的な途上国とはいえない日本などの経常収支黒字国の事情も、この式によって説明可能である。つまり外国為替制約に見舞われないだけでなく国内投資よりも国内貯蓄のほうが上回っているため、貯蓄超過分が自国の財政赤字分を埋めるだけでなく、対外的な資本流出——国際収支において経常収支の黒字が計上されるがそれはそのまま資本収支の赤字に転化され、現在は所得収支の大幅な黒字となって現われる——へ転用されることになる。(4.13) 式の左辺と右辺を入れ替えることによってそれが得られることは、容易に理解できよう。いずれにせよ一国は、貯蓄ギャップか財政ギャップか外国為替ギャップかのなんらかの組合せによって制約されることが多いものとみなされる。先進国のばあいよく引き合いに出されるのが、双子の赤字——財政赤字と国際収支赤字（端的には貿易赤字）——である。途上国のばあい、三つ全部かいずれかの組合せであろう。典型的には外国為替ギャップはほぼ構造化していて、残りの二つの国内ギャップを外国からの資本移動によってまかなおうというのだ[61]。国内的要因については、多くの途上国の経済事情について少し考えただけでも容易に想像がつく[62]。国内の経済状態が不安定であればあるほど国内貯蓄は海外へ流出するだろうし、

---

61) *Ibid.*: 79.

62) かつての ECLA はいずれかといえば国内要因よりも対外要因のほうが経済発展を構造的に阻害しがちであるとみなしたが、1990 年代の ECLAC の新構造学派は国内要因にも眼を向けるべきだという趣旨の論調が色濃く出ていた（Sunkel ed. 1993）。

依然として中産階層が育たない状況にあるなら，貯蓄不足も構造化するだろう。そのような国においては，必要な投資に貯蓄が構造的に不足する事態が永続化するだろう。まともに税金を支払える階層が限定的にしか存在しないような国——ほんの一握りの富裕階層と大部分が貧困大衆によって構成されるような国——においては，税収不足も恒常化しよう。途上国のなかでもモノカルチャー的産業構造の国のばあい，ないないづくしである。為政者がよほど高潔な態度で国民全体の利益を最優先し，私腹を肥やそうとの誘惑に駆られることなく，マックス・ヴェーバーが措定したような家産制的支配に流されないような政治をおこなってはじめていくらかの光明が見えてくるだろう[63]。しかし幾多のモノカルチャー国のばあい，そのような状況は程遠いといったほうが真実に近いだろう。言い換えるなら，ミュルダールがかつて主張したような軟性国家としての事情がそれらの国ぐにににおいて色濃く現われているのだ。

　新興国のばあい，事情は異なっていよう。それは国際金融危機の発生と無縁ではない。自国の開発過程を外国からの資本流入に頼らざるをえない状況にあった新興国を一連の金融危機が襲ったことは，われわれの記憶に新しいところだ。1994 年のメキシコのテキーラ危機がそうであったし，1997 年から 99 年にかけて発生したアジアとロシアの金融危機，21 世紀初頭のアルゼンチンの危機，そして 2007〜08 年に起こったアメリカ国内の金融危機，2010 年にはヨーロッパ連合（EU）の下位グループ——ギリシア，スペイン，アイルランド，ポルトガル——で生じた財政金融危機など文字通り枚挙にいとまがない。2011 年には日本で東日本大震災が起こった。それでどうなったかというと，それまで対外トランスファーを提供してきた日本経済が資金面で困難な状況に陥ったことから，日本の主要金融機関が対外資産を引き揚げるまでになった。このことはグローバルな次元で甚大な影響をおよぼした。ともあれ新興国への資本移動が当該受入国の国内の諸制約を埋め合わせていたことは，紛れもない

---

63) 開発論におけるヴェーバーの家産制的支配の概念の含意については，石川（1990, 2006）の随所において，各地域と歴史的コンテクストで詳細に論じられている。また宮川（2007 前掲），第 4 章「ヴェーバーと開発論」の 197-198 ページも参照されたい。前世期末に発生したアジア経済危機のとき，クローニー・キャピタリズム問題が指摘されたことがあった。家産制的支配はこれにも関係しているものと考えられる。

140　第 4 章　構造主義経済学を捉えなおす

事実である。したがって国内面の制約をいくらかでも軽減するための内外の努力が必要とされよう。

　21 世紀に入ってから国際環境の重要な変化のひとつは，BRICS（ブラジル・ロシア・インド・中国・南アフリカ共和国）の興隆であろう。その中でも世界の政治経済面に大きな影響力をおよぼすようになった中国の存在がクローズアップされる。それが構造主義とどのように関係するかといえば，中国が世界の経済中心国になろうとしているように見えること，および一次産品問題である。この国はいわゆる開放経済型工業化──沿海部に経済特区を創設して，先進国から多くの多国籍企業を誘致して自国の良質で廉価な圧倒的多数の労働力を提供するといったやり方で，先進国へ大量の労働集約的工業製品を輸出して規模の経済を実現し，カルドア流のフェルドーン効果をもたらした──によって，世界の一次産品輸出国にポジティヴな効果をもたらしたことだ。だがやがてその勢いもやや弱くなり，2015 年以降，成長は鈍化して世界の一次産品需要が低下するという事態に陥った。この一連の動きについては，構造主義経済学からの説明が可能である。中国の工業化方式というのは初期構造主義のプレビッシュとルイスの総合型であること[64]，およびサールウォール法則によって示されたような輸出主導型成長の具体化であったことだ。その面の詳細については，次章にて再度あつかうこととする。

　さて外国為替制約を軽減する手段としての外国資本流入には，直接投資と間接（ポートフォリオ）投資がある。先に列挙した一連の国際金融危機の最大の要因に後者が関係していることはもはや周知の事実である。資本を送り出す側から見ると，前者のほうがコスト高であり後者のほうがコスト面で手軽だろう。その意味において，資本の送り手と受入国とで利害が衝突する公算が大きい。しかし浮動性をともなうポートフォリオ投資によって受入国内の経済が大混乱を来たしかねないことが事前に予測されているなら，資本規制措置が正当化される。実際上，前世期のアジア経済危機のとき中国とインドはその面を徹底していた。多国籍企業の誘致には熱心だったが，浮動性的性格の強い証券投

64）プレビッシュの輸入代替工業化論とアジア地域のハイテク産業との関係については，Amsden（2004）がある。

4.5 構造学派の発展　141

資の受け入れは許可しなかった。そのような間接投資の受け入れについて，国際収支論においては「資本勘定の自由化」というが，それをどのようにあつかうかがこのところグローバルな次元で大きなテーマになっている。構造学派はいずれかというと受入国の新興国側に軸足を置くことが多く，資本規制を妥当としている。現下の新構造主義を代表するオカンポやテイラーらは，この問題に対して次のように結論づけている。重要な箇所なので，ここに引用しておく[65]。

1．（資本の）流入と流出のいずれにも規制の網をかけることはできる。しかし政府当局は抜け穴からの侵入を塞ぐとともに，とくに（腐敗）に堕することを回避しながら，規制を実施できなければならない。景気循環を含む市場の諸条件に対応しながら，引き締めたり緩和したりすることが可能で恒久的な規制を制度化するほうが，規制の撤廃と復活を繰り返すよりも望ましい。

2．国際資本移動に対して受入国側が神経質であることを防ぐには，為替管理と数量規制が最善の手段であろう。それとは対照的に，無償の支払い準備（unremunerated reserve requirement: URR）やそれに類似した規制措置は資本流入に対して，一時的効果しか発揮できないだろう。しかしそれらは利鞘取り行為に影響を与えることは確実であり，その意味において，反循環的マクロ経済政策を補充するということでは有用である。

3．URR やその他の支払準備措置は，浮動性が高くしたがって脆弱性の根源である短期債務を防止するのに有用である。

4．資本市場の規制が効果的であることを確実にするには，経常勘定取引へのなんらかの介入も同様に要請されよう。輸出受け渡し義務もしくは準備措置など，仲介業の認可をつうじて貿易取引をチャネル化するやりかたなどが代表例である。

---

65) Ocampo & Taylor et al., *op. cit.*: 108-109.

142　第4章　構造主義経済学を捉えなおす

5．最も重要なのは，（資本の）規制は他のマクロ政策すなわち健全なマクロ
　政策を安定・維持するための補完的措置なのであって，それに代わるもので
　はないことだ。

　金融派生商品を多用しての投機取引をはじめとして，アメリカのヘッジファ
ンドなどの行動に途上国が翻弄されないようにするためには，以上のような措
置が考えらえるというのだ。たしかにこれらの資本規制措置は短期的には有効
だが，長期的には不都合な面もありうることをじゅうぶん肝に銘じておくべし
と釘を刺すことを忘れていない[66]。
　最後に第1章においても少し触れたが，2008〜2012年にかけて世界銀行の
チーフエコノミストを務めたジャスティン・リンを中心とする「新しい
（new）」構造主義経済学[67]について若干の検討を加えておきたい。リン自身，
その経済哲学はシカゴ大学で研鑽を積んだことと関係している。リンはシカゴ
学派の重鎮セオドア・シュルツによってその才能を見出された。周知のように
シュルツはルイスの工業部門重視の立場に対抗するかたちで農業部門を重視す
るスタンスに立つ。さらには初期構造主義を徹底して批判した。とくにインド
の農村を事例としてあげ，偽装失業の存在を否定したことはよく知られてい
る。そのような背景があるからなのかどうかは定かではないものの，リンは正
面からルイスの余剰労働移動説を前面に出して議論することはせず，ルイスを
引用するときはルイスの初期のモノグラフが主である[68]。たしかにルイスは
その著作の中で，低開発国の成長のためには海外から多国籍企業を呼び込む努
力が必要であることを述べていて，国家がそのために主導的役割を果たすこと
が含意され，現在の中国や東南アジア諸国において見られる開放経済型工業化
と整合的である。じつはその方式は初期構造主義経済学においても試みられた
が，輸入代替工業化（ISI）の枠組みにおいてなされたのだった。
　リンは初期構造主義において色濃く反映されていた輸入代替工業化を批判す
る。インドにせよブラジルにせよもしくはインドネシアやガーナにせよ，幾多

---

66) *Ibid.*: 109.
67) 主な参考資料としては，Lin (2009, 2011)，Lin & Monga (2014)，リン（邦訳 2016）がある。
68) Lin (2009)．ルイスの初期のモノグラフは Lewis (1955) である。

の国ぐににおいて採用された工業化戦略は当時の生産要素賦存状況をまったく無視したものであり，結果的に非効率を生んでしまい失敗に終わった[69]（いま流行の行動経済学の術語を用いるなら，為政者側のアニマルスピリットがそうなさしめたといえよう）。リンにとってはやはり比較優位が重要なのだ。つまりヘクシャー＝オリーン流の要素賦存に則った貿易に従うことが本筋だとし，出発点はさしあたりそこにあるとする。産業構造をじょじょに高度化させていくための階梯をデザインして方向づけるためには，国家が介入しなければならない。その点においては，構造主義ほんらいの考え方と同じである。初期構造主義にせよ，オカンポやテイラーらの新構造主義にせよ，国家主導と産業政策の重要性を謳うことでは同じなのである。リンの拠って立つスタンスは，オカンポが評価するように[70]，かなり新古典派に近く 1980 年代に展開されたバラッサやディアス・アレハンドロによる比較優位論[71]によく似た種類のものともいえるかもしれない。

　いずれにせよリンの提唱する「新しい」構造主義経済学は，じゅうらいの「新旧（old and neo）」構造主義経済学とは異なるものだ。管見によれば，市場メカニズムに対する信頼のちがい，およびテイラーやカルドア＝サールウォール流のネオケインジアン的な需要牽引型のモデル展開と異なること，およびルイス流の余剰労働移動モデルの適用の度合いなど。プレビッシュの伝統を受け継いでいる ECLAC の新構造主義（オカンポはその代表的存在）については，国家介入の度合いの軽重が違っているだろう。

　デ・ジャンヴォリーらが述べているが，リンの提唱する「新しい」構造主義経済学では，当該国の現下の比較優位の路線に沿った保護や補助金は産業構造の高度化を視野に入れて施されるスマート・ナッジ（絶妙の一押し）としての位置づけである[72]。ここでいうナッジとは行動経済学で使用される術語だが，国家が上手に方向づけるという意味合いである。たとえばさまざまな保税措置を用意しての輸出加工区の創設などがそれであろう。いうなれば市場と国家と

---

69) リン（邦訳 2016）の第 3 章。

70) Ocampo（2014）：304.

71) Balassa（1989）；Díaz-Alejandro（1985）.

72) de Janvry & Sadoulet（2016）：371.

144 第 4 章 構造主義経済学を捉えなおす

の絶妙な組合せである。ただしそこにはいかなる構造主義であろうとも，良心的で機能性に富む国家の存在を大前提とする。

4.6 結 び

以上，構造主義経済学の過去から現在までを簡単に素描してきたが，最後にここまで述べてきたポイントを中心にまとめておく。

さしあたり冒頭で述べておいたことがらについて，回答しよう。新重商主義とよべるようなことは，たとえば以下のことに見出される。2008 年から 2010 年にかけて見られたグローバルな次元での大不況局面において，各国がそこからの脱却策としてケインズ流のニューディールをそれぞれ提案したが，そこには高速鉄道の重要性が共通に認識された。それというのも二酸化炭素を多く排出しないという意味で環境にやさしいこと，グローバルな次元で大規模な公共事業の対象となる——19 世紀に鉄道の敷設が世界中で進められて，それが当時の近代化の象徴となって世界全体の経済成長を牽引した事情と同様に，21 世紀型の大事業としての意味を有している——こと，その余地は大きく，ケインズ的な乗数効果が期待できることなどがおもな理由として挙げられる。日本やヨーロッパの新幹線事業がそれに相当する。その商談をめぐって関係国の関係事業は官民一体となって当該事業の売り込みに熱心である。それも政府の代表と当事者であるところの企業経営者が相手先へ売り込もうと躍起になっている。原子力発電所の国際的売り込み合戦も然りである（ただしこれは 2011 年 3 月に発生した東日本大震災にともなう大津波によって引き起こされた福島原子力発電所の事故によって，大きな影響を受けた）。そのような事情こそ，新重商主義が新たに出現していることを意味している。国策として特定事業を政府お抱えでありとあらゆる手段を使って支援するやりかたであり，契約をとれない国は窮乏化する可能性があるからだ。しかも途上国ではなくて先進国が率先してそれをおこなっているにもかかわらず，いずこの国も自由貿易であるべきだと表面的には主張する。これは一種の利権獲得行動のように見えなくもない。つまりレントシーキングのコンテクストで語ってよいだろう。したがって

4.6 結び 145

新重商主義とレントシーキングは密接な関係にあるといえるかもしれない[73]。途上国のばあい，国家的事業を政府が戦略的産業としてなんらかのかたちで支援することが正当化される。そこに構造主義経済学の理論的意義が認識されるのである。

一般的に構造主義といえばほんらい，レヴィ・ストロース（1908-2009）に代表される哲学において一世を風靡した運動がイメージされる。主流派の実存主義による捉え方に対するアンチテーゼとして，それは登場した[74]。ミュルダールやプレビッシュ，ペルーらの構造主義経済学は，それと同様のコンテクストで捉えられる。すなわち主流派の新古典派経済学に対するアンチテーゼ，これである。この学派はマルクス経済学とも異なる。いうなれば構造学派は，両者の中間に位置づけられる。それはあたかもケインズが『一般理論』を出したとき，スミスからマーシャルまでの古典派経済学を批判することをとおして，自らのケインズ経済学を構築したことにたとえられるかもしれない。というのもケインズが主張したのは，かれ以前の経済学が完全雇用を暗黙の前提にして構築されていたことに気づき，古典派経済学は特殊的であって不完全雇用がふつうであるような経済をあつかうには不適合であるゆえ，一般性もしくは普遍性に欠如しているということだったからだ。ケインズのばあい，歴史上修正資本主義の提唱者として知られるのは，その一面においてである。古典派経済学もしくは資本主義を新古典派経済学もしくは新自由主義経済学と言い換えるなら，途上国経済は近代的システムが行きとどいているような単一構造ではないので，いうなれば二重構造なので，主流派の経済学は不適合であると主張することにたとえられる。その意味において，開発論のパイオニアたちはコンセンサスが得られていた。

構造主義経済学の理論の継承という視点からは，プレビッシュによる着想が群を抜いていた。もともとかれはECLAの代表であり，そこにはフルタードやスンケル，オカンポなどかれに続く優秀なスタッフが集っていたことが幸いしたのかもしれない。かれの理論の中心部分は交易条件論，輸出ペシミズム

---

73) これについては，マグヌソン（邦訳 2009）の 77-80 ページ参照。開発論と重商主義との関係については，同書の 80-84 ページ，および同（邦訳 2017）の 67-70 ページ参照。

74) これについては，筆者と同僚の吉永和加教授にご教示いただいた。

146　第4章　構造主義経済学を捉えなおす

論，輸入代替工業化論，および地域経済統合論にある。交易条件論はいまでは
オカンポが主導するかたちでECLACの研究者を中心に統計理論的に研究がさ
らに進められ，構造主義の伝統を守っている。また交易条件論は初期構造学派
から枝分かれした従属学派によって不等価交換説，デリンク論として先鋭化さ
れ，輸出ペシミズム論はチェネリーのツー・ギャップ説，テイラーらのス
リー・ギャップ説に昇華し，輸入代替工業化論は幼稚産業論と結合して輸出指
向工業化論へと転化した。さらにいうなら輸出ペシミズム論は，サールウォー
ル法則を生誕させるヒントにもなった。ついでにいうなら，世界システム論の
中核・周辺・半周辺の用語法もプレビッシュの中心国・周辺国アプローチに根
ざしている。

　限りなく新古典派に近いリンの「新しい」構造主義経済学についても若干触
れた。ただしそれは徹底した市場原理主義ではなくて，国家介入や産業政策
を，スマート・ナッジの名のもとに容認する。それに伝統的な比較優位論をも
包摂するものである。この新説はアジアの開放経済型工業化路線と整合的であ
るので，にわかに人気を獲得しつつある。しかし構造主義伝統のルイスとプレ
ビッシュとのミックスの路線で展開されてきた新旧の構造主義経済学のほう
が，ネオケインジアンとの融合が試みられてきており，進化経済学のパースペ
クティヴを蔵しているものと思われる。

　現在国際経済をにぎわしているひとつの現象として国境を越えた資本の移動
があり，とくに対外および対内証券投資もしくはポートフォリオ投資が，いう
なれば攪乱因子と化している観がある[75]。事実，20世紀末から21世紀初頭
にかけて新興国での経済危機およびアメリカでの金融危機，EU下位グループ
での財政金融危機など，立て続けに国際金融問題が持ち上がった。国際収支論
において「資本勘定の自由化」と称されるこの現象は，国際開発論の分野にお
いても重要なテーマになった。それに対しても，新構造主義は理論捕捉面で対
応可能である。それについては，前節の最後の箇所に列挙したことがらが関連
するものである。

---

75) イギリスのEU離脱，アメリカでのトランプ現象，フランスにおける右派政党の台頭など，新た
　な政治情勢の背景には，もうひとつの生産要素である労働の国際移動つまり移民問題がある。いま
　やこちらのほうが次なる懸念となっている。

構造主義経済学においては，二重構造についての共通認識があると先に述べておいたが，新構造主義によるその認識も含めて，次章において詳しく検討する。

第5章

構造主義経済学とデュアリズム

5.1　はじめに

　アダム・スミスの出現に端を発する政治経済学の主流を堅持してきた古典派経済学およびそれを受け継いだ新古典派経済学に対して，ジョン・メイナード・ケインズによって構築されたケインズ経済学の影響を受けるかたちで，構造主義経済学がヨーロッパ地域とラテンアメリカ地域を中心に生誕したことについて，筆者は前章において論じた。現在では，新古典派経済学は新自由主義経済学として装いを新たにしている。そしてこのところ洋の東西を問わず，社会的もしくは経済的格差現象が顕在化し，その背景に新自由主義の色彩を濃く帯びている市場原理主義の思想が厳然と居座っているのではないか，という批判が喧しくなっている。そのような情勢変化の追い風を受けてのことではないだろうが，構造主義経済学をいま一度捉えなおそうという機運が見られるようにもなっている[1]。なぜならこの学派は，第二次世界大戦後，主流の新古典派を正面から批判するかたちで登場してきたからだ。もとよりそれはすでに古典派経済学を徹底的に批判していたマルクス経済学とはかなり異なる種類のものであることに，留意しなければならない。

　この流れに沿ってのことなのだが，前章において筆者は，構造主義経済学の正確な位置づけを明らかにしておいた。そして積み残されたひとつの問題として，いわゆる「デュアリズム（二重構造）」の存在を構造主義経済学はどのように捉えているか，という論点がある。それについて改めて検討を加えること

---

1 ）たとえば本章を執筆するうえで重要な参考資料になっているものは，Palma（2008, 2016b）；Ocampo, Rada & Taylor（2009）；Taylor（2010）；Ferrer（2010）；Ocampo（2011）；Ocampo & Ros（2011）；Lin & Monga（2014）；リン（林）（邦訳 2016）などだ。

が，本章の主たる目的である。

　もともと二重構造についての初期構造学派による認識は，前章に見たように
それなりの曖昧性を含んでいた。たとえばプレビッシュは技術格差の視点で捉
え，ミュルダールは累積的因果関係，ペルーは成長の極，そしてフルタードは
ハイブリッド構造というように。いずれも二重構造の存在を含意していた。筆
者が初めてこの術語に出会ったのは，この分野の研究に入りかけのころであ
る。当時の優れたテキストのひとつに鳥居泰彦（1936- ）によるものがあっ
た[2]。鳥居のタイポロジーによれば，二重構造は社会的二重構造と技術的二重
構造とに大別される。前者のばあい，第二次世界大戦中もしくは戦後の植民地
行政下における東南アジア社会についての認識であり，ファーニヴァルの複合
社会論とブーケ（1884－1950）の二重構造論があげられた[3]。そして後者につ
いては，ヒギンズの二重構造論であった[4]。いうなれば前者は経済学というよ
りもむしろ社会学による捉え方であり，それに対して後者は純粋経済学のそれ
である。たしかに東南アジアのいずこかの都市の街中を散策すれば，人びとの
外見から即座に判別できるほどの民族の違いを実感できる。たとえばシンガ
ポールが典型であろう。マレー人，ヒンドゥー教徒とおぼしきインド人，ヨー
ロッパ系人種，および中国系人種など多種多様なのだ。それはアメリカ合衆国
の多人種社会とはまた異なる種類の，まさしく複合的（plural）社会といえる。
そのような直感レヴェルの観察結果は，その周縁のマレーシアやインドネシア
についてもあてはまる。植民地社会を観察したファーニヴァルの眼には，現在
の観光客が現地を視察するような視点および支配者の視点が蔵していたものと
考えられる。というのも現地に居住する人びとの生活様式もしくは考え方を在
来的価値観としてひとつにひっくるめて措定し，ヨーロッパ由来のそれを現地
に内在するものよりも上位に位置づける思考様式が働いていたからといえるか
もしれない。それこそ植民地主義体制を推進したヨーロッパの列強が，その思

2）鳥居（1979）。

3）鳥居はいずれも英書を挙げているが，現在は邦訳で読むことができる。ここではそれらを挙げて
　おく。ファーニヴァル（邦訳 1942）のとくに第13章「複合経済」，およびブーケ（邦訳 1979）。

4）Higgins（1956）. 後にヒギンズは，フランスの構造主義経済学者ペルーを受け継いで議論を展開
　した（Higgins 1988a, 1988b）。

150　第5章　構造主義経済学とデュアリズム

想レヴェルにおいて根底に堅持していたところの，一方においては文明圏，他方においては非文明圏といった差別観にほかならない。しかも現地においては，在来的もしくは伝統的価値観に彩られた社会と近代的価値観によって特徴づけられる社会とがお互いに独立して存在するとされ，相互の交流は希薄であるという面が強調された。

　ヒギンズの二重構造論について触れる前に，かれらの社会的二重構造論と構造主義ほんらいのそれとの認識の違いについて述べておくべきであろう。前章において論じたように，構造主義が近代主義を捨てていないことはたしかである。なぜなら歴史的に形成された二重構造が最終的に解消されることを見通して，開発政策を策定しようというのが趣旨だからだ。そのための政策パッケージが首尾よくいかなければ，二重構造的体質が色濃く残る。それが解消されるとなれば，単一構造と化す。それはちょうど北西ヨーロッパの先進諸国や日本などが歴史的に辿ってきたように。しかしそのヴィジョンはあまりにも楽観的すぎるといわざるをえない。ファーニヴァルやブーケのばあい，社会的二重構造が堅固にして動かない。すなわち硬直的なのだ。伸縮的に変容するというのが構造主義のスタンスである。ただしその二重構造自体が歴史構造的に形成されたという認識を，強調しておかなければならない。大航海時代以降，レコンキスタ（国土回復運動）の大義名分のもとに，大掛かりな規模で「新世界」から貴金属が掠奪されたことはよく知られている。それを契機にグローバルな次元で一次産品が求められ，鉱山採掘だけでなくイギリスの意向に沿うかたちで各種のプランテーションが形成された。そして19世紀には，それらの部門を中心に道路・鉄道や港湾・運河をはじめとする輸送網や，その他の経済インフラストラクチャー（ハード・インフラ）が整備されていった。物質的に見たばあい，それが開発論でいうところの近代的部門の始まりであった。多くの途上国において，最初から近代的部門が存在したのではない。上述のようにそれは，植民地主義のもとにヨーロッパからの半ば強制的な働きかけによって形成された。言い換えるならば，多くの途上国に見られる二重構造が当初の段階で形成されたのは，支配されていた当時の途上国から内発的に創造されたのではなくて，植民地を支配した宗主国もしくは植民本国から外発的に造られたのだった。ファーニヴァルやブーケにおいては，そのようにして形成されたいわ

ゆる近代的部門の存在を良質で善意のものとして捉える傾向がある。しかしながらそれが形成された歴史過程において事実上見られたのは，奴隷貿易や奴隷制，奴隷労働，一連の掠奪行為，強制労働もしくは半強制労働などであった。これらのことがらが善意で良質だったとは，とうてい言えないだろう。構造主義のばあい，そのような歴史的連続性の上に近代的部門は乗っかっているという認識なのである[5]。

別角度から社会認識問題について付け加えるなら，現在の先進国は近代的部門のみから成り立つ単一構造であるのに対して，多くの途上国は近代的部門と伝統的部門から成り立つ二重構造である，というのが構造主義経済学の捉え方なのである。それゆえに先進国と途上国とでは経済の構造が異なると措定する。しかし前述のように，そのような構造になった主たる背景に，ヨーロッパからの外発性という要素が影響をおよぼしたとする。このように考えてくると，ヨーロッパからの悪質な外発性の側面をなおさら強調するようになったのが構造主義から派生した従属学派である，という解釈もじゅうぶん成り立つであろう。したがって，構造主義経済学は先進国と途上国との構造の違いを強調するのみにとどまっているにすぎないという批判が従属学派から浴びせられた事情は，故なしともしない。しかし前述のような歴史的背景についての認識を構造主義はある程度含んでいるということを，ここでは強調しておきたい。前章と同様に再確認しておこう。構造主義経済学にそのような意味での二重構造論が存在することを明示したのは，一連の構造主義と従属学派の研究で知られるカイである[6]。ついでにいうならば，チェネリーらもそうであった[7]。

そこで件の二重構造を打破する手立てを，構造主義は用意した。すなわちそれを国家の役割に求めた。前章にて筆者が示したように，初期構造主義の代表者たるプレビッシュ，ミュルダールおよびペルーは，途上国の開発過程における国家の積極的役割をそれぞれの立場から訴えた。そのなかで最も実行可能な

5）この歴史構造主義の見方にいくらか近いスタンスでグローバルな政治経済史を展開しているのが，アメリカ新制度学派のアセモグルらである。かれらは歴史的経路依存性と歴史上の決定的岐路に分析の重点を置いている［アセモグル／ロビンソン（邦訳 2013）］。

6）カイ（邦訳 2002）のとくに 32 ページ。

7）Chenery (1975)；Arndt (1985)；Jameson (1986)．いまではパルマがそうだ（Palma 2016b）。

152 第5章 構造主義経済学とデュアリズム

影響力を有していたのが，プレビッシュによるものであった。輸入代替工業化
政策，これである。かれらに共通する途上国社会についての認識は，明示的に
せよ暗黙裡にせよ，二重構造のそれであった。国家が主導するかたちの近代化
もしくは工業化が首尾よく運ぶとなれば，それが最善であることはいうまでも
ない。なぜならばそのようにすることで国内に中産的社会階層[8]が出現し，国
民一般のウェルフェアが増進するからだ。ところが失敗すれば，二重構造への
舞い戻りもしくはそれのさらなる深化を含意していた。さて事後的にその結果
を見ると，地域差が随所に見られたのであって，新興工業国もしくは地域とし
て脚光を浴びたところ——東アジアや東南アジアの特定地域——は成功例とし
て賞賛されたのに対して，掛け声だけに終始してしまい結果的に失敗したとこ
ろ——サハラ以南のアフリカ諸国やラテンアメリカの多くの国ぐに——は置い
てきぼりを食らう羽目となった[9]。後者の事象はマージナライゼーションとも
いう。ふたたび言い換えるなら，後者のケースが二重構造の深化なのである。

　ヒギンズの二重構造論についてはどうであろうか。鳥居によれば，それは技
術的二重構造という。つまりそれは，途上国の在来部門もしくは伝統的部門に
おいて生産構造が異なることを強調するものであった。生産構造の違いとは，
両部門において生産関数が異なることを含意した。一方において伝統的部門に
おけるそれは，労働と資本をそれぞれ両軸に測った通常の生産等量線があては
まるとされ，他方において近代的部門におけるそれは固定投入係数があてはま
るものとされた。いずれも新古典派経済学の生産理論でお馴染みである。いう
なればヒギンズの二重構造論は新古典派流のそれであり，純粋経済学としての
ものであった。そしてそのような二重性によって説明されたのは，近代的部
門——プランテーション，鉱山採掘業，および大規模工業が想定された——に

8）この術語はもともと，マックス・ヴェーバーから着想を得た大塚久雄によって与えられた。それ
はいわゆるイギリス経済史のコンテクストにおいて，近代化もしくは工業化の主たる担い手として
の意味を有していた。開発論においては，ハーシュマンがプレビッシュの初期の仕事を，オリガー
キーの中枢である大農園主に対するラテンアメリカの中産階層の利害を代弁する ECLA マニフェ
ストとして特徴づけた（Hirschman 1961/1971：291）。
9）「新しい」構造主義経済学を提唱するジャスティン・リンはこの辺の事情について，幾多の途上
国が輸入代替工業化に失敗したのは，重化学工業化に重点を置きすぎたためだと主張している。リ
ン（前掲邦訳）の第3章「経済開発——失敗から学ぶこと——」参照。

おいて生産要素の結合が固定化される中で資本集約的技術を擁する外国資本が参入するため，過剰労働がこの部門から締め出され，伝統的部門へ流入する傾向があるというものである。その結果，伝統的部門はいよいよ停滞することとなる。ここで注意しなければならないことは，あぶれた労働力が向かうヴェクトルである。ヒギンズのばあい，近代的部門から伝統的部門への流れとして捉えた。ところが鳥居も批判しているように，途上国の実状は正反対であった[10]。つまり伝統的部門から近代的部門への流れ，これである。

　ここまでみてきたようにヒギンズは両部門の生産構造の違いに二重性を見出し，それを主流派の枠組みで説明することを試みたが，説得力という点でいまひとつであった。社会学的な論法の先のふたりとヒギンズの限界を突き破るかたちで登場したのが，ルイスによる二重構造論である[11]。ルイス・モデルについて筆者はこれまで幾多の論考で説明を試みたことがあるが，その重要性は損なわれることがないので，次節においてふたたび取り上げることとする。

5.2　ルイス・モデルの意義

　ルイスの理論についてこれまで筆者は，いろいろなところで論じてきた。しかしここでは二重構造論と構造主義経済学とのコンテクストであつかうとともに，その意義を再確認する。

　ルイスが開発経済学の分野だけでなく経済学一般の領域において一躍有名になったのは，いうまでもなく1979年度にノーベル経済学賞の栄誉に輝いたからだ。同年度に，ルイス・モデルを早くから批判して農業と人的資本の重要性を訴え続けたセオドア・W・シュルツも同じ栄誉に与った[12]。いずれも開発

---

10) 鳥居，前掲書，150ページ。
11) Lewis (1954). ルイスによって構築されたこのモデルが最も説得力があり，歴史を超越した理論となる。この論文の出現を機に数多くの批判が寄せられた。それらに対するルイスによる反論が，Lewis (1972) である。
12) シュルツによる代表的業績は，Schultz (1963, 1964) である。前者は主流派のルーカスらによって内生成長論へ拡張された。なお訳書にシュルツ（邦訳 1971），同（邦訳 1981），および同（邦訳 1985）がある。

154 第5章 構造主義経済学とデュアリズム

論に大きく貢献した学者であるが，かれらが到達した結論は正反対のもので
あった。ルイスは工業化を優先課題とみなしたのに対して，シュルツは農業改
革を第一義的とみた。ここでは両者の詳細を述べるのは差し控えることとし，
構造主義経済学者としてのルイスの功績に焦点を当てよう。

　ここまでの議論から明らかなように，ルイスは二重構造についての基礎モデ
ルを考案した。それまでの二重構造論と異なるのは，ヒギンズとは異なる意味
で純粋に経済学の枠組みでそれをあつかったことだ。否それだけではなくて，
伝統的部門から近代的部門への大量の労働移動をも組み入れてモデル化した。
なおルイスのターミノロジーによれば，伝統的部門は非資本制部門に，近代的
部門は資本制部門にそれぞれ言い換えられた。そしてそこでは世界各地のプラ
ンテーションや鉱山採掘部門に見られたように，世界からの移民を含む労働移
動を射程に入れて論じられた [13]。したがってルイスのばあい，その分析視角
には歴史的パースペクティヴが隠されていて，それはかなり遠大なものであ
る。さらにいうなら労働人口の貯水池としての非資本制部門は，社会学でいう
ところのパトロン＝クライアント関係（典型的には，地主＝小作関係）が優勢
な共同体原理が機能するところとして解釈される [14]。しかもそれは経済学的

---

13) Lewis (1972), *op. cit.* かれの視野の広さは，この論文によって再確認された。

14) パトロン＝クライアント関係の正式な定義は，経済人類学者ジェームス・スコット（1936－ ）
　によって与えられた。かれによれば，「一般的ルールとしては，パトロンはクライアントを保護す
　ること，そしてクライアントの物質的な必要を供給することが期待されており，他方，クライアン
　トは労働と忠誠とでお返しする」［スコット（邦訳 1999），205 ページ］のがその関係である。ま
　た共同体原理については，安場保吉（1930－2005）による次の記述がある。「……後者が労働の無
　限供給の給源であるためには，労働は普通の自営業種であってはならず，地主，小企業者等の温情
　や共同体の慣習によって一定の生活の資を保証されている存在」（安場 1985, 233 ページ）であっ
　て，それはパトロン＝クライアント関係において，なんとか生存維持を保てる水準が与えられるも
　のと解釈される。この種の共同体を「慣習経済」と措定して，より詳細に論じたのが石川滋
　（1918－2014）であった。かれによれば，「……制度の基本は，そこで支配的な，零細農民および土
　地なし労働者にたいして明日の日の就業と収入の不確実性から解放する保障を与えること，そのた
　めに共同で，農業生産に固有な投資の不可分性や生産の外部性の問題を解決し，むら全体の産出の
　増加を達成すること，である」（石川 1990, 32 ページ）とし，同書の第 6 章でアジア地域（日本，
　中国，インド）のそれについて詳細に解説している。その後石川はパトロン＝クライアント関係に
　ついて，ヴェーバー流の家産制的支配を別様に言い換えたものであると述べている（石川 2006,
　25 ページ）。かれら以外の日本の学者では，速水佑次郎（1932－2012）と原洋之介（1944－ ）が
　東南アジアの地主・小作関係を同様のコンテクストで論じている（速水 1995, 269 ページ；
　原 1996, 157 ページ）。

に意味づけられた。非資本制部門が資本制と異なる所以は，件の部門は近代的な経済合理性が貫徹する社会ではなくて自給自足農業であろうと原始的な狩猟採集業であろうと，その収穫物はパトロンによってクライアントに平等に分配される流儀が支配的であるという点である。総産出高が共同体の構成員に均等に分配されるわけだ。ところが他方において資本制部門は，その名称が示唆するように，近代的な経済合理性によって貫徹される社会である。この部門においては新古典派経済学の分析ツールが妥当するのであって，この部門の賃金水準は労働の限界生産力の大きさに等しいとされた。ここまでの議論を要約するならこうなる。すなわち伝統的部門たる非資本制部門においては共同体原理が作用し，ここでの賃金水準は共同体構成員たる労働者の平均生産力に等しくなる [15]。それに対して近代的部門たる資本制部門においては，近代的な経済合理性が作用するのであって，賃金水準は労働の限界生産力に等しい。言い換えるなら，一方において伝統的部門は総産出高を最大化しようとし，実現された産出高は均等に分配される傾向があるのに対して，他方において近代的部門は利潤を最大化しようとし，総産出高は，労働の限界生産力に等しい賃金水準によって決定される賃金総額領域と総生産からその領域を差し引いた利潤領域とによって分配される，ということこれである。このことが，ルイス的意味における伝統的部門と近代的部門との質的な違いなのである。そしてルイス・モデルに内在するもうひとつの重要なポイントは，伝統的部門の賃金水準を規定する平均生産力が含意するのはほとんど生存維持（subsistence）水準に等しいこと，および近代的部門の賃金水準に等しい限界生産力の大きさは，伝統的部門の賃金水準よりもやや高めに設定される傾向があるということである。このように二部門間に賃金格差が見られることによって，伝統的部門から近代的部門への労働移動が引き起こされるとみるのだ。しかもその移動者数は大量に上る。かくしてルイスのパースペクティヴでは，伝統的部門は前述のように，労働力の貯水池としてみなされる。しかもそこには偽装失業が存在すると措定された。この部分が，シュルツをはじめ主流派の多くの学者たちから辛辣な批判

---

15) 伝統的自給部門の労働賃金が平均生産力によって評価されることについて理論的補強を試みたのは，センであった（Sen 1966）。

156　第5章　構造主義経済学とデュアリズム

が浴びせられたところである。ところで筆者はここに新規の解釈を付け加えておきたい。それは非資本制部門に存在するとルイスが措定した偽装失業の背景には，前述のパトロン＝クライアント関係があること，そしてそれにヴェーバー流のエートスを取り入れてみたばあい，そこの構成員はじょじょにパトロン＝クライアント関係の意識が稀薄化し，最終的にはそれが崩壊して利得動機のホモエコノミクス化してゆくプロセスとして捉えられること，すなわち労働移動を通しての近代化過程をエートスの視点から見ると，そのことがいえるのである。さらにいうならルイスがイメージした労働力の貯水池には，件の途上国内部だけにとどまらず海外から多数やってくる大量の移民も含まれていた。これについてのルイスの認識は，景気循環に関するかれの一連の移民研究から導かれたものであった16)。

　それは，プレビッシュ流の構造主義経済学に見られる中心・周辺概念と大いに関係している。世界経済の中心国は容易に想像されるように，19世紀はイギリスであったし，20世紀はアメリカ合衆国である。すなわち移民もしくはヨーロッパ系移民は中心国の景気動向に左右されたのであって，好景気のときはイギリスをはじめとするヨーロッパ地域に労働者はそのままとどまる傾向が見られたが，そうではない不景気の時期になると，中心国にとどまるよりも新天地を求めて海外へ移民する労働者が増加する傾向が見られた。つまり海外での経済的成功を夢見てのことだろうが，そのような経済的動機を持った自発的移民が多く見られたのだった。もとよりかれらヨーロッパ系移民が落ち着いたのは，温帯地域の米州大陸やオセアニア地域および南アフリカなどであった17)。他方においてアジア系移民もしくはアフリカ系移民のばあい，植民地体制下において虐げられた労働者であって，植民地本国による過酷な支配体制の中で恐ろしいほど低い所得よりも新天地におけるプランテーションや鉱山採掘部門などで得られる賃金のほうがいくらかましであったろうし，非自発的ケースはいうまでもなく奴隷として強制的に件の部門へ移送されたものとみな

───────────────

16) 古くはルイス（邦訳 1969）［オリジナルは1949年に刊行された］において，1919−1939年間に見られた移民についての研究があり，それ以前の時代についての集大成として Lewis (1978) がある。

17) このあたりの事情については，アセモグルらが詳しい（Asemoglu et al. 2001）。

される。途上国が政治的独立を勝ち取る以前の段階においてすら，そのような現象が見られた。とくに19世紀に世界のいたるところに見られた移民には，そのような二種類のものがあったとみなされよう。すでにその当時からヨーロッパ系移民とアジアもしくはアフリカ系移民との間には，賃金もしくは所得面においてかなりの格差が存在したのである。

　ついでに当時の移民の動機について，このところ流行しているカーネマン流の行動経済学の発想[18]を援用するならば，ヨーロッパ系移民は自国で得られる賃金水準を参照点として移住先で得られる期待賃金とを比較して移動の意思決定をしただろうし，アジア系移民も同様に自国で得られる賃金を参照点として比較検討のうえで移民の意思を決定したものと考えられる。さらには途上国内の伝統的部門から近代的部門への労働移動についても同様の見方ができる。つまり労働者は伝統的部門で得られる賃金を参照点として近代的部門で得られる期待賃金とを比較したうえで移動する，ということこれである。ルイスによる余剰労働移動モデルはさらに理論上の拡張を見た。すなわちハリス＝トダーロの期待賃金モデルがそれであり，フィンドレーらによって敷衍された[19]。これらは主流派内での議論であり，ルイス・モデルは主流派においても重宝されたことがわかる。そしてここで再確認しておくべきことは，労働移動の背景においていずれのモデルもカーネマン流の参照点が隠されていることだ。ただし伝統的部門に内在する共同体の成員としての意識（ヴェーバー流のエートス），すなわちパトロン＝クライアント関係としてのエートスがホモエコノミクスとしての意識に取って代わられるプロセスが，この種の労働移動モデルには付随することも再確認しておこう。それこそ近代化もしくは工業化におけるエートス論からみた捉え方となる。

　以上のことを考慮に入れてルイス・モデルを改めて捉え直してみると，大量の労働が伝統的部門から近代的部門へ移動するものと簡単に言い切れない要素がふんだんに存在することがわかる。二重構造として認識された途上国の二つの部門が有機的に統合されて，ルイスが見通していたように近代的部門の生産

---

18) カーネマン（邦訳 2012）の下巻参照。
19) Harris & Todoro (1970)；Corden & Findlay (1975).

158　第5章　構造主義経済学とデュアリズム

性が向上し，それにつれてこの部門による雇用も増進するとなれば，やがて非資本制部門も近代的部門に包摂される過程が進行する。非資本制部門からやってくる労働力もやがて枯渇する。そのようになる局面をルイスは「転換点」とよんだ。そうなると近代的部門の賃金水準は上昇し始める。ということは，非資本制部門の近代化過程もある程度進むことが含意される。そうなると国民経済は一体化され近代的部門一辺倒になってしまう。そのようになることが，ルイス的意味における近代化もしくは工業化過程なのである。実際上，現在の中国の沿海地域においては，すでに「ルイスの転換点」に到達したものとみなされている。なぜなら一連の工業化過程が進行していった結果，沿海地域の賃金水準は上昇へ転じたからだ。さらにいうなら，中国に先行するかたちで韓国や台湾の経済もすでに工業化を達成していた。これらの国や地域において共通に見られた現象が賃金水準一般の上昇であった。そして同様のプロセスがインドやヴェトナム，バングラデシュ，およびミャンマーなどにもおよんでいる。いうなれば，伝統的部門に存在する大量の労働力（の貯水池）を後背地として抱えながらの工業化過程なのだ。

　さて工業化という術語自体に誤解を生じかねない要素が潜んでいることにも，留意すべきであろう。というのも，工業部門のみを近代的部門と同一視してしまう傾向が見られたからだ。前述のように歴史構造的に形成されたプランテーションや鉱山採掘部門の存在も，射程に入れて考えなければならない。ルイスの言う資本制部門にとうぜんこれらの部門もカテゴライズされるはずだ。それというのも輸入代替であろうと輸出指向であろうとなんらかの特徴を有する工業部門とプランテーションや鉱山採掘部門などの輸出向け一次産品部門は，労働と資本などの生産要素を合理的に組み合わせて最大利潤を実現すべく生産活動をおこなうところなので，新古典派が想定する企業理論をあてはめて考えることができるからだ。それこそ前述のように，方法としての限界生産力原理が妥当するとみなされる所以である。ところが伝統的共同体が優勢な非資本制部門のばあい，新古典派流の利潤最大化の論理をあてはめて捉えるわけにはいかない。そこでルイスは別様の原理を，すなわちこの部門においては収穫された産出高は共同体的特色として構成員に平等に分配されるという原理を，もっというならば平均生産力原理を考案したのであった。繰り返すが，非資本

制部門においては総産出高を最大化しようという原理が妥当するとみなした。

以上いろいろと述べてきたことがらをすべてひっくるめて、ひとつの図に表したのが図5.1である。下の横軸は右側から資本制部門に就く雇用労働量を、左側から非資本制部門に属するとされる雇用労働量をそれぞれ測る。そこに描かれている曲線は資本制部門が労働の物的限界生産力曲線（MPP$_{LK}$）であり、非資本制部門が物的平均生産力曲線（APP$_{LS}$）と物的限界生産力曲線（MPP$_{LS}$）である。後者になぜ2種類の曲線が描かれているのかというと、当該国の工業化過程が順調に進行するにつれて（図の中では資本制部門の限界生産力曲線が左上方へシフトすることによって示されていて、ここには描かれていないがさらに工業化が進むとそれはさらに上方へシフトする。このプロセスは資本制部門において獲得された利潤が再投資され、それにつれて生産性の増進が実現することを含意している）、この部門から資本制部門へ移動する労働力がやがて枯渇するようになり（この局面は限界生産力がゼロになる点 L$_{S2}$ によって示されることになるが、別の角度から見ると下の横軸上で L$_{S1}$ と L$_{S2}$ との間の距離が当初の段階の偽装失業の大きさである）、構造転換が引き起こされるからだ。つまり「転換点」に到達する前の段階では、非資本制部門の雇用量（左側の原点 O から L$_{S2}$ までの距離によって測られる）に対応する平均生産力によってこの部門の賃金水準（W$_S$）が決まり、それからしばらくは平均生産力曲線に

図5.1 ルイスの二重構造モデル

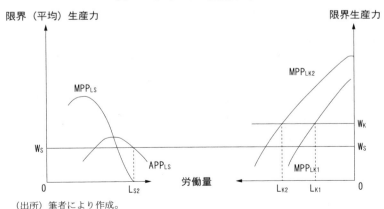

（出所）筆者により作成。

160　第5章　構造主義経済学とデュアリズム

沿って，さらに工業化が進行するとこの部門の限界生産力曲線に沿ってそれは決まる。もうそうなると近代化がこの部門を完全に包摂してしまっていることを含意する。つまりかつて平均生産物の分配によって特徴づけられていた共同体が，限界生産力原理によって特徴づけられる資本制部門へと変貌してしまうことを示している。もっというならこの段階にくると，かつて支配的であった二重構造が単一構造へ転換したという意味で捉えられるのである。

　さて図の説明にもどろう。右側の資本制部門の賃金水準は非資本制部門の生存維持レヴェルの平均生産力によって規定され，それを若干上回る限界生産力の水準によって決定される。図の中では，W_K が W_S よりやや上位に位置づけられている。この賃金決定メカニズムにおいてすでに制度構造的背景が考慮されていることが，明らかであろう[20]。

　かくしてルイスの二重構造モデルにはいくつかの要素が含まれることが，明らかにされた。要約するとこうなる。すなわち第一に途上国の経済構造は資本制部門と非資本制部門とからなる二重構造であること，それに対して先進国のそれは近代的部門のみからなる単一構造であること，第二に途上国の非資本制部門には大量の労働者が賦存していていわば偽装失業状態——いわゆるパトロン＝クライアント関係によって，偽装失業状態にあるクライアントをパトロンが保護して抱えている状態——にある者が数多く存在し，かれらが資本制部門へ職を求めて移動しようとするということ，そのようなプロセスを経て共同体のパトロン＝クライアント関係はじょじょに崩壊していくこと，そして資本制部門が獲得した利潤をさらに投資して近代化を推進するとなれば，そこでの雇用が増進して伝統的部門から大量にやってくる労働力を吸収できるということ，この過程が順調に進行すれば，二重構造が解消される可能性があること，じつは北西ヨーロッパや日本など現在の先進国においてそれぞれの歴史に見られた近代化過程にはそれとよく似た現象をともなっていたということ，したがって二重構造が単一構造へ変容するプロセスは世界の各地域における歴史のコンテクストと同じ土壌で捉えられるということ，これである[21]。第三にそ

---

20)　このことを数式で表すと次のようになる。$W_K = MPP_{LK} = dTO_K / dK$，$W_S = APP_{LS} = TO_S / L_S$，および $W_K > W_S$ である。ただし TO_K と TO_S は，資本制部門の総産出高と非資本制部門（伝統的自給部門）の総産出高をそれぞれ示している。

のような近代化プロセスを経て，当該国の経済構造が二重構造から単一構造に転換する局面を「転換点」とよんだこと，そして各地域によってその「転換点」の時期が異なること，まさしくそのことが現在ひろく観察されつつある東アジアや東南アジアのダイナミズムの中で認識されつつあることなどだ。そして第四に近代的部門たる資本制部門には製造工業だけでなくプランテーションや鉱山採掘などの輸出向け一次産品部門も含まれること，その意味において途上国の資本制部門の形成過程には歴史構造性が見えるのであって，海外からの移民の歴史もその射程に入ること，最後に非資本制とは資本制ではないという意味であって，営利活動もしくは利得動機が支配的な社会とは異なる共同体原理が多く見られることなどである。

　以上多くのことがらを列挙したが，いずれもいうなればルイス・モデルに内在する諸要素であって，これまで主流派の新古典派やマルクス経済学派の左右両学派からずいぶん批判されてきた。しかしルイスによって考案された二重構造から単一構造への転換というパースペクティヴは，依然として学術的パワーを失っていない。

　新古典派経済学の枠組みにおいては，二重構造論としてよりもむしろ労働移動説としての発展を見た。そのことは前述のように，ハリスとトダーロによって期待賃金説が展開されたことから明らかであろう。それは，農村から都市へ大量に移動する労働が都市で得られると期待される相対的に高めの賃金を目的に移動するというものである。ここにいたっては完全にホモエコノミクスとしての労働者存在に還元されて論じられ，都市部に滞留する多数の失業者やよくいわれるところのインフォーマル部門に属する人びとの存在などが，やがて学界の関心の的となった。そしてそれを基礎として，モデル化がいろいろ試みられた[22]。かくして当初多様な意味合いを有していたルイス・モデルは主流派に内包されてあつかわれる運命と化した。そうなってくると混同現象が生じて

---

21) このような視点から経済史を論じる学者に，ジェフリー・ウィリアムソンがある。ウィリアムソン（邦訳 2003）の中で，かれはルイス・モデルを用いてイギリスの近代化過程を分析している。日本や西欧における二重構造から単一構造への変容過程は，歴史的にみて，途上国の外生的近代化と違って自生的近代化過程として類型化できる。

22) たとえば Stark (1982) や Rauch (1991) などがある。

くる。すなわち資本制部門は工業部門として，非資本制部門は農業部門として単純にあつかわれてしまう傾向を生んだ。すなわち資本制と非資本制とのターミノロジーの違いは完全に無視され，二重構造どころか最初から単一構造の枠組み内でしか開発問題を考えなくなり，たんに2部門モデルとしてしかあつかわなくなったのである。プランテーションや鉱山開発部門はどこへ行ってしまったのか。現実を見るとことの良し悪しはさておき，これらの活動の存在の重要性はいまなお失われておらず，最大利潤の獲得を目的とし，ある意味において合理的に生産要素を結合することによって生産活動がおこなわれている。そのような事情を度外視して，一次産品部門から製造工業部門への労働移動問題をあつかうとしたらそれは完全に，二重構造の存在を前提にしていないということにほかならない。

　その意味において，ルイス・モデルをあつかうときは構造主義としての認識が重要なのである。あくまでも二つの部門の制度構造は異なるのだ。そして移民問題もそこに含めて考えられるので，途上国の輸出向け一次産品部門にはどのような人びとが関係していたのか（もしくはいるのか）について思いをめぐらすと，過去においては強制的もしくは半強制的に連れてこられた奴隷労働が，年季契約奉公人が，そして自発的な移民が一次産品の直接生産に携わったことが想起される。そしてその経営を担ったのは，植民地本国からやってきたおもに上流階層出身の人びとであった。そして奴隷貿易にせよそこでの生産活動にせよ架橋的役割を担ったのは，東インド会社や西インド会社，もしくは王立アフリカ会社などの特許会社であった[23]。帝国主義時代のイギリスは，スリランカの茶プランテーションにおける労働をインド系のタミール人に，マレーシアの天然ゴムプランテーションには中国人労働者に，錫鉱山の採掘労働はインド人労働者にそれぞれ担わせた。南アフリカにおける金鉱山の採掘労働には中国人労働力を徴用した。その当時は半ば強制的であった。ラテンアメリカおよびカリブ海地域では，かつての宗主国スペインが支配した時代までさかのぼる。金銀の採掘労働には征服された先住民が奴隷労働として使用され，イ

---

23) 宮川（2009）において筆者は，一次産品部門を中心に史的考察をおこなった。なおハーヴァード大学の「開発論」担当教授であったロドリックは，特許会社の興隆は取引費用を最大限に軽減するという目的をもって盛んにおこなわれたという視点を提示している（Rodrik 2011 : 4-10）。

ギリスやフランスなどが台頭してからはカリブ海の島嶼国群では，アフリカから強制的に連れてこられた黒人奴隷が砂糖プランテーションの労働に使用された。さらにいえばブラジルの砂糖や天然ゴム，およびコーヒーのプランテーションにおいても同様である。そうこうするうちに多くの途上国は独立を勝ち取る。そこから脱植民地化を図らなければならなかった。その段階で新規に考案されたのが工業化である。一般的に知られているのが輸入代替工業化である。すなわちこの段階になると，輸入代替工業という製造工業部門が新しく資本制部門に加わってくる。歴史の連続性の観点から捉えると，資本制部門はじゅうらいから存在するプランテーションや鉱山採掘部門などの輸出向け一次産品部門と新規の工業部門によって構成されることになる。この段階でさらに新たに加えられた要素は一次産品部門にせよ，製造工業部門にせよ，先進国に本社を構える多国籍企業が参画しているという事情である。その意味において，現在の途上国の資本制部門のばあい，先進国からやってきている多国籍企業が実質的経営権を掌握しているとなれば，そこにもうひとつの困難な問題を蔵していることになる。このように考えてくると，ルイスが当初の段階でイメージした資本制部門は輸出向け一次産品部門と製造工業部門からなり，非資本制部門は共同体としての属性をひきずった状態の生存維持レヴェルの自給自足部門からなる。そして前者には多国籍企業がかかわっていて，後者には外国から多くの労働力移入が見られるという意味で，潜在的労働者群の貯水池としての特徴を併せもつという，いわば国際性が垣間見えることについての認識が重要なのである。最後に共同体の属性としてより普遍性をもたせるという意味では，先住民の狩猟採集や自給的農業などに見られる部族社会や首長制社会の文化構造については，社会学でいうところのパトロン＝クライアント関係が支配する社会として捉えられるのである。

5.3 新構造主義経済学における近代的部門のあつかい

前節において見たように，構造主義経済学においては，ルイス型の二重構造論が経済学の主流と非主流とを問わず最も有力である。テイラーやオカンポ，

164　第5章　構造主義経済学とデュアリズム

ラダらによって代表される新構造主義経済学においても，それは大前提であり継承されている[24]。しかし新構造主義のばあい，ルイス的特色はやや薄められ，とくに資本制部門もしくは近代的部門に対していくつかの性質が追加された。本節では，その部分に焦点をあてて考察を進める。

　簡単にいってしまえばそれは，収穫逓増が支配的な経済として特徴づけられた。対照的に伝統的自給自足部門は，収穫不変もしくは収穫逓減が支配的な経済とされる。先のルイス・モデルにおいては，いずれの部門も収穫逓減の法則が作用するものと措定されたことを思い起こそう。ルイスは根底に流れる法則は同じでも，二つの部門間で生産性が著しく異なるとみていた。ラダらの新構造主義のばあい，輸入代替から輸出指向へ切り替えるかもしくは近年の中国の事例に見られるように，経済特区（輸出加工区）を中心に最初から対外市場への供給を目的として戦略化されたケースを想定してのことだろうが，実際上「規模の経済」を実現している事例を射程に入れてのモデル化である。さらに新構造主義の近代的部門においては，ネオケインジアンのニコラス・カルドア（1908−86）によって提唱されたフェルドーン効果が見られるものと想定される[25]。先に筆者は構造主義経済学自体，ケインズ経済学の影響を多分に受けていると述べたが，新構造主義においてもそれは同様であって，テイラーらもそのことを公にしている。いうなれば，産出高（供給）は有効需要にしたがうものであるといった種類の経済であることを含意している。カルドアの分析視角は，労働生産性の成長率と産出高成長率とは正の相関関係にあることを強調する点にある。つまり生産の拡大が急速であればあるほど，いっそう生産的な技術が導入されて，「規模の経済」が実現するというものだ。たとえばラーニング・バイ・ドゥイング（学習過程）をつうじて，イノヴェーションが誘発されるケースがイメージされる。

　集計レヴェルにおいては，産出高は利潤部分と賃金総額部分とに分配される。このことはルイス・モデルの資本制部門と同じである。むろんそれはプレビッシュによって提唱された輸入代替工業部門かもしれないし，輸出向け一次

────────────

24) Ocampo, Rada & Taylor, *op. cit.*: 121-141.
25) フェルドーン効果については，カルドアによる Kaldor (1978) において示されている。簡潔な説明としてはサールウォールがよい（Thirlwall 2015：274-276）。

5.3 新構造主義経済学における近代的部門のあつかい　165

産品部門かもしれない。もしくは輸入代替産業が幼稚産業として発達し輸出代替化しているかもしれない。ともあれ新構造主義がイメージするケインズ型の近代的部門において生産性が向上するとなれば，どのような効果が得られるだろうか。この問いに対する解答は二様である。ひとつは労働シェアよりも利潤シェアのほうが増進するばあいであり，そのとき資本蓄積が促進されることとなる。それに対してもうひとつの解答は，労働シェアの低下が大きすぎるばあいであり，そこでは有効需要の低下がもたらされることとなる。テイラーらは前者を利潤主導型，後者を賃金主導型とよんでいる。前者はさらに類型化され，生産性向上が見られても，産出高の成長がやや弱いケースとかなり強いケースに分けて考えた。これらの情報は図5.2と図5.3において描かれた産出高成長曲線に具体化されている[26]。生産性の向上が見られて，それが産出高の成長に弱いかたちで現われるなら，産出高成長曲線の勾配は急であろう（図5.2参照）。また生産性向上が産出高の成長に直結するときは，同曲線の勾配は緩やかであろう（図5.3参照）。いずれのケースにおいても，賃金シェアの低下によってもたらされる有効需要の落ち込みよりもむしろ，利潤シェアの増加によってもたらされる利潤主導型の資本形成がポジティヴに作用するケースが考えられていることに留意されたい。そうではなくて利潤シェア増加の効果よりも，賃金シェア低下の効果のほうが上回るときは賃金主導型のネガティヴな効果が現われると措定される。そのばあい，ここには描かれていないが，産出高成長曲線の勾配は負になることは明らかであろう。

　次に用意された分析ツールは雇用成長曲線である。これはいわゆる無差別曲線群としての性質を有するものである。すなわち，同一線上においては等雇用成長率であることを意味している。それは次式によって与えられ，図中では破線群によって描かれている。

$$E_g = O_g - L_g \dotfill (5.1)$$

　(5.1) 式では，左辺は雇用成長率を，右辺の第1項は産出高成長率を，および第2項は労働生産性成長率をそれぞれ示している。雇用成長率を所与とし

---

26) Ocampo et al. *op. cit.*: 123.

166　第5章　構造主義経済学とデュアリズム

図 5.2

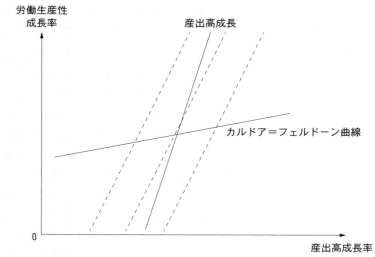

（出所）Ocampo et al.(2009), p.123 fig.8.1 に基づき筆者により作成。

図 5.3

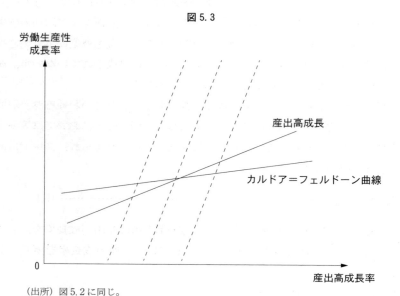

（出所）図 5.2 に同じ。

て，図5.2に表されるように雇用成長率線は産出高成長率と労働生産性成長率を2次元とする平面に勾配1の一次関数として描くことができる。無差別曲線群としての意味は，曲線群が右へ移動すればするほど雇用増進が得られることだ。それとは逆に曲線群が左側へ移動するとなれば，雇用成長率は鈍化するので，国民経済全体としては失業者の増加を含意する。あくまでこの曲線群は隠れた存在として解釈されるので，破線で描かれる。

　図5.2と図5.3の違いについてはすでにみたので，次にカルドア＝フェルドーン曲線が上方シフトするケースを考えてみよう。図5.2のばあい，産出高成長線との新たな均衡点は以前のそれと比していっそう低次の雇用成長曲線上にあることが明らかであろう。また図5.3においては，そのようなシフトはいっそう高次の雇用成長曲線上にて均衡に達することとなろう。そのようになるのは，二つの図に描かれた産出高成長曲線の勾配が45度よりも急であるか緩やかであるかによるからだ。言い換えるならば，図5.2では生産性成長に対する産出高成長の弾性値が1より小さく，図5.3では同様の弾性値は1より大きく描かれているからだ。さらにいうならば，同様の弾性値が1より大きいとき強めの利潤主導型であり，同弾性値が0と1との間にあるとき弱めの利潤主導型となり，それ以外のときは賃金主導型となる。

　いずれにせよここでは対外的な輸出指向であろうと内向きの輸入代替であろうと有効需要——とりもなおさず需要が供給を牽引するので，有効需要に裏づけられた産出高成長曲線として描かれる——がそもそもの出発点なので，ケインズ的性質が近代的部門に付与されていることに留意しておこう。

5.4　新構造主義における二重構造モデル

　近代的部門は新構造主義において，前節で論じたような方法で捕捉された。それはルイス・モデルとカルドア＝フェルドーン・モデルとのミックスであった。近代的部門は，ルイスが提示したような古典派的な収穫逓減の法則が働くところというよりも，カルドア＝フェルドーン型の収穫逓増が実現するところとして，その特徴づけが置き換えられた。それというのも，昨今の新興国——

168 第5章 構造主義経済学とデュアリズム

1960年代以降の韓国や台湾，1990年代前後からの中国やインドなど——の力強い工業化の増進を横目に見ながら，とくに輸出加工区においてそれが実現しつつあることを考慮してのことであろう。たしかにそこでは，労働生産性の向上とともに産出高の成長が加速化し，いわゆる規模の経済が実現するという意味において，フェルドーン効果が観察される。ただし現在のそれは，先進国に本社を構え件の新興国へ生産工場や事業所を設置して事業展開している多国籍企業の存在が，受入国側の民族資本との合弁形態が多いとしても，重要な意味を有していよう。そして現地では，移民を含むことはないけれど，ルイス的意味の大量の安価な労働移動が仕向けられる。とくに中国に見られるように，それがいよいよ拡大していって雇用成長が得られるだけでなく，大量生産が可能となり，大きな市場が見込める先進国へ大量に輸出される。かくして輸出主導型成長が実現され，それが国民経済全体を包摂するようになり，ルイスが見通したような構造転換の段階に入る[27]。そうなると，労働者一般の賃金水準が上昇に転じるので，国民経済の成長につれて国民一般の生活水準も上昇する。かくして国民の多くの部分が中産階層化するようになる。いうなれば，それは文字どおりサクセス・ストーリーそのものである。かくして昨今の新興国の興隆について，オリジナルとしての二重構造モデルを通して理論化したという意味において，ルイスが構想したパースペクティヴの重要性は決して失われた存在ではない。それどころかむしろ現在，輝きを放っているということなのだ。ネオケインジアンのカルドア＝フェルドーンはルイス・モデルを補完拡充したという歴史的意味を有している，と筆者は考える。この部門については，図5.4と図5.5の第1象限に具体化されている。ただしこの図においては，先の図5.2と図5.3における横軸の尺度が雇用労働量に置き換えられていることに留意されたい。次に新構造主義による伝統的部門のあつかいへ話を移そう。

　ルイスにおいてこの部門は，非資本制部門として位置づけられた。それゆえルイスのばあい，この部門はかなり幅広い意味を有していた。すなわち共同体としてのそれであり，国内の自給的農業に従事している者が一般的存在ではあ

---

27) 構造転換について大まかな捉え方をするならば，農業などの第一次産業中心型経済から製造工業を中心とする第二次産業中心型経済への転換を意味しよう。

5.4 新構造主義における二重構造モデル 169

図 5.4

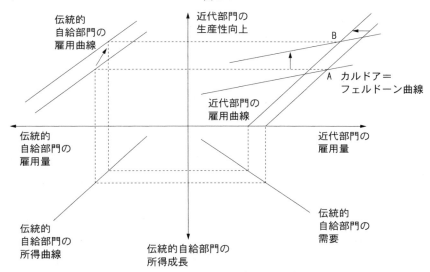

(出所) Ocampo et al.(2009), p.126 fig.8.2 に基づき筆者により作成。

図 5.5

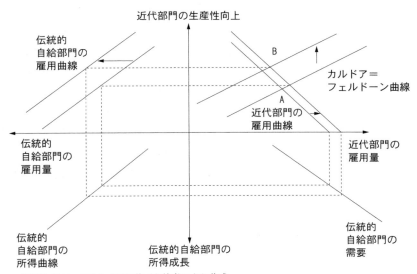

(出所) *Ibid*. p.129 fig.8.3 に基づき筆者により作成。

170　第5章　構造主義経済学とデュアリズム

るものの，海外からやってくる移民もその中に含むものとみなされた[28]。非資本制部門はいわば近代的部門へ向かう労働者のプールのようなものとして捉えられた。それに対して新構造主義のばあい，それほど広義には捉えていない。古典派経済学流の収穫逓減が激しいところとしての認識であり，ルイスが当時正確に認識していなかったインフォーマル部門の存在も組み入れて考案している。すなわちそれは収穫逓減もしくはよくてもせいぜい収穫不変が作用する部門なのである。1960年代半ばのこの部門における「余剰労働」をめぐる一連の論争において，アマルティア・センは，この部門に労働が入ろうとそこから出ようといずれにせよ，この部門の産出高はほとんど変化しないと論じた[29]。したがってセンによれば，伝統的自給部門の生産性は引き出される労働量に反比例するかもしくは労働力に対する生産性の弾性値は−1になり，それは収穫逓減の法則があてはまる強力なケースを意味した。規模に関して収穫不変であるならば，その弾性値は0である。要するにこの部門の同弾性値は，0から−1の間にあると措定される。このアイディアをラダは受け継ぐこととなる[30]。かくしてそのような情報が具体的に表されているのが，図5.4と図5.5の第3象限である[31]。そこに描かれた曲線は自給部門の雇用量が増えるのにしたがってこの部門の産出高もさしあたり増加するが，規模に関して収穫不変（センの弾性値は0）のばあい直線の傾きは45度であり，規模に関して収穫ゼロ（センの弾性値は−1）のばあい直線は水平になり，規模に関して収穫逓減（これが一般的でありセンの弾性値は0と−1との間）のばあい直線は正の傾きになるものとそれぞれ想定される。図5.4と図5.5においては，いっそう一般的な第三のケースが描いてあることは容易にわかるであろう。

　図5.4の展開は次のように説明される。すなわち近代的部門で生産性が向上する（カルドア＝フェルドーン曲線が上方シフトする）と，近代的部門の雇用曲線は左方へシフトする。そしてそれは第2象限の自給部門の雇用曲線を外側

---

28) Lewis（1972），*op. cit.*: 82. ルイスは非資本制部門における余剰労働力の背景として，人口の自然増，入移民，および女性労働力の参加などを挙げている。

29) Sen, *op. cit.*: 428-438.

30) Rada（2007），

31) この図の出所は Ocampo et al. eds., *op. cit.*: 126, 129　による。

へシフトさせ，それがめぐりめぐって自給部門から労働が引き出されることを意味することとなる。逆のプロセスを辿るなら，近代的部門の生産性向上が鈍化するとき，自給部門の雇用増進は加速することになろう。最後に両部門間で交易条件は不変であると仮定したばあい，自給部門の所得成長が加速するとき近代的部門で生産される財に対する需要は増加するだろう。このことは，第4象限において自給部門の需要が押し上げられることによって示されている。

　いずれにせよ図5.4に示されたケースは，利潤主導型で資本形成が進行するばあいを説明するものである。それとは別に近代的部門の成長が賃金主導型であり，雇用曲線が負の勾配を有するばあいどのような展開になるかが，図5.5に示してある。

　当初の均衡点Aからカルドア＝フェルドーン曲線が上方シフトすると，近代的部門の雇用成長は鈍化するだろう。そのことが伝統的自給部門にどのような影響をもたらすかについてみてみよう。さしあたり近代的部門の雇用曲線がやや外側へシフトする。その結果新しい均衡点はBとなり，それに応じて伝統的自給部門の雇用曲線は外側へシフトし，さらに第3象限をとおして自給部門の所得は増加する。その結果，第4象限に示されるように，近代的部門で生産される財に対する自給部門での需要が押し上げられることとなる。ただし図5.5から明らかなように，近代的部門の雇用は停滞状態にあり，いわゆる「低均衡の罠」にはまり込んだ状態が続くこととなる。

　さてここでの問題は，そのような「低均衡の罠」に陥らないためにはどのような政策を施したらよいかを考えることだ。テイラーらは，そのヒントになるのが1970年代末にかの鄧小平によって展開された中国の政策パッケージだという[32]。それはどのようなものだったか。テイラーらによれば，それは農業生産性の向上を支えることから始まった。しかも，かつての集産体制下の農民に有利なように価格固定化を図る市場操作によってであった。小土地を各家計と共同所有するやり方が保持されたのだった。さまざまな形態の混合企業がそのメカニズムと適合し，「規模の経済」を可能にした。生産者たちは制度変化と組み合わさった価格インセンティヴに見事に反応した。　具体的にいえば，

---

32) *Ibid.*: 128.

172 第5章 構造主義経済学とデュアリズム

伝統的自給部門の中に郷鎮企業もしくは農村工業および万元戸を出現させて，それぞれが国民経済のレヴェルに有機的に結合して経済成長を実現するといったふうのものであった。

周知のように，それに続いて近代的部門の中に先進国からの直接投資をよび込んだ。かの経済特区がそれである。輸出指向工業化と組み合わせて見事にそれが功を奏したのだった。かくして中国では「低均衡の罠」は回避され，むしろ圧倒的な高成長がその後続くこととなる。しかし次の段階において，分配面の格差問題が浮上することとなる。すなわち近代的部門においてはかなりの所得上昇が見られたけれど，農村部においてはそれがトリクルダウンしなかったからだ。そのことは，前者のほうが圧倒的だったことを意味している。

以上のような中国が採った政策は，国家介入的色彩が濃いことに留意されたい。前述のように伝統的自給部門においてもそうだったし，近代的部門においても，経済特区の創設をとおして伝統的自給部門から安価な労働力を大量に引き出すとともに，外国企業に輸出ドライヴのインセンティヴを与えるやり方なのであって，それは間接的な輸出補助金を供与するにも等しいものであった。

ここで以上のように述べたのは，理由がある。それはあらゆる種類の自由化を要求するワシントン・コンセンサスと正反対のやり方で，中国ではそれなりの成功を見たからだ。中国によく似た二重構造を抱える 20 世紀末の東南アジアにおいて，ワシントン・コンセンサスにしたがって短期資本の自由化を含む包括的な自由化政策が推し進められた結果どうなったかを見るとよい。それは近代的部門においては貿易可能財をあつかい，伝統的自給部門においては非貿易可能財をあつかうというやり方であり，資本面では自国通貨の切り上げと組み合わせての国内信用の拡張政策が実施された。その結果，輸入需要は押し上げられ，輸出補助金は抑制されたこともあって，輸出は低迷した。それゆえ図5.5 の近代的部門の雇用曲線は左側へシフトし，それに応じて拡張的信用拡大が実施されたが成果は上がらず，貿易可能財の力強い需要増にはいたらなかった。そこには貿易財の生産者は，コスト削減もしくは事業撤退のいずれかの選択を迫られるといった事情があった。かくして未熟練労働者は，貿易財部門を離れてインフォーマル部門に落ち着くかもしくは伝統的自給部門へ舞い戻るかの選択を強いられた。その後の展開は，当時の東南アジア諸国に見られた

とおりである。こうした事情は，あらゆる次元で自由化政策を実施した結果，二重構造の深化もしくは脱工業化の罠とよばれる現象である。

5.5 結 び

　ここまで二重構造について，ルイスのそれから開始してテイラー，オカンポおよびラダに代表される新構造主義経済学における捉え方を展開してきた。その趣旨は，ルイスはともかくとして新構造主義のそれについては，紹介を兼ねて筆者なりの検討を加えるというものであった。そうして得られた結論と残された課題について，その歴史的背景を中心にここでは論じることとする。

　まず第二次世界大戦後から1970年代初期にかけて，構造主義経済学は開発論の主流を占めた。そこに込められたメッセージは，典型的な途上国を特徴づけるのは二重構造であるという認識であった。それとは対照的に先進国の経済構造は，近代的部門のみによって占められる単一構造である。したがって当初構想された途上国の開発課題は，二重構造を打破して先進国のような単一構造にすることであった。そのための処方箋として構造主義経済学が用意したのが，プレビッシュ流の輸入代替工業化論であり，ルイス流の余剰労働移動モデルであった。前者はその後チェネリーらによって構築されたツー・ギャップ・モデルへ昇華していく。テイラーらによって代表される新構造主義経済学は，それをさらにスリー・ギャップ・モデルへと理論的に拡張した[33]。

　初期構造主義は新構造主義へとその装いを新たにすることとなったが，歴史の潮流は1970年代からの新古典派経済学の復権にあった。その経緯を細かく見ると，1970年代は混沌とした状況だったのであり，経済学一般の分野においてケインズ経済学——世界的な広がりを見た1930年代の大恐慌に対して，国内経済面においては財政金融のポリシーミックスを駆使することによって経済全般を管理しようとするマクロ経済学を具備するという歴史的役割を担った

---

33) これらのモデル群についての具体的な解説は，宮川（1996）の第6章「2つのギャップと第3のギャップ」を参照されたい。

174　第5章　構造主義経済学とデュアリズム

だけでなく，国際経済面においても固定為替相場制を中心とするブレトンウッ
ズ体制の理論的バックボーンとしての役割を担った——がじょじょに退潮を余
儀なくされた事情と，それは対照をなすものであった。すなわちそのケインズ
経済学の影響を多分に受けていた構造主義経済学も，その親経済学とともに，
開発論の分野においても退潮を余儀なくされたのだった。そうした事情が
1970年代のカオスの本質である。かくして1980年代から新古典派経済学が本
格的に復権することとなった。その極めつけがワシントン・コンセンサスで
あった。1990年代になると，それが開発論の分野で大いにもてはやされた。
いうなれば，世界のいたるところで自由主義のオンパレードが見られた。貿易
の自由化，金融の自由化，資本の自由化，規制緩和もしくはその撤廃および公
的部門の民営化などが称揚された。この段階になると新古典派経済学は，新自
由主義経済学もしくはネオリベラリズムと言い換えられた。ところがこの学派
も，2010年を前にしてアメリカ国内における金融の躓きを契機に退潮を余儀
なくされる。なぜそうなったのかについて，事後的にその源泉をつきとめると
したら，一見したところ成功したかに見えたアジア地域において前世期末に経
済危機が訪れたこと，世紀を跨いでからも経済危機もしくは通貨危機，財政危
機が場所を代えて次から次へと発生したこと，さらには2010年以降ヨーロッ
パの特定地域において一連の危機が発生したことなどの背景に，金融の自由化
と軌を一になす資本の自由化にその責任の一半があるという事情が見出される
のだ。いうまでもなくそのバックボーンとなった理論が，新自由主義経済学な
のである。その結果，各国の国内においては過酷な格差現象がいよいよ顕在化
することとなる。それゆえ各国の大衆的気運から見ると，この学派ははなはだ
不人気である。貧困の中に喘いでいる市井の人びとにとって，それは格差を
いっそう助長するように見えたからだ。逆に各国のエリート層から見ると，と
りわけ既得権益化した層から見ると，そのような気運は不都合極まりないもの
である。さてこの種の議論はこのあたりにして，本題である二重構造論のあつ
かいにもどろう。

　前述のように二重構造の存在は，構造主義経済学の共通認識であった。新構
造主義においても本質的には変わらない。ただしもともとのルイス・モデル
に，ネオケインジアン的な性質が付け足されたということなのだ。とくに近代

的部門の特徴づけが重要であった。規模に関して収穫逓増の法則が適用される
ところとしてのそれが，斬新である。言い換えるなら，カルドア流のフェル
ドーン効果が見られるところとしての認識である。たとえば古くは台湾と韓
国——1960 年前後から 1970 年代と 1980 年代にかけて，急速な成長を遂げ
た——がそうであったし，現在は中国やインドなどの新興国がそうであろう。
前節で論じた新構造主義の二重構造モデルから，どのようなことが明らかにさ
れたのだろうか。輸出加工区もしくは経済特区へ外国直接投資もしくは多国籍
企業を誘致しての輸出指向工業化によって，「規模の経済」を実現しようとす
る戦略がそこにはあって，国内経済の背景（後背地）はルイス流の伝統的自給
部門に余剰労働を多く抱えた二重経済であり，そのプロセスが首尾よく運べ
ば，既存の二重構造はじょじょに希薄化してあたかも先進国のように近代的部
門のみから成る単一構造経済へと変貌を遂げることにもなり，それとは逆に失
敗すれば，行き過ぎた資本の自由化がまさしくそれであったといえるのだが，
近代的部門の成長が鈍化するだけではなく，余剰労働は伝統的自給部門へ還流
することにもなりかねない。後者は二重構造の深化とも言い換えることができ
る。さらにいうなら前章でみたように，初期構造主義の論客たち——ミュル
ダールやペルーなど——がそれとよく似た視点で考察した悲観的パースペク
ティヴとも相通じるものである。それはまさしく 20 世紀末に東南アジアにお
いて見られた現象であった。

　最後に残された問題について述べておかねばならない。筆者はほんらい構造
主義経済学のことを歴史構造主義として特徴づけてきた。つまりここで論じて
きた二重構造の存在も，その枠組みの中で考察しなければならない，という価
値前提を重視するスタンスにある。大航海時代までさかのぼる植民地主義の時
代から，現在の典型的な途上国の二重構造のルーツは外発的な力によって形成
されたものであった [34]。つまり近代的部門の始まりは，当時の列強によって
強制的に形成された鉱山採掘部門や世界商品（ステイプル）を栽培するプラン

---

34) 国際関係史の視点から包括的に政治制度の重要性を論じている新制度学派の論客アセモグルとロ
　ビンソンによる近年の研究も，筆者と同様の議論を展開している。とくに南アフリカの経済の在り
　ようがルイス型の二重構造という認識である。アセモグル／ロビンソン（邦訳 2013）の第 9 章
　「後退する発展」参照。

176　第5章　構造主義経済学とデュアリズム

テーションにある，という認識が重要なのだ。もともと伝統的自給経済であったところにいきなり，西洋の流儀が入り込んだのである[35]。大航海時代の南北アメリカがそうであり，アフリカやアジアもそうであった。当時の現地の国家もしくは国家もどきの形成具合がどの程度だったかによって，植民地化の進行の程度も多種多様であった。そうして歴史を乗り越えて残存し続けたのが，いわゆる途上国の一次産品部門なのである。そのような国や地域が独立を勝ち取ってからは，主権はいうまでもなく植民地本国ではなくて件の途上国に存する。そこから開発戦略をどのように考案して実現するかは，その国や地域の裁量下にある。むろんそのときの国際環境がどのようなものであるかによって，それは左右されるであろう。歴史のコンテクストで捉えるならば，現在の北西ヨーロッパの国ぐにやアメリカ合衆国，もしくは日本も同様である。ただし近代化もしくは工業化を進める時期の国際環境がモノをいうことを肝に銘じておくべきであろう。

　最後にジャスティン・リンのいう「新しい」構造主義経済学と本章で取り扱った「新」構造主義経済学との違いを指摘しておかねばならない。リンは現代中国が採ってきた開放経済型工業化戦略をとくに自身のいう「新しい」構造主義経済学と措定しているが，ルイスの余剰労働移動説を基礎にしているとは述べていない。そこに根本的違いがあるといえるだろう。リンの説の概略は前章に見たとおりである。

　いずれにせよテイラーらの新構造主義経済学のばあい，二重構造の認識についても同様のことがいえるが，歴史構造的視点が薄まっていることがひとつの問題点として挙げられるであろう。歴史的価値前提とそれをいかに接合するかが，この分野における次の重要な課題である。なおこの問題については，本書の最終章において筆者なりのパースペクティヴを提示する。

---

35) 現在のアメリカを代表する開発経済学者のひとりであるダニ・ロドリックは，国際関係史のコンテクストにおける東インド会社などの特許会社の出現について，ダグラス・ノース流の取引費用の存在を絡めながら論じている。このことはある意味において，現在の多国籍企業のビヘイビアを取引費用の視点から考えることと通じるものであり，重要な示唆を与えている（Rodrik 2011 chap. 1：3-23）。　なおロドリックと新構造主義経済学との関係についてはRodrik（2007b）を参照されたい。

第6章

サミュエルソンの自由貿易論と構造主義

6.1 はじめに

　戦後の主流派経済学の代表的存在だったポール・サミュエルソンが，2009年12月にこの世を去った。筆者自身，初めて経済学に触れたとき，いわゆるサミュエルソン経済学の洗礼を受けた。おそらく筆者と同世代で経済学を学ぶ機会を与えられた者は誰もが，なんらかのかたちでサミュエルソンのお世話になったことだろう。当時そうよばれたところの近代経済学であろうと，マルクス経済学であろうと，そうなのだ。とうぜんながら前者はサミュエルソンを肯定的に受け容れたけれど，後者においてはあたかも不倶戴天の敵とみなされた。筆者がサミュエルソン経済学を学習したときの記憶を辿れば，その経済学の中にマルクス経済学のエッセンスが取り入れられていた。もっとも『資本論』のように分厚いのではなくて，アペンディクスの中に要約されていたが。

　ともあれサミュエルソンは偉大な経済学者なのである。1970年度のノーベル経済学賞の栄誉に与った。そのおもな受賞理由は，ケインズ経済学と新古典派経済学との総合を成し遂げたことだった。どういうことかといえば，一国経済が完全雇用状態に近いところにあるときは新古典派経済学が妥当するものとし，それが不完全雇用状態にあるときはケインズ経済学が妥当するというものである。ケインズ経済学のコンテクストでは，マクロ経済学でいうところの金融財政政策を駆使して完全雇用状態に近づける努力が要請されるのに対して，いったんそれに達したら新古典派経済学の中心概念であるミクロ経済学が適用されるということを意味した。その大いなる経済学体系がサミュエルソン経済学として，全世界で読まれたのである。少なくとも経済学の学習を指向する者は，学問的な手がかりとしてかれの経済学に触れないでいるわけにはいかな

178　第6章　サミュエルソンの自由貿易論と構造主義

かった。事実，1950年代から1970年代半ばまで，サミュエルソン経済学は経済学の王様であった。

　しかし1970年代に生じた世界的な出来事が，すなわち1971年のニクソン・ショック——当時のアメリカ大統領リチャード・ニクソン（1913−94）はUSドルと金との交換を一時的に停止すると宣言し，事実上ブレトンウッズ体制は終焉することとなり，間接的な金本位制であった固定為替相場制の時代は終了して変動為替相場制の時代へと大きく舵が切られた——を手始めに，1973年から翌年にかけての第一次石油ショック——多くの工業製品の原料として使用されていた原油の価格が急上昇したため，原油の輸入国はパニック状況に陥った——と，さらに1979年のイラン革命に端を発して起こった第二次石油ショックというように立て続けに外的衝撃が発生した。その影響で多くの国ぐにが大混乱に陥り，学問としての経済学もケインズ経済学に寄せられていた信頼がじょじょに失われることとなり，とくにマクロ経済学は不安定な状況に置かれることとなった[1]。

　サミュエルソンといえば，高等数学を縦横無尽に使いこなし経済学にそれを応用して言葉による叙述方式ではなくて数学を用いて説明する代表的学者として，および1960年代前半のケネディ政権時（任期：1961−63）の経済政策ブレーンのひとりとしても知られる。いうなれば，そこにはハーヴァード大学の出身者が多く含まれていた。駐インド米国大使を務めたガルブレイス（1908−2006）もそうだったし，駐日米国大使を務めたライシャワー（1910−90）もそうであった。ただしライシャワーは，当時のアメリカでは稀有な日本史のエキスパートであった。ハーヴァード出身者では，日本人経済学者である都留重人（1912−2006）とも親交があった。ともあれそのような中でマクロ経済学はケインズ流のそれが幅をきかせ，国際貿易の分野では，ケネディ・ラウンドとよばれたGATTの枠組みが自由貿易の効果を上げたのだった。その一連の政策

―――――――――――――

1）スキデルスキー（邦訳 2010）において，このあたりの経緯は詳細に述べられている。この書はケインズの扱いがどのように変遷してきたかを跡付けていて，グローバルな次元における現下の経済不振からケインズをどのように学ぶかについて著者独自のパースペクティヴを提示している。なお現在のケインズ経済学の倫理経済学的位置づけについては，R.スキデルスキー／E.スキデルスキー（邦訳 2014）を参照されたい。

形成において，サミュエルソンは主導的役割を果たしたといえる。

　かくしてサミュエルソンはマクロ経済学においてはケインズの影響を大きく受けていたが，国際貿易論の領域では完全に自由貿易主義であった。言い換えるなら，アダム・スミスからリカード，J. S. ミル，マーシャルの流れを汲む新古典派的な自由貿易主義であり，保護主義を嫌悪する立場であった。さらに付け加えるならサミュエルソンは，自由貿易主義を理論的にいっそう堅固なものにするうえで，きわめて重要な役割を担うという歴史的役割を演じたのだった。かれの理論を支持して肯定的に捉えるにせよ批判的に解釈するにせよ，とにかくかれによって構築された理論を正確に回顧してみよう。それらを順に列挙するならば，要素価格均等化定理，ストルパー＝サミュエルソン定理，および自由貿易の一般均衡理論がそれである。ただしここでは本書の趣旨に沿って，構造主義経済学の視点を絡めながら論じることとする。

6.2　要素価格均等化定理

　この定理は貿易の純粋理論において，あまりにも有名な理論のひとつである。系譜でいえば，ヘクシャー＝オリーンの生産要素賦存説から導出される重要な定理である。要約していうなら次のようになる。すなわち自由貿易論のコンテクストにおいてスミスの絶対優位の原理から，リカードの比較優位の原理，上に掲げたヘクシャー＝オリーンの要素賦存説，そしてサミュエルソンの要素価格均等化説という流れである。いま少し敷衍していうなら，これらの学説はいずれも自由貿易を擁護するものであり，自給自足体制（アウタルキー）よりも自由貿易体制のほうが世界全体にとってウェルフェア（福利）を増進することになる，という結論にいたる。すなわち国ぐには貿易をおこなわないよりも貿易をおこなったほうが遥かによいというにある。現在，自由貿易のほうが保護貿易よりも優位にあることを示すうえで最もよく用いられる術語は，比較優位の原理である。それは一国が最も比較優位にある——国内の各生産部門の中で生産性が最も効率的な部門で生産される——財の生産に特化したほうが一国にとって有利である，ということを含意するものである。

180 第6章 サミュエルソンの自由貿易論と構造主義

　その説明はリカード自身に譲るとして[2]，ここではさらにそれを受け容れる
とし，それでは一国はどのような財の生産に比較優位を有するのであろうか，
という問題が提示される。それに答えたのがヘクシャー＝オリーンだったので
あって，つまり一国はその国に最も豊富に賦存する生産要素が集約的に投入さ
れて生産される財に比較優位を有する，というのだ。具体的にいうなら次のよ
うになる。比較的多くの労働力に恵まれている国は労働集約的な財の生産に，
相対的に資本が豊富に賦存する国であれば資本集約的な財の生産にそれぞれ比
較優位を有するということになる。この理論にしたがえば，労働の豊富な中国
は労働集約的な軽工業が，資本の豊富なアメリカは資本集約的な重化学工業が
比較優位産業である。この学説に対して，レオンチェフ（1905-99）がかれ独
自の投入産出表を用いて当時のアメリカの産業構造を観察してみたら，そうは
なっていないという知見――レオンチェフの逆説として有名――を提示した。
とはいえ歴史の流れのうえではヘクシャー＝オリーン説が幅を利かせることと
なり，その延長線上にサミュエルソンが登場する。すなわち一国は豊富な生産
要素賦存量に基づいた比較優位の原理に沿って自由貿易をおこなえば，2国2
財2要素モデルの枠組み設定でのことだが，それぞれに投入された生産要素の
価格は均等化するというのである。具体的にいえばこうなる。たとえばそれぞ
れの国が相対的に豊富な要素を集約的に投入して生産される財を輸出し，そう
でない財を輸入するといった自由貿易を進めるとなれば，各国の労働者の賃金
と資本レンタル率――これらが労働と資本の価格ということであり，要素報酬
ともいう――は均等化する。言い換えるなら，自由貿易は国際間の所得分配の
均等化をもたらすというのだ。これを自由貿易派の収斂仮設ともいう。いうな
れば，プレビッシュ＝シンガーの交易条件悪化説や世界システム論や従属学派
の反自由貿易派の不等価交換説とは正反対の説なのである。後者はとくに低開
発国が先進国との間で自由貿易を進めると，低開発国はますます貧困化すると
主張する[3]。

　2）リカード（邦訳 1987）の上巻，第7章「外国貿易について」参照。
　3）端的にこのことを言い表した言辞に，フランクによる「低開発の発展」がある（Frank 1966）。
　　従属学派とはどういうものなのかについて包括的に解説したものとしてカイ（邦訳 1987）がある。
　　なおこの学派のエッセンスを簡潔に要約したものがドス・サントスである（Dos Santos 1970）。

6.2 要素価格均等化定理　181

　ともあれサミュエルソンは自由貿易派の陣営に属するのである。それではか
れはどのようにして自説を証明したのだろうか。ここではかれの推論にした
がって確かめてみよう[4]。

　あらゆる意味で伝統的な新古典派的諸仮定のうえに立つ。すなわち2国（た
とえば現下のアメリカと中国），2要素（資本Kと労働L），2財（資本集約的
財である自動車Aと労働集約的財である衣服G）のモデルである。財市場と
要素市場のいずれも競争均衡が成り立つ。すなわち財の価格は限界費用（MC）
の大きさにも限界収入（MR）の大きさにも等しい（$MC \equiv P \equiv MR$）。ところで
$MC = dTC/dO = w \cdot dL/dO = w/(dO/dL) = w/MPP_L$ であるので，次式が得ら
れる。

　　$w = MC \cdot MPP_L = P \cdot MPP_L$ ……………………………………(6.1)

ただし（6.1）式でwは賃金を，Pは価格を，MPP_L は労働の物的限界生産力
をそれぞれ表している。なおTCは総費用，Oは生産量一般である。ここまで
の段階で追加される諸仮定は，各財の生産関数は規模に関して収穫不変である
こと（すなわち要素投入と同比率で変化させるとき，生産量も同比率で変化す
ること，つまり生産関数は一次同次である），いずれの要素投入も他の要素投
入に比して増加させるにつれてその限界生産力は逓減するという限界生産力逓
減の法則があてはまることなどだ。さらに（6.1）式より $w = P_g \cdot MPP_L{}^g = P_a \cdot$
$MPP_L{}^a$ となり，同様に資本レンタル率rは，$r = P_g \cdot MPP_K{}^g = P_a \cdot MPP_K{}^a$ と
なる。すなわち労働の価格である賃金wも，資本の価格である資本レンタル
率rも，それぞれの財価格にその産業の物的限界生産力を乗じた値に等しいこ
とを意味する。ところで衣服の生産量をF，自動車のそれをQとすると，新
古典派の公準[5] により $MPP_L{}^g = \partial F/\partial L_g = f(K_g/L_g) - (K_g/L_g)f'(K_g/L_g)$，
$MPP_L{}^a = \partial Q/\partial L_a = q(K_a/L_a) - (K_a/L_a)q'(K_a/L_a)$，$MPP_K{}^g = \partial F/\partial K_g = f'$

4）かれのオリジナル論文は，Samuelson（1948, 1949）である。
5）新古典派経済学の一般的公準によれば，資本・労働比率K/Lを k^* とすれば，労働の物的限界生
　産力は $MPP_L = \partial F/\partial L = \partial[Lf(k^*)]/\partial L = f(k^*) + L \cdot \partial f(k^*)/\partial L = f(k*) + Lf'(k^*) \cdot \partial k^*/\partial L = f$
　$(k^*) + Lf'(k^*) \cdot (-K)/L^2 = f(k^*) - k^*f'(k^*) = f(K/L) - (K/L)f'(K/L)$ となり，資本の物的限界生産
　力 は $MPP_K = \partial F/\partial K = \partial[Lf(k^*)]/\partial K = L\partial f(k^*)/\partial K = L \cdot [df(k^*)/dk^*]\partial k^*/\partial K = Lf'(k^*)(1/L)$
　$= f'(K/L)$ となる。

182 第6章 サミュエルソンの自由貿易論と構造主義

(K_g/L_g)，$MPP_K{}^a = \partial Q/\partial K_a = q'(K_a/L_a)$ であるので，3つの変数 K_g/L_g，K_a/L_a，P_g/P_a をもつ次の連立方程式に還元される。

$$(P_g/P_a)[f(K_g/L_g) - (K_g/L_g)f'(K_g/L_g)]$$
$$- [q(K_a/L_a) - (K_a/L_a)q'(K_a/L_a)] = 0 \quad \cdots\cdots (6.2)$$
$$(P_g/P_a)f'(K_g/L_g) - q'(K_a/L_a) = 0 \quad \cdots\cdots\cdots\cdots\cdots\cdots\cdots\cdots\cdots (6.3)$$

よって（6.2）式と（6.3）式で P_g/P_a を所与とし，陰関数定理により上式を V_1，下式を V_2 としてヤコビアン $\triangle$ が 0 でないことをいえばよい。

$$
\triangle = \begin{vmatrix} \partial V_1/\partial (K_g/L_g) & \partial V_1/\partial (K_a/L_a) \\ \partial V_2/\partial (K_g/L_g) & \partial V_2/\partial (K_a/L_a) \end{vmatrix}
$$

$$
= \begin{vmatrix} -(P_g/P_a)(K_g/L_g)f'' & (K_a/L_a)q'' \\ (P_g/P_a)f'' & -q'' \end{vmatrix}
$$

$$
= (P_g/P_a)f''q''[(K_g/L_g) - (K_a/L_a)]
$$

$$
\neq 0
$$

なぜならば，$f'' < 0$，$q'' < 0$，$(K_g/L_g) \neq (K_a/L_a)$ なので。

　かくして，上述の諸仮定の下でアメリカと中国とが貿易を完全に自由化したばあい，2国の生産要素の価格は，すなわち2国の労働と資本に支払われる報酬は均等化することとなる。ただしここで留意しなければならないのは，新古典派の諸仮定があてはまるときに限られることだ。ともあれそのような諸条件下とはいえ，サミュエルソンによってこの定理は論証されたのである。ヘクシャー＝オリーンの定理を理論的に深めた定理なので，これらは総称してHOS（ヘクシャー＝オリーン＝サミュエルソン）モデルとよばれることもある。

6.3 ストルパー＝サミュエルソン定理

　ストルパー（1912-2002）とサミュエルソンによって提示されたこの理論[6]は，ヘクシャー＝オリーン説の応用定理のひとつである。ひとつと述べたのは，これと並んでもうひとつのリプチンスキーの定理があるからだ[7]。かつて筆者は，ストルパー＝サミュエルソン定理について途上国の通商政策のコンテクストで考察したことがある[8]。それは1980年代半ばであった。おそらく貿易の純粋理論の分野においてこの理論はいたってビューティフルなので，いかに流麗にこの定理を説明するかが競われる傾向がある。代数学と幾何学とのいずれにおいても数学の手法が用いられる[9]。

　ストルパーとサミュエルソンが当初の共著論文で用いたのは，主として幾何学的手法だった。しかも驚くことに，サミュエルソン自身が要素価格均等化定理を提示したのに先立つこと10年近くであった。1941年の時点であるから，相当早くに考案されたのだった。加えてこの論文が画期的だったのは，クルーグマン（1953-　）も述べているように，それまでの経済学が叙述主義であったのを数理化して経済理論の精緻化と簡潔化を達成したため，理論の曖昧的属性が取り除かれたことであろう[10]。ストルパー＝サミュエルソン定理が提示

6）オリジナル論文はStolper & Samuelson（1941）である。歴史において貿易がどのような役割を果たしてきたかについて論じたバーンスタイン（邦訳2010）においても，この定理は枢要な位置を占め，社会階層効果をもたらした重要な定理としてあつかわれている。つまり歴史過程において，主要国において豊富な要素は自由貿易を好んだのに対して，乏しい要素は保護主義を好んだことが強調された（同書425-427ページ）。ハーヴァード大学の経済史家ジェフリー・ウィリアムソンも自由貿易と保護主義との歴史的選択問題としてこの定理の重要性を認識している（Williamson, J. G. 2011 : 221-222）。

7）財の価格を不変として，一方の要素が増加するとなれば他方の要素が集約的に投入されて生産される財の生産は絶対的に減少することをいう。たとえば労働賦存量が増加すれば，労働集約的財である衣服は増加するけれど，資本集約的財である自動車は絶対的に減少することになる。

8）宮川（1985）。なお同（1996）の第9章「ストルパー＝サミュエルソン定理と途上国の貿易政策──貿易論からみた主流派の視点──」においてさらに掘り下げて考察した。

9）その代表的論文はJones（1965）とMussa（1979）であろう。

10）Krugman（1994）.

184　第6章　サミュエルソンの自由貿易論と構造主義

されたことが契機となって，ヘクシャー＝オリーン・モデルの数学的定式化とともに，数理経済学が経済学界においていよいよ幅を利かせるようになる。

　さて前置きはここまでにして本題に移ろう。HOSモデルの枠組み設定は同じである。すなわち2国・2財・2要素モデルであり，各財の生産関数は規模に関して収穫不変である。各要素の限界生産力は逓減する。2財の要素集約度は異なり，たとえば第1財は資本集約的であり，第2財は労働集約的である。前節の説明と同様に2国はアメリカと中国であるとしよう。2要素は2国においてまったく同じ投入物である。よって技術的生産関数は両国で同じである。財市場も要素市場も競争均衡が成り立っていて，完全雇用の状態にある。各国は比較優位を有する財の生産に特化する方向に動くが，完全特化するまでにはいたらず不完全特化の状態にとどまる。

　話をわかりやすくするために，以上の諸条件の下にストルパーとサミュエルソンが結論づけたことから始めよう。それは中国がなんらかの事情で輸入財——このばあいは資本集約的な自動車と仮定される——に課している保護関税を引き上げて輸入価格をさらに高めるとなれば，それは一定の所得分配効果をもたらすというものである。すなわち関税賦課の対象となっていない財——このばあいは労働集約的な輸出財である衣服——の生産に集約的に投入された要素である労働Lの価格（賃金w）のほうが，関税賦課の対象となった財の生産に集約的に投入された資本Kの価格（資本レンタル率r）に比して相対的に低下する，ということこれである。言い換えるならそのような関税政策を採った結果，資本レンタル率は上昇するのに対して，労働賃金は低下する。つまり一方の要素である資本にとっては有利で，他方の要素である労働にとっては不利な所得分配効果が帰結することになるというのだ。

　それは図6.1と図6.2によって，中国側の事情として示されている。図6.1では，右側が投入空間であり，左側が産出空間である。投入空間はいわゆるボックス・ダイアグラムであり，縦軸に資本を横軸に労働をそれぞれ測り，左下側の原点は資本集約的財（自動車）の生産等量線図の原点を，右上側の原点は労働集約的財（衣服）の生産等量線図の原点をそれぞれ示している。ボックス・ダイアグラム内に描かれた曲線は契約曲線である。すなわちこの曲線上にある点はいわゆるパレート最適状態にあり，いかにも新古典派的な最大効率を

図 6.1

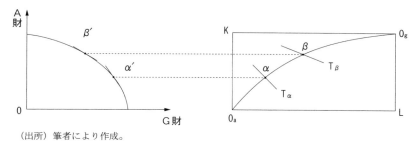

(出所) 筆者により作成。

実現していることを含意する。ただし見やすくするためと簡単化のため，生産等量線は描いていない。それは隠れているものとして捉えられたい。それに対して左側の図は産出空間を表す生産可能性フロンティアであり，縦軸に資本集約的財（輸入財）を，横軸に労働集約的財（輸出財）をそれぞれ測っている。この国の資本集約的財と労働集約的財との生産の組合せが生産可能性フロンティア上にあるかぎり，この国の生産要素は完全雇用状態にある。不完全特化の状態で貿易がおこなわれているときの当初の生産均衡点は，投入空間では α に産出空間では α' にそれぞれなっている。資本集約的財に課された輸入関税が引き上げられた後の生産均衡点は，それぞれ β と β' になる。ところで生産可能性フロンティア上の α' と β' の接戦の勾配は 2 財の価格比率を示しているが，明らかに相対的に自由貿易のとき（α'）に比して保護貿易のとき（β'）のほうがそれは緩やかになっている。これは国内において輸入財に課された関税の引き上げによって，輸入財の価格 P_a が上昇したことを意味する。次に投入空間における α から β へのシフトの意味を考えてみよう。図に描かれるように，契約曲線上の点 α における等量線の接戦の勾配と点 β におけるそれとは異なり，点 α の接戦の勾配に比して点 β の接戦の勾配のほうが緩やかになっている。なぜそうなるのか。その鍵は 2 財の生産関数が規模に関して収穫不変であるという仮定に関係する。すなわち原点から契約曲線へひいた直線との交点における接戦の勾配は，その直線上を生産点が移動するかぎり等しいままである。ところが 2 組の等量線図の接点の軌跡が契約曲線であるので，この曲線上の α から β への生産点のシフトによって，T_β のほうが T_α よりも等量

図 6.2

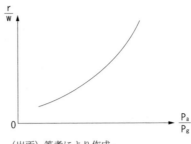

(出所) 筆者により作成。

線の接戦の勾配は緩やかになる。Tは要素価格比率 r/w を意味するので，Tの勾配が緩やかになるというのは，資本の価格 r が労働の価格 w に比して上昇することを示すものである。これにより，一方の財に課される保護関税はこのような2要素の価格変化をもたらすので，関税賦課もしくは関税のさらなる引き上げによって所得分配効果がもたらされることが証明された。

輸入財への関税賦課によって価格比率 P_a/P_g は上昇するので，それにともなって要素価格比率 r/w も上昇することになる。そのことを図示したのが図6.2である。図6.1の生産点の α から β へのシフト（もしくは α' から β' へのシフト）は，要素価格比率が上昇したことをストレートに示すゆえ，図6.2が描かれるのである。これに関してはこれ以上説明する必要はないであろう。

かくしてストルパー=サミュエルソン定理は論証されたのだが，前述のように筆者は1980年代半ばに，デアドルフ（1944- ）は1990年代半ばに，この定理がさまざまなかたちで数学の手法を用いて論証されてきたことをアピールした[11]。筆者が当時の段階で確認したところによれば，代数学ではジョーンズ（1931- ）によって，幾何学ではムッサ（1944-2012）によってそれぞれ洗練されたモデルでこの定理は論証された[12]。

この定理が提示されてから7年後に，こんどはサミュエルソン独自のモデルが要素価格均等化定理として確立することとなる。それがどういうものである

---

[11] Deardorff (1994).
[12] 本章の脚注9を見よ。

かについては，先に述べたとおりである。総合的に顧みるなら，このふたつの定理はいずれも自由貿易主義を訴えるうえで理論武装するという役割を演じたことを意味している。というのは要素価格均等化定理についてはさておき，ストルパー＝サミュエルソン定理についていうならば，たとえば生産要素の賦存量として相対的に労働が豊富な途上国が，相対的に稀少要素である資本が集約的に投入されて生産される財の輸入にいっそう高い関税を賦課するとなれば，自国に豊富に賦存する労働の受け取る所得が減少する羽目になることを含意するので，そのような保護主義はかえって当該途上国にとってウェルフェアの視点からもよくないことを意味することになる。つまり政策として保護主義よりも自由貿易のほうが望ましいことをストレートに主張したわけだ。要素価格均等化定理においては，保護主義よりも自由貿易のほうが所得分配の平等が実現することを，いうなればグローバルな次元で訴えたことになる。すなわちサミュエルソン自身の理論的成長過程としての視点から見て，ストルパー＝サミュエルソン定理が一国の国内経済の所得分配という次元にとどまっていたのに対して，要素価格均等化定理は国際間の所得分配問題をあつかうとともに，いっそう自由貿易であったほうが国際間の所得分配の均等化にも寄与すると主張することにほかならなかった。その意味において，サミュエルソンは自由貿易主義の所得分配面に焦点を絞った研究をいっそう深めたということになる。つまりサミュエルソンは徹頭徹尾の自由貿易主義者なのである。経済学全般においてはケインズ経済学を積極的に取り入れてかつての新古典派と総合するという離れ業をやってのけたが，貿易論の分野では数理経済学の資質も手伝って徹底した自由貿易主義なのであり，国家介入の一形態である保護貿易を否定する立場に終始したのだった。かれの才能は，貿易の一般均衡理論の面においてもいかんなく発揮された。

6.4　貿易の一般均衡理論

　サミュエルソンによる自由貿易論への貢献は，一般均衡理論のレヴェルにおいてすでに 1930 年代末になされていた [13]。それは一国が自給自足体制（アウ

188 第6章 サミュエルソンの自由貿易論と構造主義

タルキー）下にあるよりも，自由貿易体制下にあるほうが一国のウェルフェア
において望ましいというものである。それは貿易から得られる利益という視点
から論じられた。すなわち一国のウェルフェアを社会無差別曲線によって測る
ことができるとしたばあい，自給自足体制よりも自由貿易体制のほうが上位の
無差別曲線上にあることを示すことから証明される。もとより社会無差別曲線
を使用するにあたり留意しなければならないことがある。個人によって嗜好の
違いがあるので，一律に同じ形状の無差別図を一国の国民全員が有していると
いう保証はない。一般的に言って，新古典派経済学の共通の手法として，需要
曲線も供給曲線も個々人のそれを市場に参加している経済主体数分だけ合計し
てグラフ化される。すなわち合成グラフが用いられるのが常である。無差別曲
線についても同様であり，市場に参加している人数分のそれが合成されるもの
としてあつかわれ，社会無差別曲線が導出される。そのような問題点を孕んで
いるとしても，社会無差別曲線が一国のウェルフェアを測るのに使用されるの
である。そのような留保条件を包摂したうえで先に述べたような貿易の利益が
訴えられるのだ。繰り返すが自由貿易のほうが自給自足よりも厚生面からみて
優位にある，ということこれである。それは図6.3を用いて証明される。

　図6.3において自給自足の均衡は，点Hによって与えられる。自給自足の
ばあい，この点ですべてが同時に達成される。まず2財の生産結合が，消費結
合が，さらに2財の価格比率がこの点によって与えられる。ただし2財の価格
比率（交易条件）はこの点における生産可能性フロンティア上の接戦の勾配
（限界代替率）によって与えられ，社会無差別曲線 I_1 もこの点で生産可能性フ
ロンティアと接している。つまり自給自足のばあい，この点において一国の生
産と消費は一致する。

　次に貿易の機会が与えられるとどうなるか。つまりこの国は小国なので，国
内価格比率ではなくて国際交易条件 tt′ を受容することとなる。かくしてこん
どは国際交易条件にしたがって国際貿易がおこなわれる。この国が比較優位に
あると想定される財——このケースでは労働集約的財の衣服Gとなる——を
より多く生産し，国際交易条件に沿ってそれを輸出する。同様にして比較劣位

---

13) Samuelson (1939).

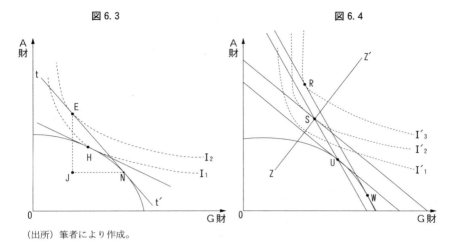

図 6.3　　　　　　　　　　　図 6.4

(出所) 筆者により作成。

にある資本集約的財の自動車 A を輸入する。すなわち JN 分の G 財を輸出して EJ 分の A 財を輸入するとよい。この輸出量と輸入量とで直角を挟む2辺にて表される直角三角形を貿易三角形という。そのような国際貿易をおこなうと，一国は生産可能性フロンティア上で消費するよりもいっそう上位の無差別曲線 I_2 上での消費が可能となる。図 6.3 においては，この国の消費結合点は H から E へシフトする。つまりこの国は自給自足体制のときと比べて自由貿易の機会を利用するとなれば，国民全体のウェルフェアは上昇することとなる。それゆえこの枠組み設定の上では，この国にとって自給自足体制でいるよりも自由貿易を進めたほうがよいという結論にいたる。この論理をサミュエルソンは 1939 年の論文で明らかにした。この図を用いての説明は，すでに大学の教科書においてお馴染みのものである。

1960 年代前半にサミュエルソンは，若干の保護措置が施されているケースと比べて，自由貿易をいっそう推進したほうが当該国にとってさらに有利であることも明らかにした[14]。スティグリッツの表現を借りるなら，「(自由貿易のほうが) 中間的ないかなる貿易規制体制よりも優れていることを示した[15]」

---

14) Samuelson (1962).
15) スティグリッツ／アンドリュー (邦訳 2007), 27 ページ。

のだった。これも国際経済学の教科書ではすでにお馴染みである。それは図 6.4 において示される。典型的な保護措置は輸入関税であろう。当該国が保護に固執してさらなる自由貿易体制へと政策転換を図らないならば，その分だけウェルフェアは増進しない。自由貿易の程度を広げれば，さらに上位の社会無差別曲線へ移行することができる。図 6.4 においてそれは，消費結合点が S から R へシフトすることによって示されている。そのようにして保護の歪みを取り除くことができる。図においては，この国の輸入財である自動車 A に輸入関税が課されている生産結合点が U である。自由貿易の幅を広げて関税を撤廃したときのそれは W である。それにともなって消費点は S から R へと変化する。この国は小国であると仮定されるので，貿易の機会が与えられると，国際交易条件を受け容れることとなる。保護措置が施されているときは国内の価格比率で交換されるものとみなされがちだが，そうではなくて国家によって徴収された関税は国民に還元されて 2 財の消費にまわされる。その消費経路が ZZ´ によって示されるとき，この国の消費点はその線上にあらねばならない。さらに小国なるがゆえに，点 U を通る国際交易条件（自由貿易下での生産点における接戦の勾配）を受け容れることとなる。それゆえそれらの交点である S にて消費するであろう。前者は社会無差別曲線 I'_1 上にあるのに対して，後者は I'_2 上にある。よってなんらかの保護貿易下におけるケースよりも，より自由貿易の程度が大きいケースのほうがこの国のウェルフェアは増進する。なお図が混雑しないように貿易三角形は省略してある。もとより保護貿易のケースよりも自由貿易のケースのほうが，貿易三角形は大きく描かれるはずだ。

　以上のことは，すべて新古典派の公準に沿った論理整合的な推論である。つまり自給自足体制よりも部分的な貿易開放路線がよく，自由貿易を最大限におこなったほうがさらに望ましいという帰結である。ここまでの議論から，サミュエルソンによって次のような結論が得られたことが明らかである。

　　　完全な自由貿易体制
　　　　　　　＞中間的な保護貿易体制
　　　　　　　　　　　＞自給自足体制（アウタルキー）

6.5　現在における評価 ——構造主義と学説史的視点から——　191

　上の図式においては，不等号の向きによって右側へゆく体制ほど国民経済の
ウェルフェアの観点から劣位になることが示される。本章で取り上げた重要な
論考のいずれにおいても，諸前提は新古典派の公準にそのまましたがってい
る。言い換えるなら筆者はそのように捉えているのだが，1980年代初頭から
2007～8年ぐらいまで一世を風靡した新自由主義経済学が国際取引面について
いうところの自由貿易主義を謳ううえで，サミュエルソンによる一連の理論構
築過程が大きな役割を果たしたことは間違いないであろう。もっとも新自由主
義全盛期においては，実物面よりも国際金融面——すなわち資本の国際間移動
の自由化がグローバルな次元で広がった——における事情が，世界全体に影響
をおよぼした。さらにいうならば，いまなおその余波は消滅することなく，企
業の買収（M&A）と情報技術（IT）を駆使しての金融取引が盛んな状況にあ
る。

6.5　現在における評価
——構造主義と学説史的視点から——

　かくして貿易論の分野でサミュエルソンが果たした学説史上の役割は，スミ
ス伝来の自由貿易主義の路線をストレートに歩み，それを理論武装したという
意味において強大であった。古典派経済学の時代——スミス，リカード，J. S.
ミル，マーシャルへと続くアングロサクソン系の学者の系譜——は，純粋理論
という意味においてかなり粗削りであった。イングランドにおいて長く続いた
重商主義の時代から自由貿易へ本格的な脱却が図られたのは，19世紀半ばに
おいてである。重商主義思想の残滓ともいうべき穀物法と航海法が廃止された
のが1846年と1849年だったことから，それは明らかである。重商主義が優勢
な機運の中で自由貿易から得られる利益を切々と訴えたスミスの教説は絶対優
位説および余剰はけ口説として，リカードのそれは比較生産費説としてそれぞ
れ知られ，ミルのばあいはやや例外的であって，幼稚産業の一時的保護を容認
する立場をとった。しかしその拠って立つスタンスはスミスとリカードを総合
した自由貿易主義であることには変わりはない。マーシャルもそれを踏襲し

192 第6章 サミュエルソンの自由貿易論と構造主義

た。さらにその路線に HOS が加わる。ヘクシャー，オリーン，サミュエルソンである。この3人は比較生産費説をいっそう深く掘り下げる役割を果たした。というのは自由貿易を前提としたうえで，各国はいかなる産業に比較優位を有するのかを問うたから。ヘクシャー＝オリーンによる解は，一国に賦存する生産要素の量がモノをいうということである。相対的に多く賦存する要素が集約的に投入されて生産される財に一国は比較優位を有する，というのだ。それに対してレオンチェフによる反証が提示されたが，かれらの説を根本から覆すにはいたらなかった。その間隙をぬって颯爽と檜舞台に登場したのが，サミュエルソンである。かれは持ち前の高等数学の手法を駆使して先行者の学説を補強した。ストルパーとの共同論文で発表したストルパー＝サミュエルソン定理がひとつであり，いまひとつはかれ独自で考察して論証した要素価格均等化定理がそれだ。それをさらに一般均衡の枠組みにおいて，自由貿易の保護主義に対する優位を実証するということをやってのけた。よってサミュエルソンの拠って立つスタンスは，徹底した自由貿易主義なのである。

　ところで歴史上の出来事の中で，19世紀前半にマルサス（1766－1834）とリカードとの間で展開された穀物法論争[16]についてストルパー＝サミュエルソン流に考えると，面白いことが知見される。それはナポレオンによる大陸封鎖という当時の国際環境下において，イギリスは穀物貿易において保護主義を強めるのかそれとも自由貿易への転換を図るのか，いずれを選ぶのかという二者択一問題に直面したときの事情である。当時の国家意志としては，マルサスが支持する保護主義の強化のほうが選択された。この歴史上の出来事について，ストルパー＝サミュエルソン流に社会階層的背景を考えてみよう。通常の解釈をあてはめると穀物は土地集約的財である。当時のイギリスにおいては土地のほうが相対的に豊富だったのだろうか。否，事実は異なる。当時のイギリスは相対的に労働と資本が豊富に賦存する経済だった[17]。土地は相対的に稀少な要素であった。土地集約的な穀物の生産からおもな収入（地代）を得てきた地主階級を擁護したのは，マルサスであった。ストルパー＝サミュエルソン

────────────

16) この論争について詳細に考察されたわが国の研究に服部（1991）がある。筆者も一次産品問題と絡めてあつかった（宮川 2009：50-52）。

定理から得られる知見は，相対的に稀少に賦存する要素——このばあいは土地であろう——を集約的に投入して生産される財（つまり穀物）に保護関税を課すと，それに関係する要素報酬は増加し，他方の財に集約的に投入される要素の報酬は相対的に減少する，ということこれである。ということは穀物に課される関税強化は地主の所得（地代）を増加させ，他方において工業製品——当時のイギリスのばあいはリカードがそのようにみなしていた毛織物つまり繊維製品が典型的であったろう——の生産に多く投入される要素（資本と労働）の所得を減少させる，といった所得分配効果をもたらしたことを含意する。定理の諸仮定がそのままあてはまるとはいえない（ほんらいの2要素ではなくて3要素になってしまう）だろうが，かなりの確率で所得分配効果が得られたことはたしかであろう。ただし史家一般の説明によれば，背景に見られた社会階層は地主（貴族）と新興の産業資本家階層であったとされる。歴史の流れを見ると，前述のように19世紀半ばに保護主義から自由貿易への大転換がなされたのだが，それは地主の所得たる地代の相対的減少を，および工業製品の生産に集約的に投入されるのは労働なのか資本なのかいずれなのかによって影響の度合いが異なってくるだろうが，労働所得である賃金と資本家の所得としての利潤は相対的に増加したという帰結が得られたであろうことは想像に難くない。つまり穀物法論争時のときの帰結と重商主義から自由貿易への転換は，ストルパー＝サミュエルソン定理によって主張される所得分配効果をもたらしたといえそうだ。もっともリカード自身が比較生産費説を提示したとき，かれが依拠したのはスミスと同様に労働価値説であった。このことは混乱を招来しそうではあるが，リカードの説とストルパー＝サミュエルソン定理とは1世紀以上も隔たっていることに留意されたい。

---

17) バーンスタインによれば，イギリスは1750年から現在まで労働と資本が豊富で，土地は乏しい（バーンスタイン，前掲書，426ページ）。繰り返すがバーンスタインによれば，ストルパー＝サミュエルソン定理によって含意されるのは，稀少な要素から得られる所得に依存する経済主体は保護貿易を好むのに対し，豊富な要素から得られる所得に依存する主体は自由貿易を好むことである。ウィリアムソンも同様の解釈から分析を進めている。ウィリアムソンによれば，一国（途上国もしくは周辺国とみなすばあい）が関税を課す動機として三つ考えられる。それは関税収入獲得動機，稀少要素への所得補償動機（ストルパー＝サミュエルソン定理），および幼稚産業論動機（輸入代替工業化）である。かくして一国が歴史過程の中で保護関税を課したとき，いずれの動機が最大に作用したのかを見極めようとする（Williamson, *op. cit.*: 225-228）。

194 第6章 サミュエルソンの自由貿易論と構造主義

　前述のようにイギリスは，19世紀半ばに保護主義から自由貿易への大転換を果たした。ときあたかも18世紀後半から始まっていた産業革命も一段落しようとしていた。当時の事情を開発論のコンテクストで考察したルイスに絡めて考えると，さらにおもしろいものが見えてくる。いうまでもなくルイスが用いたのは，余剰労働移動説である。産業革命の進行にともなって，農村から都市の近代的な資本制部門へ労働が無制限に移動し続けた時期でもあった。つまりこの時期（18世紀半ばから19世紀前半まで）は，ルイスによれば，労働賃金が生存維持レヴェルよりもいくらかましなきわめて低い水準の状態が永く続いたのだ。穀物法論争時はもとよりその時期に内包されており，19世紀の前半のいずこかで「ルイスの転換」が，すなわち資本制部門で賃金水準の上昇転換が見られるようになる。イギリスが保護主義から自由貿易へ本格的に転換するようになると，いよいよそうした傾向に拍車がかかったということになろうか。つまりそれは，ストルパー＝サミュエルソン効果と軌を一にしているということにほかならない。19世紀前半のイギリス経済においてそのような構造変化が起こった契機を，ルイス的なもしくは第3章に見たポランニー的な国内開発的要素に求めるのか，もしくはストルパー＝サミュエルソン的な国際貿易的要素に求めるのかという問題は，ひじょうに興味をそそられるが，ここではそこまで立ち入ることはしない。

　初期構造主義を代表する人物プレビッシュ＝シンガーの交易条件論[18]との関係についても，触れておかねばならない。もとよりプレビッシュ＝シンガー仮説は長期的交易条件の悪化を，一次産品の生産輸出に特化する途上国の経済発展の視点から主張したものである。交易条件といっても要素交易条件として捉えるなら，その言わんとするところがいっそう明瞭となる。つまりこの仮説によれば，一次産品の輸出から得られる所得は従来からの一次産品と工業製品との自由貿易を続けるかぎり減少する傾向にある，ということを含意する。新古典派に共通する自由貿易論においては，一次産品と工業製品との貿易から貿易に参加する国ぐにはいずれも利益を受け，とくに小国のほうがそれは大きい

---

18) Prebisch（1950）；Singer（1950）．ふたりのテーゼが提示されたのが，サミュエルソンの要素価格均等化定理とほぼ同時期であったことに留意されたい。

6.5 現在における評価——構造主義と学説史的視点から—— 195

とされる。リカードの比較生産費説がそれをとくに強調する。いうまでもなく
サミュエルソンはその路線に沿って，要素価格均等化を提唱した。つまり途上
国は自由貿易によって利益が得られるだけでなく，南北間で要素所得は平等化
するというのだ。途上国の一次産品部門における労働賃金と先進国の工業部門
における労働賃金は南北間の自由貿易によって均等化する，ということにほか
ならない。したがってこの論点についてはお互いに相容れないことになる。ま
してや構造主義をもっと過激にして展開された従属学派になると，完全に反自
由貿易であり，「不等価交換」や「低開発の発展」，および「デリンク」などの
術語が使用された[19]。かれらの推論によれば，南北間で自由貿易を進めれば
進めるほど，一方において途上国もしくは低開発国は貧困化の度合いが酷くな
るのに対して，他方において先進国は自由貿易の進行につれてますます富裕化
する。かくして従属学派やマルクス主義的思考に慣れ親しんでいる学者にとっ
て，サミュエルソンの存在は不倶戴天の敵なのである。なお言い添えておく
が，構造主義経済学者のプレビッシュとサミュエルソンは学説上対峙関係に
あっても，互いに一目を置いていた。というのは先にも述べておいたが，1977
年度と78年度のノーベル経済学賞候補としてプレビッシュをサミュエルソン
が推薦していたという事実から窺えるからだ[20]。その理由は途上国のための
開発論の理論装置を提示しただけでなく，それを国連貿易開発会議
（UNCTAD）という実践の場でいかんなく活用し，南北貿易世界において国
際協力政策——一次産品総合プログラムの大綱化や一般特恵関税制度（GSP）
の方向づけ——を実現させたことなどの功績が顕著だったことなどであった。
結果的には受賞までいたらなかった。おそらく主流派の新古典派流の自由貿易
主義とは相容れなかったどころか，むしろ保護主義的色彩が濃かったからであ
ろう。最終結果を見ると，開発論の領域では1979年度に構造主義のルイスと
新古典派のシュルツが受賞の栄誉に与ることとなった。
　貿易論の系譜においてサミュエルソンは，いま述べたように徹底して自由貿

---

19) いずれも従属学派を象徴する術語であり，順にアルジリ・エマニュエル，アンドレ・フランクお
　よびサミール・アミンの名前が思い浮かぶ。
20) Dosman（2010）：485-486. 当時プレビッシュを推した学者としてサミュエルソンの他にヤン・
　ティンバーゲン，ワシリー・レオンチェフおよびグンナー・ミュルダールがいた。

196　第6章　サミュエルソンの自由貿易論と構造主義

易主義である。前述のようにアメリカのケネディ政権下で経済政策ブレーンの
ひとりであった事情も，その点で得心がゆく。ケネディ政権はGATTのケネ
ディ・ラウンド（1964-67）を推進したことでも知られる。すなわちアメリカ
が，歴史上めずらしく自ら率先して輸入関税の引下げをシステマティックに実
施した。一連のGATTの多角的貿易交渉の中でケネディ・ラウンドは，成功
したレアケースであるといわれる[21]。21世紀になって開始されたドーハ・ラ
ウンドのばあい，まったくの不成功に終始している。それと対照的にケネ
ディ・ラウンドは成功裏に終わったのだが，その背景は自由貿易に対する堅牢
な信頼があったからだ。そのようなじっさいの貿易政策とサミュエルソンが貿
易理論において試みた精緻化とは，無縁ではなかろう。学界からのお墨付きを
得て貿易の自由化政策が実施されたとみることはじゅうぶん可能だろう。さら
にいうなら，サミュエルソンの揺らぐことのない自由貿易への信念は，あの大
恐慌を実体験したこと，およびそのときの保護主義の弊害——世界の各地域が
ブロック経済化してゆき，大規模な戦争へ突入していくプロセス——について
のかれなりの認識が見られたことも重要である。ハーヴァード大学ではガルブ
レイスや都留重人らとともに，シュンペーターの薫陶に与った。そしてかれら
は一様に，ケインズの『雇用・利子および雇用の一般理論』（1936）に圧倒さ
れる。

　歴史を動かすこととなったケインズによるこの著作は，シュンペーターの
『経済発展の理論』（1934）をも吹き飛ばす勢いを有するものであった。それ
は，フランクリン・ローズベルト大統領によって果敢に実施されたニュー
ディールの理論的バックボーンだったとされる。事実上，ケインズは歴史的な
成功を収めたのであり，以後ケインズ経済学は全盛期を迎える。ケインズ自身
は，第二次世界大戦の事後処理の国際経済体制を構築するにあたり一定の役割
を担ったが，かれの思惑どおりには事態は進まなかった。結果的に，アメリカ
主導のブレトンウッズ体制が拵えられた。アメリカを背景にして世界銀行
（IBRD）と国際通貨基金（IMF）が，そして関税及び貿易に関する一般協定

21）歴史的に見てアメリカはかなり保護主義の色彩が濃かったことを，ハジュン・チャンとジェフ
　リー・ウィリアムソンは指摘する［チャン（邦訳 2009）：44-62；Williamson, *op. cit*.: 216]。

6.5 現在における評価——構造主義と学説史的視点から—— 197

（GATT）ができる運びとなったのだが，そのいずれもアメリカの利害を代表するようなものであった。それだけアメリカがスーパーパワーだったわけだ。ケインズは世の中の変化を見ぬうちに他界した。最期はおそらく複雑な心境であったろう。なぜなら経済学全体としては『一般理論』の勝利だったけれど，国際政治の舞台ではアメリカに圧倒されたのだから。

　ところでこのような歴史的変化の中で，サミュエルソンはどのような位置にあったのだろうか。ここまでの議論からおおよそのことが想像されよう。すなわち大恐慌の勃発が大きな契機を与えたことは間違いない。ひとつは保護主義よりも自由貿易のほうが絶対的に優位にあることをいかに論証するかであった。かれの一連の貿易論における論文群は，その目的へ向けて生来の才能が発揮されたものである。それが自由貿易論のさらなる理論武装となって現われた。かれによる一連の定理はこのコンテクストの中で提示された。

　かれにとってケインズ経済学を従来の経済学にいかに取り入れるかが，次なる課題であった。その結果が新古典派総合となって現われた。どのようなときに国家は介入したらよいかという設問に対するかれの解答は，完全雇用が達成されていないときに財政政策と金融政策とを上手に組み合わせて完全雇用を達成するように経済を方向づけるとよい，というものであった。いわゆるポリシーミックスがそれである。完全雇用もしくはそれに近い状態がいったん達成されたとなれば，新古典派的な効率主義を重視する市場メカニズムへの信頼を中心とした政策へ転換するとよいというのだ。言い換えるなら，完全雇用が十分達成されない状態で新古典派的な市場原理主義に沿った政策をおこなうのは誤りであるということになる。1980年代以降，アメリカをはじめとして日本やその他の世界においても，新古典派の新規ヴァージョンである新自由主義経済学がその他の諸学派を圧倒した。そしてサミュエルソン流のケインズ経済学を取り入れた新古典派総合の考え方も，あたかもいずこかの片隅に追いやられたかのようであった。新自由主義経済学によれば，マクロ経済の安定とインフレ退治が第一義的優先順位を有するものであって，雇用問題を顧慮する余地は与えられず，もっぱらマネタリズム流の通貨供給を中心とし，なるべく財政出動に頼らない運営が望ましいというものであった。それゆえ完全雇用の達成どころではなかった。結果的に失業含みの格差現象がどんどん大きくなっていっ

198 第6章 サミュエルソンの自由貿易論と構造主義

た。それでも弱者であるところの大量失業の存在になんら眼を向けることなく、IT関係者や金融派生商品を中心に運用する金融関係者を優遇するような政府の存在に国家の役割が貶められたのである。この段階にいたると、完全に反ケインズ的であり、結果的に反サミュエルソン的である。アメリカであろうと日本であろうと、新自由主義政策が推進された結果、経済格差がすなわち所得分配の不平等がますます大きくなり、実質的失業者[22]は増え、デフレスパイラルへと急降下現象が見え始めるにいたった。

そもそもサミュエルソン流の新古典派総合の考え方は、経済学界においては1970年代初期まで妥当とされてきた。1970年代にニクソン・ショックと2度の石油ショックが起こり、それまでの財政金融のポリシーミックスは簡単に効果を上げられなくなっていた。スタグフレーションの発生が、大きな障害となった。そして1970年代にマクロ経済の混沌とした状況を経験してのち、経済学の主流は新古典派的な新自由主義経済学へと代わったのだった。しかし経済学のパラダイムのそのような交代がすべてを解決したわけではない。1980年代から2000年代にわたり、断続的にバブル経済と不況を経験する[23]。この期におよんでは、まったくケインズやサミュエルソンの教えを無視したかのようであった。もともとのかれらの教えは、完全雇用の達成を優先すべしというものであり、次に適度の経済成長、物価安定、そして国際収支均衡という順序であった。加えて累進所得税制や失業保険制度などのビルトインスタビライザーも整備された。新自由主義の時代は正反対であり、完全雇用も所得分配の均等化政策も軽視された。とうぜんのごとく格差はひどくなる。不況の程度も悪化する。その帰結がデフレスパイラルである。

とくに日本において、ケインズ政策の時代、およびその後の時代においても、財政政策が適正に運営されることは稀だった。なんとなれば景気の落ち込みが見られるときに公共事業を中心とする財政出動は妥当とされるけれど、景

---

22) いま多くの国において非正規雇用の概念が便宜的に使用されているが、それはアルバイトやパートの形態で一定期間に少しでも働いたばあいも含まれる。事実上、正規雇用に就きたくても就けないというのは、実質的失業にカテゴライズされてしかるべきである。

23) そのへんの事情については、スキデルスキー（邦訳 2010）の第5章「ケインズ革命は成功か失敗か」が詳しい。

気が良好に推移しているときも不景気のときと同様につねに公共事業がおこなわれがちであった。いうなればそのようなことを続けるため，しかも財政赤字の中で国債を発行し続けたので，財政赤字状態が日常化し，どんどん累積していったのだ。ほんらいのケインズ経済学によれば，好景気のときは財政出動を控えるべきなのである。好景気のとき，民間の経済が潤うのを公務員社会は傍観しているわけにもいかず，人事院勧告というお墨付きのもと給与体系を民間に合わせるという愚をやってのけることにも余念がなかった。そのようなことが慣習化したことも，財政赤字を悪化させたといえる。ケインズ政策が適正に運用されればよかったのだが，そこに官僚組織側の既得権保持への願望が加わり，ケインズやサミュエルソンが構想したとおりにはいかなかったというのが日本の実情であった。

　ともあれ 2007 年から 2008 年にかけてアメリカで発生した金融危機が，新自由主義経済学を終焉させるうえで決定打となった。途上国や新興国の世界では，それに先立つ 1997 年から 2001 年にかけてのエマージング・マーケットにおける経済危機の発生が，すでに新自由主義を後退させていた。バブル現象からその崩壊と不景気の深刻化へと続くプロセスは，時と場所を代えて継続的に起こった。まず 1980 年代後半から 1990 年代初頭まで日本でバブル現象が起こり，その後一転して日本経済は 10 年をゆうに超える長期不況に陥る。1994 年から 95 年にかけてメキシコでテキーラ危機が起こり，その後メキシコ経済は停滞した。それは，アメリカ側の経済統合へ向けてのプロセスが進められたことと無縁ではない。北米自由貿易協定（NAFTA）としてそれは知られるが，件の経済統合過程はアメリカにとって有利でもメキシコにとってはそうでなかったことが，図らずも実証されたのだった[24]。その後の展開は米墨関係において，アメリカ側のヒスパニック化現象というかたちで現出することとなる。そして 20 世紀末の東南アジア一帯で生じた経済危機であり，世紀を跨いでロシアやブラジル，アルゼンチンへと金融危機は飛び火した。そしてアメリカでのサブプライムローン問題とリーマンブラザーズ，ゼネラルモーターズ

24）そのへんの事情については，吾郷（2010）の第 5 章「NAFTA（神話）とメキシコ経済の現実——NAFTA の十四年——」を参照されたい。

200　第6章　サミュエルソンの自由貿易論と構造主義

(GM) の経営破綻へと続くアメリカ自体の金融危機である。さらに 2010 年代になってヨーロッパにおいて経済危機が訪れる。それは，EU の中で相対的な後進地域とされる国ぐに PIGS （ポルトガル，アイルランド，ギリシア，スペイン）においてだった。とくにギリシアの財政危機が世界の注目を集めた。そしていまなおそれは燻ぶり続けている。この一連の出来事に新自由主義が一枚も二枚も絡んでいたことが，しだいに明らかになった。数ある自由化政策パッケージの中の資本の自由化，これである。なにもかも自由化することが良いことであり，貿易の自由化に飽きたらず資本の自由化をもどんどん推進していったことが，破滅の原因であった。そこにはとくにアメリカの金融勢力の利害が関与していた。言い換えるならば，資本の自由化へ向けてのグローバルな制度変更を背景に，主要な金融機関はグローバルな次元で投機活動を演出し，そこに埋没していった多くの市井の人びとを犠牲にしながら自らは肥え太ってゆくというようなものであった。代表的なケインジアンのひとりであるスティグリッツが，その点を痛烈に批判した [25]。

　サミュエルソン自身，筆者の記憶によれば，すでに早くからアメリカのダウ平均株価が 8000 ドルを超えた局面がバブルであると認識していた。ここまでの議論から明らかなように，かれ自身は新自由主義の風潮に対して批判的スタンスであり続けた。アメリカで政権交代が起き，グリーン・ニューディールと称される現代版ケインズ政策が復活した。中国などのように依然として経済インフラが不足している国において，大規模な公共事業が実施された。それもグローバルな次元でのケインズ政策の復活だったといえる。

　ともあれサミュエルソンのばあい，貿易論においても新古典派総合においてもケインズの存在と大きくかかわっていたことが，ここまでの議論から明らかであろう。前者は大恐慌を引き起こしたおもな要因として保護主義の存在を見出したことから，それを徹底的に批判するという意味で自由貿易の妥当性を理論的に深める仕事に執念を燃やしたことに，見てとれる。そこには，ミクロ経済学の数理経済学的手法がふんだんに使用された。後者は，ケインズの『一般

---

25) スティグリッツ（邦訳 2010）参照。スティグリッツはこの書によって，アメリカ主導の新自由主義的な経済政策が世界中に害悪をもたらしたことを辛辣に批判した。

理論』から影響を受けそれをサミュエルソン流のマクロ経済学としてまとめ上げ，新古典派総合として結実した。好むと好まざるとにかかわらず，いずれも世界の経済学界に多大なる影響をおよぼしたことはもはや周知のことである。

6.6 結 び

　繰り返そう。好むと好まざるとにかかわらず，サミュエルソンは偉大な経済学者であった。経済学の世界を大きく類型化してみよう。市場原理主義的でフリードマン流のマネタリズムもしくは供給重視型経済学派を最右翼として位置づけ，修正資本主義的なケインズ経済学を中心にすえる需要重視型経済学派を真ん中に置き，階級闘争的視点もしくは史的唯物論的見方を旨とするマルクス経済学派を最左翼に位置づける。そのばあいサミュエルソンは，真ん中からやや右よりに位置づけられる。貿易論の分野においては，徹底的な自由貿易主義である[26]。かれが若い時分に著わした論考から順に掲げてみると，貿易の一般均衡理論，ストルパー＝サミュエルソン定理，要素価格均等化定理となる。管見によれば，理論的抽象レヴェルは最後のものが最高である。自由貿易論を唱えるその後の学者らによって，これらの理論はさらに拡張されつつある。財と要素の数をさらに増やして考察するというのが典型例であろう。自由貿易を推進すればするほど，国際間で所得分配の平等化が進むというのが要素価格均等化定理の一側面なのだが，それは言い換えるなら新古典派のいうところの収斂化問題ともつながってくる。1970年代以降，新古典派が気勢を上げることとなるひとつの現象として途上国のNICs化が挙げられるが，それはまさしくかれらにとって収斂化として映ったのだった。かれらの論理によれば，NICsは自由貿易体制をいっそう強化したがために，言い換えるなら比較優位の原理に則って輸出指向工業化を中心にすえた戦略を遂行することによって成功したのであり，その結果NICsは経済的豊かさにおいて先進国に接近すること

---

26) ここにたいへんおもしろいエピソードがある。若手学者から「社会科学の中でいかなる命題が真理でありかつ揺るぎないと思うか？」と問われたとき，サミュエルソンはリカードの比較生産費説だと答えたという。そこにかれの自由貿易に対する信仰が窺われるであろう（Samuelson 1995：22）。

202　第6章　サミュエルソンの自由貿易論と構造主義

なったということなのだ。サミュエルソンはそれを理論面で裏づけた，という評価になる。ただしNICs化現象については，とくに東アジアの韓国や台湾のばあいその成長過程において国家の果たした役割が大きかったことが，もしくは多様な種類の規制が加えられていたという事情が幾人かのやや左派系の政治経済学者によって主張された[27]。

　サミュエルソンによる新古典派総合は，文字通りケインズ経済学がその基礎にある。それは貿易論と直接関係しないけれど，別の意味で重要である。1970年代前半までのケインズ経済学全盛の時代，いわゆるサミュエルソン経済学が一世を風靡した。1970年代半ばからのスタグフレーションの進行にともなってケインズ経済学は退潮し，それに代わって新自由主義経済学が大手を振るうこととなった。いうなれば供給重視型の右派経済学が幅を利かすようになったのである。新自由主義全盛の時期においてもいろいろな矛盾が発生し，結果的にこれも退潮の憂き目にあう。そして現在にいたるのだが，グローバルな次元での不況の広がりとともにケインズ経済学が復権するにいたった。ただし完全な復権ではない。部分的復権といったほうが正しいかもしれない。お馴染みの表現を用いるなら，ワシントン・コンセンサスの時代からポスト・ワシントン・コンセンサスの時代へ移行したということだ。なにせ時代は進み，過去には見られなかった事象がいろいろなかたちで起こっているのだから。ケインズのパースペクティヴによれば，それは不確実性問題として捉えられる。ただし新自由主義が勢力を誇示したときに市場の暴力もしくは金融の暴力が跋扈したことは紛れもない事実であり，それを封じ込めるのはケインズ経済学に内在する規制の強化である。その点については，いまは亡きサミュエルソンも同意見であろう。

―――――――――――

27) その代表的学者はアムスデンとウェイドである。前者は韓国について，後者は台湾についてそれぞれ分析した。これらの国や地域の高度経済成長期に国家介入の度合いがいかに大きかったかを主張した［Amsden 1989；ウェイド（編訳 2000）］。開発論においてこのふたりが果たした学説上の役割については，テイラーによる論考が示唆的である（Taylor 1998：204-206, 2004a：370-372）。

第 7 章

南北間格差の歴史構造

7.1　はじめに

　世界経済における格差現象[1]について考えるとき，現状を輪切りにした表現として南北問題という術語がよく用いられる。それはとくに1950年代から60年代にかけて，普遍的な表現として使用された。すなわち一方において経済的に富裕な国や地域があるのに対して，他方において貧困にあえぐ国や地域が厳然と存在し，とりわけ後者の苦界をいかにして国際協力のもとで取り除くかについて議論された。1960年代半ばに発足した国連貿易開発会議（UNCTAD）が象徴的存在であった。それを起点に国際開発問題としての南北問題の解消が議論され，さまざまな方策が提案されたけれど，結果的に抜本的解決にはいたらなかった。言い換えるなら，いまなおそれは深刻な課題であり続けているのだ。

　そこで本章ではそれについてもっと史的に深遠な視角から，つまり歴史構造主義の視点からこの問題の源泉を考えることとする。

　これまでのところ分野の違いを問わず，共通に認識されているのは，政治経済面における北西ヨーロッパの興隆が大航海時代からなのかそれとも産業革命

　1）格差もしくは不平等の問題を世界的視野で捉えた代表的研究は，コリアー（邦訳 2008）であろう。コリアーはその中で世界の最底辺人口はおよそ10億人であり，とりわけアフリカの内陸国に集中していると述べる。また世界経済史における格差問題をあつかった研究としては，クラーク（邦訳 2015）がある。なお近年は，先進国内の格差現象に焦点を当てた研究が話題を集めている。たとえばピケティ（邦訳 2014），アトキンソン（邦訳 2015）およびミラノヴィッチ（邦訳 2017）がそれに該当する。アメリカ国内の格差事情についてはスティグリッツ（邦訳 2012）を見よ。真新しい着想として，パルマ比率（上位10％の所得階層の所得と下位40％の所得の比率）が注目されている（Palma 2011, 2016a）。2015年9月に国連で採択された「持続可能な開発目標（SDGs）」の第10項目に，「各国内及び各国間の不平等を是正する」と掲げてある（外務省仮訳 2015）。

204 第7章 南北間格差の歴史構造

期からなのか，はたしていずれなのかという問題である。言い換えるなら
1500 年ぐらいに格差の源泉を求めるのか，もしくは 1800 年ぐらいにそれを求
めるのかということだ。大航海時代について簡単に素描してみよう。管見によ
れば，北西ヨーロッパの興隆の契機となったのは，イベリア半島におけるレコ
ンキスタ（国土回復運動）に求めることができる。それは長年続いていたイス
ラム教徒による政治支配――およそ 800 年にわたりアル－アンダルス[2]として
文化社会面においても発展し勢力を維持していた――から，イベリア半島をカ
トリック教徒によって奪還することを意味した。象徴的歴史上の人物としてカ
トリック両王といわれたカスティーリャ女王イサベル 1 世（在位：1474－
1504）とアラゴン王フェルナンド 5 世（在位：1479－1516）との結婚（1469）
が，歴史上の決定的岐路[3]であった。なぜならそれによってカトリック両国が
一体化し，強大な国家スペインとしてイベリア半島からイスラム教徒とユダヤ
教徒を一掃することにつながったから。そしてそこが大航海時代の幕開けとな
る。あのコロンブス（1451－1506）の大航海の後援者としてカトリック両王が
いたことは，周知の事実である。くしくも 1492 年は，コロンブスの第 1 回目
の航海とレコンキスタの成就がなった象徴的な年である[4]。

　他方においてポルトガルでは，マヌエル 1 世（在位：1495－1521）の後援の
もとでヴァスコ・ダ・ガマ（1460－1524）が，喜望峰経由でインド洋方面への
大航海へと出帆する。それはコロンブスよりやや遅れるが，時代としては世紀
の変わり目でほぼ同時期であった。ポルトガルをしてそのようになさしめた重
要な歴史的背景として挙げなければならないのは，オスマン＝トルコによるビ
ザンチン帝国の征服（1453）である。それ以前は陸路での輸送交易は相対的に
安全であったが，トルコの勢力範囲が拡大するとなれば，安全は保障されな

2）実質的には，700 年代前半からおよそ 800 年間にわたりアラブ人がイベリア半島を支配した。
　カーランスキーによれば，同時期のヨーロッパ世界に比してアル—アンダルスは，文化・文明のい
　ずれにおいても抜きんでた存在だったという。もっとも 1400 年代になるとじょじょに衰退して
　いったが。カーランスキー（邦訳 2016）の第 4 章「美しい紙の都市ハティバ」参照。
3）この術語についての詳細は後述することになるが，アメリカ新制度学派のアセモグル／ロビンソ
　ン（邦訳 2013）の随所で使用されている。
4）レコンキスタの最終結点としてムスリム最後の都市グラナダの降伏を意味する。じつはすでに
　13 世紀中にキリスト教徒は，バレンシア，セビリャ，および大都市のコルドバをイスラム教徒か
　ら奪還していた。カーランスキー，前掲書，112 ページ参照。

かった。その結果地政学的な見方からしても陸路ではなくて，海路を選択する方へ向かったといえる。かくして一方は大西洋経由で，いまでいうところのアメリカ方面，他方はアフリカ経由のインド洋方面であった。ガマの航海の目的はインド洋地域において当時商業貿易における実権を掌握していたイスラム商人を一掃して，ヨーロッパ商人によって取って代わることであった[5]。そのために殺傷力が高い大砲や火器の使用も躊躇することはなかった。そうすることでヨーロッパ人によるインド洋貿易が切り拓かれていったのだった。ポルトガルにとってみると，それまでイスラム世界を経由してしかアジア物産を入手できなかったのが，インド洋地域に直接踏み込んで香辛料や染料，絹，磁器などの嗜好品を入手できるようになることを意味した。とくに香辛料を直接輸入できたことが重要な意味をもった。当時の香辛料はいまと違ってヨーロッパ人にとって至高の価値を有するものであった。なぜなら伝統的に食肉文化のヨーロッパにおいては，肉の保存のため悪臭を消すための強力な香料の使用がそれ相当の価値をもっていたからだ。それゆえ香辛料は相対的に高価であった。当時はアジア物産をめぐる交易は盛んであったが，ガマの航海を契機にヨーロッパ商人がイスラム商人に対して相対的に優位に立つこととなる。前述のように，目的を達成するために武力の使用も辞さなかった。ポルトガルはインド洋地域の要所に堅牢な要塞を築き，カトリックの布教に余念がなかった。一連の交渉過程において自らの国益にかなう交易が得られないときは，惜しげなく武力に訴えたのだった。近代初期までそのような傾向は色濃く見られたが，いわゆる貿易と武力の行使はひとつのセットだったとみなすことができる。強大な国家を背景にもつところが，相対的に有利な貿易を手にしたといえる。インド洋地域についていえば，ポルトガルのあとにオランダが，そしてイギリスが武力を用いて対アジア貿易を有利なものにしていった。ここで宗教と武力，貿易という三つの要素の相対的ウェイトがこれら主要国において異なる性質を帯びていたことに注意する必要がある。いずれかといえばポルトガルのばあい，貿易の重要性もあったけれど，宗教と武力行使のほうに力点がおかれた。それに対してオランダとイギリスのばあい，強大な武力を背景にした貿易のほうの

5）ガマが果たした歴史上の役割については，クリフ（邦訳 2013）参照。

206　第7章　南北間格差の歴史構造

ウェイトが大きかった。さらに18世紀後半から始まる産業革命が追い打ちを
かけ，圧倒的生産力を擁する経済力に恵まれたイギリスが，その有利な地位を
いっそう鮮明化したのだった。そのような傾向は19世紀の後半がとくに強
かった。なぜならイギリスはそのときすでに，かつて思想面で優勢だった重商
主義を捨てて自由貿易体制へ移行していたからだ。

　このようにみてくると，1800年あたりが分岐点であるという捉え方につな
がってきそうなので，ここでは1500年説のもう一方の主役スペインについて
確かめておこう。

　いうまでもなくコロンブスの航海は，ヨーロッパ人による南北アメリカの
「発見」へとつながる。そしてその後の展開をみると，それは功罪相半ばする
ようだ。ひとつの例を挙げるなら，コロンブスはカリブ海地域にサトウキビの
苗木をもってきたのであって，そのことがやがてこの地域に大きな影響をおよ
ぼすこととなる。とどのつまりそれは奴隷貿易と奴隷制を基礎にしたサトウキ
ビ・プランテーションの発展，そしてそこでの労働形態は征服された民である
ところの奴隷労働から始まり，アフリカから強制的に連れてきた黒人奴隷，
ヨーロッパから連れてきた年季契約奉公人，さらには中国人や日本人，インド
人などアジア系の移民労働がそれぞれ使用された。否，それだけではない。コ
ロンブスら大航海時代の役者たちが主たる目的としたのは，カトリックの布教
とともに貴金属の掠奪であった。金や銀など鉱物資源の採掘においても，征服
された民であるところの先住民の奴隷労働力と，アフリカから連れてきた黒人
奴隷が使用された。かくして鉱山労働にせよ，プランテーション労働にせよさ
まざまな人種や民族が入り乱れての経済活動だったので，やがて混血が混血を
よぶというのがこの地域のひとつの特色となっていく。ペニンスラール，クリ
オール，メスティソ，ムラートおよびサンボというように 6)。

　かくしてコロンブスの大航海に端を発する南北アメリカの政治経済社会構造
は，文化面ではカトリックの布教，政治経済面では金や銀など貴金属のシステ
マティックな獲得，というよりもむしろ掠奪を目的とした一連のビヘイヴィア

---

6) ペニンスラールはヨーロッパ（とくにイベリア半島）生まれで「新世界」に新天地を求めた者，
クリオールは「新世界」で育ったヨーロッパ系白人，メスティソは白人と先住民との混血，ムラー
トは白人と黒人との混血，そしてサンボは先住民と黒人との混血を意味している。

によって歴史的に規定されていった。政治社会制度としてはエンコミエンダ制、レパルティミエント制もしくはミタ制がよく知られている[7]。スペインとポルトガルは 1496 年のトルデシリャス条約によって、世界における勢力範囲をいうなれば恣意的に二分した。南北アメリカについては、周知のようにブラジルのみがポルトガルのそれとされた。ポルトガルにとっては、インド洋地域が主たる活動範囲となる。スペインとポルトガルの 2 国にとって、前述のレコンキスタがおもな契機となったことはたしかである。すなわち異教徒の一掃とともにカトリックの布教が公式の目標とされた。しかし一連の事業に携わる者の本音は、貴金属やアジア物産の獲得であった。そのためには武力に訴えることを厭わなかった。

大航海時代にカトリック両国の行動によって周辺地域の原初的構造化が形成されたのだが、その傾向に拍車をかけたのは、北西ヨーロッパにおいて他に先駆けて進行した産業革命である。いうなればそちらのほうに重きを置くのが 1800 年説である。

産業革命は 18 世紀後半からイギリスにおいて始まったとされる。管見によれば、同様の革命はかなり次元が異なるものの現下の中国で進行中である。イギリスの産業革命の進行の度合いは現在から見ると、かなり遅々としたものであった。19 世紀半ばまでおよそ 100 年もの時間を要した革命は、年率 1% 程度の成長率だったとされる[8]。ところが先発国の後を追い上げる後発国のそれは、後発であればあるほど成長の度合いは急速となる。ここ 10〜20 年の中国

---

7) 征服から間もないころはレパルティミエント制であった。この制度は征服者(コンキスタドール)がその功労として先住民と土地、生産物が直接的に分配されるというものだったが、先住民の奴隷化が露骨すぎたため、スペイン王室はエンコミエンダ制を導入することとなる(1503)。それは一定の領域内に住む先住民が委託され、かれらから租税を徴収し一定期間使役する権利を与えるもので、かれらをカトリックに改宗する義務を負うというものであった。王室は正面からの先住民の奴隷化を好まなかったが、実質上は完全に奴隷化であった。同様の制度は、ボリヴィアとペルーではミタ制とよばれた。これらの歴史事情の詳細は、細野(1983)の 13-22 ページ、およびアセモグル/ロビンソン(前掲)の 38-46 ページ参照。

8) 代表的経済史家のポール・ベロックやアンガス・マディソンらによって編纂された史料において、これは共通に見受けられる史実である。たとえばマディソンによれば、あつかっているスパンは長いが 1500-1820 年間のイギリスの年平均成長率は 0.8% でヨーロッパ諸国の中で最高であった。なお同成長率は 1820-70 年間が 2.05%、1870-1913 年間が 1.90% であった(Maddison 2001：262)。

の事情を見るとよい。かつてガーシェンクロンが主張した「後発性の利益[9]」というものであろうか。ともあれ後から追い上げる後発工業化の過程で実質的な産業革命を経験したかどうかによって，国ぐにの明暗は分かれることとなる。いうなればイギリスやベルギーが第一世代であり，アメリカ，フランス，ドイツ，そして日本などが第二世代である。つまり，近代化の過程において産業革命を経験した国ぐにが第二次世界大戦後に先進国になったといえる。かくして国際社会で先進国として認められるということは，公式上は経済協力開発機構（OECD）に正規加盟する形をとることだった。

　ここで問題になるのは，イギリスの産業革命がなった背景にはどのような諸力が作用したのだろうか，もしくはどのような社会勢力が主導したのかという視点である。それは西洋史学会において重要な争点であり続けている。ここでは開発論の視点を加えて，簡単に論じておきたい。ひとつは北西ヨーロッパにおいては，産業革命に先立って農業革命が起こっていたという史実である。よくいわれるのは，中世から一般化していた三圃式農法に代わって輪作農法が普及したことだ。それによって農地の生産性がかなり向上した。やがてそのことは人口増加の余地を与えることとなる。ただしその程度は緩やかなものであった。むしろ産業革命期に大幅な増加が見られた[10]。農村から都市へ向かう大量の労働移動がもたらしたさまざまな問題のため，その移動は調整されながら近代化のプロセスが進行したのだった。社会制度面での対応で有名なのが，救貧法もしくはスピーナムランド法の段階的改定である[11]。低賃金労働者のプールを背景に維持しながらの工業化であった。その過程については，開発論

9）この概念については，ガーシェンクロン（編訳 2005）の 89-90 ページ，および同（新訳 2016）の 382 ページ参照。

10）このような見方を前面に押し出して論じたものにクラーク（邦訳 2009）がある。クラークは 1800 年以前と以降とで産業革命の経験の有無によって，人類の歴史はなにもかも大きく変わったとみる。すなわち産業革命を経験した国では，1800 年以前は死亡率と出生率がほぼ均衡している「マルサスの罠」が支配的だったのに対し，それ以降出生率の増加のほうが圧倒するようになる。そのときが，産業革命を経験しなかった国との大きな分岐を示すという。同書 14-15 ページの図 1.1 参照。

11）この側面をとくに強調したのがカール・ポランニーである。ポランニー（邦訳 2009）の第 7 章「スピーナムランド法——1795 年」，および第 8 章「スピーナムランド法以前と以後」参照。なおこのことが開発問題にどのようにかかわってくるのかについては，本書の第 3 章を参照されたい。

7.1 はじめに 209

におけるルイスの余剰労働移動説が最も説得的である[12]。いうなれば生存維持レヴェルに限りなく近い低賃金水準が長い間続いたのであり，やがてそれは上昇する運命にあった。そのような変化が見られる局面を「ルイスの転換点」という。この分析装置は現下の中国にもそのままあてはまる。中国においては，まさしくそれが進行中なのだ。ただしこれまでの中国は「経済特区」という真新しい枠組みを準備したうえでのものである。さらにいうなら赤松要（1896-1974）と小島清（1920-2010）によって提唱されて体系化された学説「雁行形態論[13]」に則って，東南アジアの国ぐにはさらに後発工業化の過程にあるというのが一般的見方であろう。前章までの議論から明らかなように，この種の開発戦略は開放経済型工業化と，いまではよばれる。

　かくして産業革命という先鞭をつけたのがイギリスだったことは，紛れもない事実である。ではなぜイギリスだったのか。この問いに対する解答は，学派ごとに明瞭に分かれる。歴史家の間では，それを主導したのは中産的社会階層だったのかもしくはそれより上層のジェントルマン（準貴族）階層だったのかによって分かれる。日本国内の学界動向に眼をやると，一方において前者を代表するのがマックス・ヴェーバーの着想に触発されて自身の学説を打ち立てた大塚久雄の立場──いわゆる大塚史学とよばれるもの──であり，他方においてそれを批判してジェントルマン主導説の立場をとったのが越智武臣もしくはその流れを汲む川北稔である[14]。じつはこれを別角度からみると，前者は国内の社会階層分化の属性に起因するという立場であるのに対して，後者は海外からの収奪──ウォーラーステインによって提唱された近代世界システム論を

---

12) Lewis (1954). なお Lewis (1955) は外国資本の誘致を通しての工業化を受入国政府がいかに管理するかについて展開していて，1960 年代のラテンアメリカにおいて開発政策面で影響を与えただけでなく，現下の中国における外資誘致政策もルイスの路線に沿うものとみなすことができる。

13) 日本の繊維産業の工業化過程について赤松は統計的に跡づけ，そのプロセスのトレンド線があたかも雁が群れを成して飛翔する姿に似ていることから，そのように名づけた。1960 年代半ばに国際経営学の分野でヴァーノンのプロダクト・サイクル説が流行しつつあったことから，小島清は赤松説をキャッチアップ型プロダクト・サイクルとして意味づけた。その経緯について小島は自身の著作において詳述している。小島 (2003) の第 1 章「雁行型経済発展論──再吟味・再評価──」参照。

14) この論点についての研究文献は膨大である。ここでは代表的な研究のみ挙げておく。まず大塚史学を途上国（アフリカ）に応用したものとして赤羽 (2001) があり，ジェントルマン資本主義に焦点を当てた研究に川北 (1983) およびケイン／ホプキンス（邦訳 1994）がある。

210 第7章 南北間格差の歴史構造

背景にしている——に起因するという立論なのである。なお経済学の主流派である新古典学派はスミスからの伝統を受け継ぐ自由貿易主義であり，ヴェーバーの発想であるエートスの存在を無視する純粋経済学の立場である。したがって新古典派のばあい，その拠って立つ視点はまったく別物なのだ。すなわちこの学派のばあい，前章にみたように，保護主義に比して自由貿易のほうが一国にとっても世界全体にとっても利益を生むという信仰が強い。

しかしこのことについて，幼稚産業論を提唱したフリードリッヒ・リストや現在の気鋭の学者ハジュン・チャンはどのようにみたのかに眼をやると，近代化もしくは工業化を産業革命によっていち早く成し遂げたイギリスは，産業革命を段階的に成就してゆく過程においてとてつもない保護主義である重商主義が幅を利かせたが，19世紀半ばに自由貿易へ大転換した——穀物法の廃止（1846）と航海法の廃止（1849）によって具体化された——とたんに，その勢力範囲を中心として自国以外の諸地域に自由貿易を強要することとなる。それは「はしごをはずせ」という言葉に象徴的に表されている[15]。その意味するところはこうだ。イギリス自身は，遠い昔から毛織物工業と綿織物工業とを，さらには造船業や機械工業などを重商主義というとてつもない保護主義の下で育成し，競争優位に立ってから手のひらを返したように自由貿易を唱えるようになり，自身が経てきたような経験を有していない国に対してもその歴史過程を無視して自由貿易を強要するというものであった[16]。このことを裏返していえば，当時のイギリスにとって徹底的に自由貿易を世界に広めることが自国産業にとって最大の保護になるということなのだ。つまりどこかその他の国が工業化を推進することにより先発国のイギリスを追い上げる芽を，イギリス自身が積極的に働きかけて早いうちに摘んでおこうということであった。その目的のために圧倒的な武力に訴えた。そのようにして構築されたのが，19世紀

---

15) リスト（邦訳 1970）においては，422 ページに「趨勢の頂点に達すると，そこへよじのぼるのに使ったはしごをうしろへ投げ捨てて，他人があとからのぼってくる手段をなくすということは，ありふれた処世術である。」と記述されている。チャンはこの部分をとくに強調しようということから，それを著作のタイトルとした［チャン（邦訳 2009）］。

16) チャンはイギリス経済史について，15 世紀末のヘンリー7世の時代から 17 世紀初頭のエリザベス1世の時代まで時間をかけて毛織物（羊毛）工業を保護したことを強調する（Chang 2007：40-43）。

のパックス・ブリタニカである。つまりその拠って立つ経済的基盤は、イギリス自らを世界の工場とし、自国以外の諸地域を一次産品の供給基地にするという位置づけであった。すなわちこのことはウォーラーステインのいう近代世界システム論と一脈通じるところがある。

このようにみてくると産業革命の経験の有無が、国や地域が富裕であるか貧困であるかを規定する決定的要因ではなかろうかとの帰結に到達しそうである。たしかに現在先進国になっている国や地域は、その歴史過程のいずこかで産業革命を経験したところなのである。イギリス以降では、19世紀後半からのアメリカやドイツ、フランス、および日本などがそうである。そして20世紀半ばからは韓国や台湾、香港、シンガポールが、そして現在では中国やインド、ブラジル、ロシア、南アフリカ共和国のケースについて、同様のコンテクストで考えることができよう。

7.2 貧富の差を決定するものはなにか

一国が富裕であるか貧困であるかを規定する要因はなんであろうか。この問題をめぐっては古くから議論されてきた。全般的な系譜をたどってみると、次のように要約できるだろう。最初に考えられたのは、南北問題という術語に含意されるような地理的要因である。古典をひもとくと18世紀半ばにモンテスキュー（1689-1755）がそれに言及している[17]。それは自然地理に根ざす気候要因に求める考え方である。現在も直感のレヴェルでそのような想いに囚われる傾向がないでもない。すなわち南側の相対的に暑い地域においては、学習するにせよ仕事をこなすにせよ、勤勉に取り組もうとする姿勢が減退気味となろう。じっさいにうだるような酷暑に見舞われる南の地域に滞在すると、なにをするにしても意欲が損なわれるような感覚に襲われる。先進国のようにエアコンディショナーが備わっていないとなれば、なおさらだ。しかし日本を筆頭

---

17) モンテスキューは主著で地理的要因について述べている［モンテスキュー（邦訳 1989）〈上巻〉68-69ページ、同〈中巻〉105-115ページ］。なおアセモグルらもこの点を指摘している（アセモグル／ロビンソン、前掲書、85ページ）。

212　第 7 章　南北間格差の歴史構造

に季節により相当レヴェルの不快指数をともなう東アジア地域においては，そのような気候条件が付随するとしても，かなりの程度の経済発展を達成したではないか。もっとも蒸し暑い気候が恒久的に続くわけではなくて，日本のような国は，いわゆる四季が訪れる。経済発展がなかなか進まないところでは，そのような四季は存在せず，一年は雨期か乾期かのいずれかに分かれるようだ。

そのような見方を発展させると，和辻哲郎（1889－1960）の『風土』が連想される[18]。和辻によれば，国や地域の社会経済発展の基礎となる個々の人間の気質を規定するのは気候風土である。そのことはたいへん有名な話だが，和辻自身によるオリジナル版とは順序が入れ替わるけれど，世界の地域をヨーロッパ的牧場型，東南アジアや南アジアに見られるモンスーン型，およびアラブ世界に見られる砂漠型に類型化して捉えた。

その個所はいたって関心をよぶところなので，やや長くなるが引用してみよう。まずヨーロッパの牧場型。要約すると次のようになる[19]。

一般風土としてヨーロッパは雑草がない。地中海の温度は大洋の影響を受けないために，ひじょうに暖かい。潮の干満も穏やかである。地中海は古来交通路であり，そうしてそれ以上のなにものでもなかった。それに対し日本の海は，まず食物をとる畑であって，交通路ではなかった。地中海は島が多く，港湾が多く，霧がなく，遠望がきく。7 か月ぐらい好天が続き，天体による方位の決定が容易で，風も規則正しく，陸風と海風との交代も規則正しい。譬えていえば，地中海は海の民族にとっての子供部屋だといわれる。ローマとカルタゴとの激しい戦いもこの海が交通路でなかったならば，起こらなかっただろう[20]。

夏は乾燥で冬は湿潤であると，雑草を駆逐して，全土を牧場たらしめる。したがって農業労働が必然的に異なる。日本の農業労働の中心が草取りであるのに対し，ヨーロッパでは，雑草との戦いは不必要で，土地はひとたび開墾すればいつまでも従順で人間にしたがう。それゆえに農業労働には自然との戦いと

18）和辻（1979）参照。単行本の初版は 1935 年。なおこの書に注目して経済発展論を展開した研究に加藤（1986）がある。

19）和辻，74-144 ページ。

20）同書，77，79，82-83 ページ。

いう契機が欠如しており，人間は怠け者になりがちである。さらには大雨，豪雨が少なく耕地は肥沃である 21)。

　かくしてヨーロッパでは自然が従順であるということは自然が合理的であることを意味し，そのようなところでは自然科学が発達する。そして自然が従順であるということは自然が人びとの生活を脅かすことはなく，規則正しく農産物を生産できることになる。しかもヨーロッパでは生活必需品のみならず文化産物も牧場的である。すなわち衣食住の必需品から高次元の生活化へ進み，この過程において競争の精神が培われた。その結果どうなったかというと，人間を神々のごとく生きる市民と家畜のごとく生きる奴隷とに分極化した。このような社会構造を基礎にして，ギリシアの華やかな文化が形成されたのであり，当時アテネの人口 50 万人のうち，市民は 2 万 1 千人，その他は奴隷であった 22)。

　ギリシアにおける自然との調和，人間中心的立場の創設というばあい，それは奴隷を使役する少数のギリシア市民のものだった 23)。

　紀元前 7 世紀ごろ，武器やその他の金属製の道具，織物，瓶などの製作がイオニアの諸都市で生じ，労働集約的製造工業が競争の精神を背景に栄え，市民は商工業者に転化していった。これら工業製品に対する需要は大きく，奴隷使用，外国からの労働力の輸入によって発展した。かくしてポリスの生活は，手工業者（市民）を中心として，人工的・技術的仕事が核で，その底辺労働に奴隷，外国人労働者が携わった。この生活様式が西洋的なものとして特徴づけられる。技術が知識や学問の普及へとつながるのだが，市民階級に見られるように人びとが余暇を持ちはじめてこれは可能なのだ 24)。

　ローマはギリシア人から人工的自然征服を教わり，人工的水道によって統一的傾向をもった。そして文化面では，カトリック教会として，統一的教会としてヨーロッパを支配した 25)。

---

21)　同書，87-89 ページ。
22)　同書，92-105 ページ。
23)　同書，105 ページ。
24)　同書，108 ページ。
25)　同書，120 ページ。

214　第7章　南北間格差の歴史構造

牧場型に端を発するヨーロッパ的発展の契機は，現在のヨーロッパ人が自ら
のルーツをギリシア，ローマのそれに求める傾向が強いことからみても，以上
のような和辻の見方はそれなりの意義があろう。

次にアラブ世界を彩る砂漠型についてみてみよう。

和辻によれば，この風土の人間は服従的，戦闘的の二重の性格をもつ。そし
て「思惟の乾燥性」という特徴をもつという [26]。もとよりこれはありがたく
ない特徴のひとつである。

砂漠生活においては，実際的事物に関しての観察・判断が鋭いが，利害打算
的であって，知的観察や感情的陶酔を許さない。つまり，ゆっくり落ち着いて
ものごとを考えることができない。静観と受動とは滅亡を意味する [27]。

また砂漠型では，意志力が強いという特徴もある。必要とあれば結果がどう
であれ，野獣的残酷さをもって，前後の見境もなく突進する。商人としての成
功もこの素質にある。

さらに「道徳的傾向が強い」というのも重要な特徴のひとつである。全体性
に対する帰属が人を犠牲的ならしめ，恥を知らしめる。したがって，モハメッ
ドに代表される力強い理想的人物を生み出している。そしてネガティヴな面を
付け加えると，「感性に乏しい」とされる。すなわち心情の優しさ暖かさが欠
如しており，想像力に乏しく，文学や美術，哲学は不毛であるという [28]。

最後に東南アジア南アジアのモンスーン型。

和辻によれば，これは南洋的人間に特有の精神構造である。単調で固定した
気候は，たえず移り行く季節としての夏ではなく，秋冬春を含まない単純な夏
であって，この風土は豊かに食物を提供する。したがって人びとは自然に対し
て受容的，忍従的になる。この風土では，生産力を発展させるための契機が存
在しない。文化的にも不毛で，インドの文化の刺戟によってジャワの巨大な仏
塔が作られたのみである。そうしてルネサンス以降のヨーロッパ人に易々と征
服され，奴隷化されたと和辻はみる [29]。

26）同書，73 ページ。
27）同書，73-74 ページ。
28）同書，74 ページ。
29）同書，33-34 ページ。

7.2 貧富の差を決定するものはなにか　　215

　モンスーン型の持続的暑熱が湿潤と結びつくと，人間の能動的気力を，意志の緊張を，萎縮し弛緩させる。

　インドの労働者の体力は中国人よりはるかに弱く，西欧の労働者の 3，4 分の 1 に過ぎないといわれているが，それも風土的特性であると和辻は述べる [30]。

　以上，和辻にしたがって三種類の風土パターンを筆者なりに列挙して要約したが，それはまさしくヴェーバー流の類型化の妙ではあるけれど，賛否両論があるのはもとより，かなり単純化しすぎではないかとの批判は免れまい。さらにいえばモンスーンの特殊型としての中国と日本への論及はあるものの [31]，アフリカやラテンアメリカはどうなのかという疑問も湧いてくる。その問いに対する解答は与えられていない。このようにいろいろ問題点を含んでいて和辻流の直感の次元の域を出るものではないとしても，当時にあってはそれなりの説得力があったのではなかろうか。

　さてそのような地理空間的着想に訴えて近年注目されているものが，ジャレド・ダイアモンド（1937－　）による『銃・病原菌・鉄』である [32]。これはまさしく超学際的著作にほかならない。

　周知のように人類の歴史は，原始的で狩猟採集的な生活状態から農耕・牧畜の段階へ発達してきたとみなされるのが常である。一般的解釈を試みると次のようになる。すなわち狩猟採集の発展段階では，稀少な獲物を確保するのに移動性をともない，食糧確保が不安定である。ところが農耕・牧畜段階になると定住的となり，食糧確保が安定する。そうなると余剰食糧が可能となり，居住民に貧富の差が生まれる。すなわち階層分化が進むこととなる。そのような農耕・牧畜の痕跡が見られた典型的な場所のひとつは，歴史上メソポタミア文明で知られる「肥沃な三日月地帯」であった。そこに小麦などの穀物栽培や牛馬を使用する牧畜が発達し，それが世界へ広がったとされる。農耕・牧畜の発達を別様に言い換えるなら，植物の栽培化と動物の家畜化にほかならない。

---

30) 同書，51 ページ。

31) 同書，第 3 章「モンスーン的風土の特殊形態」145-202 ページ参照。

32) ダイアモンド（邦訳 2000）。なおダイアモンドの地理重視の考え方を簡潔に要約したものとして次が参考になる。Seligson & Passe-Smith eds.(2014)：chap.8：103-109；chap.30：371-381.

216　第 7 章　南北間格差の歴史構造

　人類の歴史をみると，地域によって狩猟採集の段階のところと農耕・牧畜が普及したところまで多岐にわたるが，両者による戦いが見られたところでは必然的に後者が勝利を収めた。なぜなら後者は前者と違って階層分化が進み，モノゴトを考える余裕を与えられた社会階層がさまざまな知識を蓄えたからだ。戦争の合理的な進め方のみならず，道具使用の発達も得られたであろう。その延長により発展的な武器使用があったと考えられる。そのようにみてくると，階層分化と身分制とが組み合わさって土地の領有権をともなう封建制度が根づいてくることがわかる。そしてそのような過程の中で「国家」が形成される。もとより階層分化と絡み合うかたちで地主＝領主階層，聖職者，および市民階層が形成されたのであって，かれらは象徴的に国王や貴族階層，教皇や法王，および大貿易商人，金融資本家，産業資本家などの名称でよばれたであろう。宗教の権威と国家のそれとの関係は，中世においては前者が圧倒的に優位に立っていたが，じょじょに後者が権威の水準を上げてゆく。このことを思想の次元で表現したのがホッブズ（1588-1679）であったことは，あまりにも有名である[33]。前述のレコンキスタはそのような宗教と国家とが融合する過程での出来事だった，と解釈できよう。科学技術面についてみると，ダイアモンドが強調したように，鉄と銃の発明に具体化された。レコンキスタのコンテクストでコロンブスやガマの大航海がおこなわれたのであり，カトリックの布教を国家がバックアップするかたちでそれはなされ，結果的に「新世界」の発見へとつながる。

　それではその「新世界」はどのような社会構造を有していたのだろうか。前述したような一連の歴史過程の視点からみて，そこは原始共同体と擬似的封建制度とがミックスしたようなものであり，農業がひろくおこなわれていた。象徴的な出来事を例示しよう。1520 年ごろになされたコルテス（1485-1547）によるテノチティトラン（現在のメキシコ中央部）の征服事業を回顧してみよう[34]。当時のアステカ帝国を支配していたのはモクテスマという王（在位：

33）ホッブズ（邦訳 1954）。
34）人類学の視角から記述されたコウ夫妻による著作が最も参考になる［ソフィー・コウ／マイケル・コウ（邦訳 1999)］。もしくは類似した研究文献にオフ（邦訳 2007）があり，比較的新しい著作としてカーランスキー（前掲）が挙げられる。

7.2 貧富の差を決定するものはなにか 217

1502-1520）であった。人口数ではアステカ族のほうがコルテスの率いるスペイン軍を圧倒的に上回っていたのに，なぜコルテスのほうが圧倒的大勝利を収めたのか，という大問題をめぐってこれまで歴史家の間でいろんな角度から議論されてきた。なにが最大の要因だったのか。この種の問題に対する解答は，ほとんど憶測の域を出ない種類のものである。当時のヨーロッパ世界との決定的な違いは，科学技術の程度の落差に求めるのが常であろう。すなわちアステカ族においては鉄に代表される金属や銃はまだ存在せず，いうなればせいぜい黒曜石を使用する新石器時代に等しかった。圧倒的な武器の差，つまり技術格差である。戦法としての騎馬的手法もなかった。なにせ馬自体が存在しなかったのだから。そして現在では非人道的手法とみなされる病原菌——ヨーロッパ人には免疫ができていたが，アステカ族はそれを有しなかったとされる——が使用されたことも，大きかったであろう。かくしてそのようなさまざまな落差要因が組み合わさってコルテス側が大勝利を収めた，というのが一般的な見方かもしれない。なお近年の人類学の研究成果によれば，アステカ族に敵対していたその他の先住民族をコルテス側が首尾よく動員できたことも大きかったとされる[35]。ところがダイアモンドが問題提起したのは，人類の発展面での歴史過程というのはいたって似通ったものであり，「新世界」もヨーロッパ人が介入することなくそのままの状態で歴史が進行していたら，ヨーロッパと同様に階層分化とともに知識階層が出現し，いろいろな面で科学技術の発達が見られたのではないか，ということこれである[36]。現在は，当時のアステカ族についていろいろなことが判明してきており，カカオ豆が食用以外の用途すなわち貨幣として使用されていた——交換手段としての機能，価値尺度としての機能，および価値貯蔵手段としての機能など現代経済学における貨幣の定義がそのままあてはまる——こと，ジャガイモやトウモロコシ，トマト，落花生，タバコなどの農作物が組織的に栽培されていたことなどが知られる。もとより農

35）マイケル・コウとカーランスキーがそのような捉え方をしている。マイケル・コウ（前掲），105-106 ページ参照。カーランスキーによれば，トラスカルテカ族の 2 万 5 千以上の戦士がコルテス側に加勢したという（カーランスキー，前掲 220 ページ）。

36）ダイアモンドの著作の根底に流れる考え方は，まさしくこのことである。人類学的アプローチからそのような結論にいたるようだ。

218　第7章　南北間格差の歴史構造

作物についてはすでに周知のことであり，ヨーロッパへ伝わっていった。結果的にヨーロッパではそのことが農業革命と重なり，恰好の輪作用作物となり，多くのヨーロッパ人の飢えを救済することとなった。もしくはヨーロッパの食文化自体を変えることとなった。それとは逆に「新世界」にヨーロッパからもたらされたものは，それまでこの地域には生息していなかった牛馬や豚，山羊，羊などの家畜であり，さらには最も望まれなかった病原菌である。これらがもたらされたことによって，ようやく秩序が形成されようとしていたところに無秩序が再生されたのであって，もともと豊かであった自然も破壊されてしまった[37]。スペインが自らの嗜好に見合う支配体制を強いたところでは，一定の秩序が形成されたとみなされるだろうが，ひと里離れるとホッブズのいう「自然状態[38]」が作用した。アステカにおけるモクテスマの支配体制はかなり階層分化も進んでいて，貴族階層，聖職にある神官，軍務に従事する戦士，他民族との交易を担う長距離交易商人，および農業を営む者など一定の社会的分業も見られた[39]。しかしヨーロッパ人が最も欲した金や銀などの貴金属は貨幣としての役割を与えられてはおらず，むしろ装飾品としてしか意味をなしていなかった。貨幣としてはむしろ前述のカカオ豆が，一定の役割を果たしていた[40]。カカオ豆はその後どうなったかといえば，スペインの修道士たちの手によってチョコレート化が進んだのだった。やがてそれがヨーロッパの，否ひいては世界の食文化を，もしくはヨーロッパ対残余世界の支配・従属関係を強

---

37) このことは一般的に「コロンブス交換」として知られる。つまりコロンブス以降，正式な貿易とは異なり，ヨーロッパと「新世界」との間でいろいろなものが交換された。その中で最も罪深いものは無意識のうちに持ち運ばれた病原菌やそのもとになる虫類であろう。チャールズ・マンがコロンブス交換の歴史的重要性を訴えている［マン（邦訳 2016）：34-43］。

38) これに関連するホッブズ自身による記述はこうだ。「各人が各人の敵である戦争の時代の，帰結として生じることが，どんなことであっても，それと同一のことが，人びとが自分自身の強さと自分自身の工夫とが与えるもののほかには，なんの保障もなしに生きている時代の，帰結としても生じる。そのような状態においては，勤労のための余地はない〈中略〉そして最も悪いことに，継続的な恐怖と暴力による死の危険があり，それで人間の生活は，孤独で貧しく，辛く残忍で短い。」（ホッブズ，前掲書，第1巻，211ページ）　こうした事情は，「万人に対する万人の戦争状態」として端的に解釈される。

39) コウ，前掲書，101ページ参照。

40) テノチティトランの陥落後間もないころの中央メキシコで，カカオ豆が通貨として使用されていたことを示す具体的記述については，同書，136-139ページ参照。

7.2 貧富の差を決定するものはなにか　219

固に形成することとなったのはなんという皮肉であろうか。現在のラテンアメリカを特徴づけるものはそのようなスペインによる征服事業によって構造づけられた，といってもけっして過言ではない。カトリック文化がそれであり，階層化はヨーロッパ系人種（クリオール）を頂点にして混血を基礎にするものへと変容していった。この地域ではそのような社会構造に社会的緊張の源泉があるのだ。いまもなお治安の劣悪さはいうまでもなく，圧倒的な所得格差および富の格差もこの地域の特色である[41]。

　ヨーロッパ世界にはスペインによる征服事業によって，新種の農作物だけでなく圧倒的な量の貴金属がもたらされた。それがヨーロッパに価格革命をもたらしたことは，あまりにも有名である。しかしヨーロッパに対してそのようなポジティヴな面をもたらしたとしても，残余世界に対しては，必ずしもそうではなくてむしろネガティヴな面をもたらしたのである。その中で最悪のものは奴隷制の深化である。もともと奴隷制は和辻も指摘していたように西洋ではギリシア，ローマの時代にも見られたが，大航海時代以降の近世，近代初期に見られたそれはかなり異質であった。「新世界」において征服された先住民がまず貴金属の採掘労働に奴隷として使用された。その労働は過酷をきわめ，家畜にも劣るような使われ方であり，やがてアフリカから無理やり連れてこられた黒人奴隷がその役割を担わされるようになる。カカオ豆農園やサトウキビ農園などの農作物プランテーションにおいても同様であった。そしてコーヒー・プランテーションもそうであり，世界商品になった一次産品の栽培は奴隷制プランテーションが支配的であった。それに関連した事情はすでにお馴染みなので，ここではこれ以上述べない。

　ここでふたたび歴史を決定づけた最大の要因はなにかという問題に立ち返ってみよう。ドイツ歴史学派の流れを汲むヴェーバーによって主張された「エートス」論をあてはめて考えてみよう。なぜ圧倒的な兵力を有していたアステカ

41）世界銀行『世界開発報告 2006』によれば，ジニ係数はメキシコ（2002 年測定）が 0.48，ブラジル（2001）が 0.59，ボリヴィア（2002）が 0.58，チリ（2000）が 0.51，コロンビア（2001）が 0.54，アルゼンチン（2001）が 0.51，およびペルー（2000）が 0.48 であった。いずれも所得格差が根強いことを如実に示している。ただし近年の研究によれば，その後この地域のジニ係数は 2002−2012 年間にやや改善しつつある（平均値は 0.550 から 0.496 へ低下）と報告されている。というのもこの時期は，政治的に左傾化が見られたことが背景にあろう（Lustig et al. 2016：212−215）。

220　第7章　南北間格差の歴史構造

は僅少のスペイン人によって易々と征服されたのか，という問題に対するひと
つの解答である。それはアステカ人が篤く信仰していた当時の預言にあっ
た[42]。すなわち，アステカは突如として出現する神によって滅ぼされる運命
にあるというものだ。ヴェーバー流にいうなら一種の呪術なのだが，アステカ
族にとってスペイン人はまったく異なる風貌で得体のしれないモノとして出現
したという事象である。しかも生まれて初めて見る馬に跨ったモノ，髪の毛や
肌の色もかれらとはまったく違っていた。つまり馬と一体化した神とみなした
のだ。ふつうにいえば勘違いもいいところなのだが，かれらはそれを神とみな
してしまった。モクテスマをはじめとしてアステカ族は，そのような意識構造
に支配されていたのだ。そのようなエートスによってかれらは突き動かされて
いたとみるなら，それはまさしくヴェーバーがエートスによって歴史はつくら
れると捉えたことと通じてくる。すなわち神として勘違いされたコルテスの思
うままにモクテスマは幽閉され，無抵抗だったのだ。そのことが最大の要因
だったといえるかもしれない。その後の展開は圧倒的な科学技術の差というこ
とになろうか。もしくはアステカ族に敵意を抱いていた多数のその他の先住民
族をコルテス側が首尾よく動員できたことにも，起因したであろう。ともあ
れ，この地域の歴史的重大局面におけるエートス問題はけっして軽視されるべ
きではない。

7.3　歴史上の決定的岐路とエートス

　決定的岐路という術語は，開発論の分野で政治制度の重要性を強調するアセ
モグルとロビンソンによる。それはまさしく上述のスペインによるアステカ征
服事業こそ恰好のひとつの事例である。もっと突きつめていうなら，モクテス
マとコルテスとの運命的出会いが最重要な局面であった。そこに上述のような
モクテスマ側のエートスが作用した。その後の展開をみると，なんという圧倒

---

42)　コルテスが征服事業をやり遂げるうえで，アステカ族側における預言がどのようにかかわったか
　　について詳細に述べているものとしては，オフ（前掲書）の第1章「流血の歴史を経て」参照。

7.3　歴史上の決定的岐路とエートス　　221

的な差であろうか。すなわち征服事業後の一連の流れをみると，一方は政治経済的に，社会的に，および文化的に圧倒的な支配をする側になったのに対して，他方は多方面において支配される側になる。つまり「新世界」においては，ヨーロッパ人が先住民の上に君臨することとなった。ヨーロッパ側は貴金属や農産物を，スペインからもち込んだ制度——前述のようなエンコミエンダ制，レパルティミエント制，ミタ制など——をつかって先住民を奴隷として使役し，自らに都合のよいように吸い上げた。言い換えるなら，もともと「新世界」に賦存した富をヨーロッパは収奪したのだ。アセモグルらの解釈によれば，スペインによる擬似的封建制度ともよぶべき制度の植え付けがその後のラテンアメリカの歴史を運命づけた。つまりこの地域が貧困から脱け出せない状態が持続しているのは，そのような収奪性を含む政治制度的要因によるのであって，特権階層が富を独占してしまい下位の階層までいきわたらないような構造の源泉は，そこに求められる。かくして現代のラテンアメリカに見られる所得格差および富の格差の最大の要因は，かつてスペインによってもたらされた政治社会制度にあるというのである。それに対して北アメリカにもたらされたのはイギリス流の包摂的な政治社会制度であった。イギリスから来たピューリタンもしくはプロテスタントは先住民を征服して圧政を強いたというよりもむしろかれらを追い払い，自分たち移民だけによる社会を，社会階層面においては身分差とは無関係に多元主義の方向で前進していった。そのような制度面での包摂性が最初に植えつけられたことによって，アメリカ北部は歴史的に運命づけられたとみる。もとよりアメリカ南部は事情が異なり，貴金属への渇望がそれであり，そこでは奴隷制が日常化していった。その側面については，かのトクヴィル（1805-59）による記述がいっそう説得的であろう[43]。ともあれアセモグルらは米州の南北において別個の制度がそれぞれ別個の国によってもち込まれたのであり，それがその後の同地域の歴史の進行を運命づけたとみるのだ。このことをかれらは経路依存性として捉えた[44]。

　ヨーロッパが「新世界」を自らにとって都合のいいようにしていったと述べ

43）トクヴィル（邦訳 2005）の第 2 章「出発点について，またそれがイギリス系アメリカ人の将来
　　に対してもつ重要性について」。
44）アセモグル／ロビンソン（前掲書）の第 1 章「こんなに近いのに，こんなに違う」。

222　第 7 章　南北間格差の歴史構造

たが，そのように歴史を動かすこととなったそもそものきっかけは，レコンキスタに求められる。それではレコンキスタを推し進めることとなる重要局面はいったいなんだったのかといえば，それこそカトリック両王の結婚である。イサベルとフェルナンドの結婚によって，カトリック世界がひとつになったということを意味する。もっといえばヨーロッパが現代のように統合することとなる歴史上の契機が，カトリック両王の結婚であったということだ。それを契機としてスペインではコロンブスが，ポルトガルではガマがレコンキスタの拡充にそれぞれ一役を買ったといえる。しかしここでもかれらを突き動かしたものは，貴金属もしくは富に対する欲望だったのであり，それは強欲という一種のエートスであった。富に対する欲望とは具体的にどのようなものを意味するだろうか。ヨーロッパからの大航海によってかれらが手に入れたがったものは富なのだが，征服して植民地化したところでいわゆる総督もしくは副王の地位を手に入れ，それこそかの地にて夢にまで見た王侯貴族の地位と生活を手に入れようというのだ。ヨーロッパ系のペニンスラール，クリオール，さらに各種の混血，そして最下層の奴隷という階層ピラミッドの頂点に立つことを夢見たのであろう。そうして築いた富によって母国においても貴族の地位につき絢爛豪華で瀟洒な城を所有する，というのがかれらの夢であった。そこにはのちにヴェブレン（1857－1929）によってよばれた衒示的消費 45) が現実のものとなった。この一連の歴史過程において見えることは，階層分化の進行とともに，金銀など貴金属や世界商品と化した一次産品をシステマティックに採掘・栽培して一財産を築いていった者が社会階層において上昇し，擬似貴族化していったこと，そしてそこには衒示的消費が見え隠れしたこと，さらにはその過程をつうじてヨーロッパに富が蓄積されたことなどだ。それに対して，ヨーロッパにより征服されて植民地化されたところに居住していた先住民は悲惨をきわめた。かれらは奴隷化されて，貴金属や世界商品の生産と栽培に労働力として強制的に使役されたからだ。支配者側においてはいまでいう人権の意識など微塵もなかった。奴隷は家畜以下のあつかいだったとすらいえる。そのことはエ

---

45) この消費様式はいまなお健在であって，経済的に大成功を収めた者が最高級車や高価なブランド品や装飾品などをことさらに誇張して周囲に見せびらかそうとする態度をいう。ヴェブレン（邦訳 1961）の第 4 章「衒示的消費」参照。

リック・ウィリアムズ（1911−81）を引くまでもあるまい[46]。奴隷貿易が日常化してゆき，アフリカから奴隷船に乗せられて移送された黒人奴隷のうち半病人と化した者のかなりの割合が中間航路において海洋投棄されたし，無事に目的地にたどり着いたとしても，かれらに対するあつかいはそれはもう酷いものであった。

　スペインによってもしくはポルトガルによって主導された大航海時代の進行につれて，貴金属の採掘とプランテーションの経営が制度化されていったが，両国はそのようにして築いた富を有効に使えたかというとけっしてそうではなかった。結果を見ると，むしろ浪費したのであった。それは事後的観点からいえるのかもしれないが，レコンキスタの過程においてイスラム教徒とユダヤ教徒をイベリア半島から追放したことも災いしたともいえるだろう[47]。なぜならかれらは貿易や金融業において優れた資質に恵まれていたからだ。否，それだけではない。スペイン帝国を象徴する二人の国王カルロス1世（在位：1517−1556）とフェリペ2世（在位：1556−1598）治世の時代，スペインは近隣諸国との戦争にあけくれ，せっかく「新世界」から獲得した富を戦費に浪費してしまう。経済面ではアメリカ銀を原料にして貨幣を濫造し，ハイパーインフレを引き起こして国家を破滅させてしまった。ポルトガルもいずれかといえばよく似た帰結にいたった。この国のばあい，インド洋地域から胡椒と香辛料を入手することに最大の力を投入した。前述のように，そうすることが圧倒的な富につながったからだ。そのために軍事面に力を入れた。ガマの役割はレコンキスタの路線に沿って，インド洋地域からイスラム商人を一掃してヨーロッパ商人がそれに取って代わることであり，たしかにそれに成功した。それ以降ポルトガルはこの地域の重要拠点に堅牢な要塞を築いて，武力を駆使してこの地域から富を手に入れた。しかしその支配はじょじょに弱体化し，この国を上回る国家勢力によって武力面で圧倒されてしまう。ひとつはスペインから独立

46）ウィリアムズ（邦訳 1978）。とくに近世の奴隷制についての具体的説明としてレディカー（邦訳 2016）がある。

47）ユダヤ人について，とくに経済面での優秀性を強調した古典にゾンバルト（邦訳 1994）がある。なおリスト（邦訳 1970）も「この暗黒の事業はユダヤ人の追放にはじまってムーア人の追放におわり，このために最も活動的でまた最も豊かな 200 万の住民がかれらの資本ともどもスペインから追い出された。」と述べている（124 ページ）。

224 第7章 南北間格差の歴史構造

を勝ち取ったオランダであり，いまひとつは隣国のスペインであった。16世紀後半から，インド洋地域の支配権は完全にオランダによって取って代わられる。当初ポルトガルの比較優位は，要塞，武装集団，交通要衝点の支配などによって象徴される武力にあった。しかしそれも長続きせず，オランダがそれを上回る付加価値を擁して圧倒することになる。

　ウォーラーステインに代表される世界システム論によれば，スペインとポルトガルは半周辺地域として位置づけられる[48]。ウォーラーステインは，これらの国は近代世界システムを作動させるうえでベルトコンベアーの役割を担ったとみている。もとより世界商品となった一次産品を構造的に生産させられた国や地域が，周辺地域である。ともあれこの問題についてはさておき，アセモグルらによって措定された決定的岐路についていま少し敷衍しておこう。

　アセモグルとロビンソンは，イングランドの発展過程をひとつのモデルとみなした。それはなにかというと，政治的多元主義が段階的に進展したと捉えるのである[49]。ジョン王（在位：1199－1216）のときのマグナ・カルタ（1215）から始まり，最大の決定的岐路は名誉革命（1688）にあったとする。それは王権が制限されてゆく過程であり，それと同時に議会の力が増進する。結果的にそのことが民主主義につながってこよう。それは政治的発展過程と言い換えられるであろう。政治が安定的に発展すれば，経済も発展すると簡単にいえるのだろうか。ただし政治と経済との密接な関係については，歴史が証明していることはたしかである。やや話がひろがる嫌いはあるけれど，13世紀の元帝国の武力による政治秩序の安定化とともに，広範囲におよぶ貿易と経済の活性化

48）大航海時代を主導したスペインとポルトガルが半周辺化してゆく過程については，ウォーラーステイン（邦訳 2013）において詳述されている。筆者なりにポイントを要約すれば，こうなる。たしかにスペインとポルトガルの両国は貴金属や香辛料などの世界商品たる一次産品のシステマティックな獲得に成功したように見えるが，それは奢侈品としてのモノであって，きわめて価値の高いものであった。それはいわゆる工業化とは無縁であって，オランダとイギリスの興隆とともに両国はしだいに衰退する。両国は大量に獲得した富を資本形成に向けて使用することがなかった。つまり工業化ないしは近代化に結びつけようとしなかった。ウォーラーステインのいう近代世界システムは中核地域が圧倒的な工業生産力を有して工業製品を輸出し，そのための一次産品原料や食糧の生産・輸出を周辺地域に担わせるというものである。したがってイベリア半島の両国は，イギリスがそれをシステム化するまでの歴史的ベルトコンベアーとしての役割だったとみる。

49）アセモグル他，前掲書，第7章「転換点」参照。

が見られたことは周知の事実であるし，19世紀末の日本による台湾支配にお
いて，児玉源太郎（1852-1906）と後藤新平（1857-1929）がさしあたり政治
の安定化を確実にしてから経済の運営にとりかかるという手順を示して，一応
の成功を収めたことなど，いくつかの事例を挙げることができる。さらにいう
なら現代のアフリカの国ぐににおいて政治はきわめて不安定であるか，もしく
は秩序が担保されない状況におかれた国が多く，そのようなところでは経済活
動も停滞してしまう。力のある者が暴力で政治の統治者になるというように，
そういうところはホッブズのいう「自然状態」があてはまる。開発論において
しばしば指摘される「資源の呪い」という現象は，この法則の一例であろう。
政治が不安定で秩序が担保されないところでは，居住者のウェルフェアを増進
させるような経済面の増進はとうてい無理であろう。そこには経済学でいう極
端な所得格差も付随してこよう。ともあれアセモグルらのいう多元主義へ向け
ての一契機がなんらかのかたちで与えられる必要があるのかもしれない。それ
はいったい何であろうか。実現可能性が高いのは，さしあたり武力による支配
であろう。それは権威主義と言い換えられるかもしれない。ジャングルの支配
者がまさしくそうなのだ。問題はそこから多元主義が進むかどうかである。ア
フリカやラテンアメリカに見られるように，多くの国においてそれはうまく
いっていない。もっと根底的なことをいうなら，その進むべき途について為政
者はグランドデザインを準備しなければならず，それをそこの居住者に対して
説明もしくは主導しなければならない。もとより居住者はそれに応えなければ
ならない。その過程においてモノをいうのはやはり教育であろう。文化的側面
が付随していなければ，それはとうてい無理なのだ。その意味において，アマ
ルティア・センによって主張された「発展」の意味[50]を吟味しなければなる
まい。居住者の生きる権利は，教育と医療面での自由獲得を含意するものだ
し，経済成長はそれを後押しする性質のものである[51]。そのような制度面の

50）センは，「発展」に次のような定義を与えた。「自由の拡大は，開発（発展）の主要な目的である
　とともに手段であるとみなす。人びとに選択を許さず，自分たちに備わっていることが分かってい
　ながら，その力を行使する機会を妨げているさまざまな種類の不自由を取り除くことが開発（発
　展）というものである。」（セン，邦訳 2000「はじめに」ivページ）。
51）こうした発想から「人間開発」という概念が考案され，センとパキスタン人学者 M. U. ハック
　（1934-98）の協同作業によって人間開発指数が提示された。

226　第7章　南北間格差の歴史構造

諸条件が具備されていなければ，ものごとはうまくいかないはずだ。

　歴史上の決定的岐路のもうひとつの事例を挙げておこう。近代日本の夜明け
として知られる江戸時代末期のペリー来航が，それである[52]。そのとき徳川
政権はどのように対応したのだろうか。将軍は第13代の徳川家定（在位：
1853−1858）だったが，実質的には老中阿部正弘（1819−57）が主導した。
じっさいにペリー（1794−1858）との交渉に当たったのは，身分は与力の下級
役人中島三郎助であった[53]。浦賀副奉行と偽って黒船に乗船した中島は独学
で砲術を学んでおり，そのことが交渉に役立ったようだ。これを機にかれは幕
府中枢部に認められ，出世を果たす。しかし幕府中枢部は交渉ごとに不慣れで
あった。ヴェーバーのエートス論を用いてこの件を解釈すると，こうなる。ど
ういうことかといえば，「武士は食わねど高楊枝」という侍として意識の持ち
ようである。武士たる者は商人のように丁々発止で駆け引きをするものではな
く，泰然自若として構えておかねばならぬ，といった按配なのだ。これでは国
際交渉どころではない。ただし阿部をはじめとする幕府中枢部は思惟をめぐら
す慎慮は得意であったし，中島ら下級役人は交渉に慣れていた。ともあれ一般
的解釈によれば，幕府は長年にわたって対外折衝の経験に乏しかったので，ペ
リー側主導で「不平等条約」が締結されてしまったとされる。結局それも，武
士としてのエートスのなせる業であった。ともあれ本格的な対外交渉がなされ
ないようなやり方で日米和親条約（1854）が締結され，やがてそれは日米修好
通商条約（1858）となる。そして立て続けにヨーロッパ列強とも同様の条約が
締結された。このことを客観的にみると，鎖国体制だった日本がしぶしぶ自由
貿易体制へと大きく舵を切ったことを意味する。そして幕末は荒れ狂う。大老
井伊直弼（1815−60）の登場とともに安政の大獄から桜田門外の変へと続き，
京都での一連の騒擾というように。そして薩摩・長州・土佐・肥前の諸藩を中

52）アセモグルらもこの出来事を決定的岐路のひとつとして例示している［アセモグル他，前掲書
　（下巻），81-82ページ］。そのときまでにイギリス，アメリカ，およびデンマークの商船や軍艦が
　立て続けに浦賀に来航していたが，ペリーだけは違った。蒸気船2隻を擁し，砲艦外交を展開し
　た。
53）松尾（2015），88-103ページ参照。松尾によれば，中島は軍事面の才能があり，勝海舟に比肩す
　る人物であった。長州の木戸孝允に砲術と造船学を教え，榎本武揚や福沢諭吉とも親交があった。
　最期は五稜郭で戦死した。

心に推し進められた明治維新。この一連の流れは現代の日本人にとって，もはや一般常識となっている。歴史は大きく動いたのだ。それゆえペリー来航は，歴史上の決定的岐路だったといえる。そしてそれは経済史の観点からみると，近代化へ向けての大きな転換点でもあった。開発論のコンテクストでこの出来事を捉えるなら，1867 年に「千代田形」という蒸気船の輸入代替工業化がなったことが重要である [54]。江戸末期である。依然としてほとんどの軍艦や商戦は輸入に頼っていたが，ペリーの来航から 10 数年で蒸気船の国産化に成功したのである。もとより最新式とはいえないものの，このことは特筆に値しよう。

　ともあれペリーの砲艦外交によって日本は自由貿易体制への転換を余儀なくされたのだが，グローバルな次元でみるとそれは，パックス・ブリタニカの枠組みでなされたというべきである。19 世紀後半の世界は，イギリス主導の自由貿易主義の時代である。前述のようにイギリス自体，19 世紀半ばに重商主義の象徴たる穀物法と航海法を撤廃し，スミス，リカード，J. S. ミルの路線に沿って自由貿易へと大きく舵を切った。そしてイギリスの支配下にある国ぐにににおいて自由貿易を強要した。否すでに 19 世紀前半から強要していた。すなわち当時のイギリスはすでに 100 年がかりで産業革命を達成していて，世界の工場といわれるまでになっていた。工業製品ならばなんでもござれという立場なのだ。この段階で植民地化もしくは半植民地化していたインド，中国およびトルコなどに不平等条約を押し付けて，自ら主導する自由貿易体制の中にこれらの国ぐにを引きずり込んでいた。日本が列強との間で結んだ不平等条約も，同様のコンテクストで考えることができる。ただし日本は植民地化を免れた。インドや中国などのように植民地本国のために課税されることはなく，イギリス所有の鉱山やプランテーションのために労働力が半奴隷的に徴用されることもなかった。しかし輸入関税率は一律に 5 ％であった [55]。このことはきわめて重要な事実である。幕末の日本に現れたのがアメリカのペリー提督だったこと，当時のアメリカは日本を植民地化しようとの意向をもたず，たんに捕

---

54) 同書，101 ページ参照。
55) この数値はアムスデンによって示された（Amsden 2001, table2.3 : 44-45）。

228   第7章　南北間格差の歴史構造

鯨のための燃料補給地としていくつかの港を開港させたがっていたことなど，日本にとって幸運だったといえよう。

　ストーリーはそれだけにとどまらない。この決定的岐路を契機に日本は明治維新を経由して，近代化の路線を歩むこととなる。前述のように日本はアメリカによってグローバルな自由貿易体制へ組み込まれることとなったが，それは経済面に大きな変化をもたらした。すでに日本には世界商品たる一次産品が存在していたのだ。生糸と日本茶がそれであった。江戸末期から明治初期にかけての日本は，銀本位制下にあったことも手伝って，この2種類の世界商品（ステイプル）によって世界からの旺盛な需要に応えることができた。そのことは日本が自由貿易に参入したことによって，多額の外貨を獲得できたことを意味する。しかし明治期日本の国家意志は，欧米列強に負けないような近代化をなにがなんでも達成することであった。それこそ当時の政治指導者たちのエートスの結果ではなかったか。明治初期の代表的指導者だった大久保利通（1830－78）や伊藤博文（1841－1909）は，リカードによって提唱された自由貿易主義（比較優位の原理）に対してかなり懐疑的であった[56]。むしろかれらの意向は，フリードリッヒ・リストの幼稚産業論の立場に近かったといえるだろう。

7.4　「見えざる鉄拳」と「あからさまな鉄拳」

　よく知られている言葉に「見えざる手」というのがある[57]。いうまでもなくそれはスミスによって用いられたが，市場メカニズムがポジティヴな方向で作用してゆくプロセスについての比喩であった。現在では，制度としての市場が分業の過程をともなってしだいに広がっていき経済社会の発展をもたらすというような考え方をスミス的発展観という[58]。ところが，それはあまりにも

---

56)　明治初期の政治指導者だった大久保と伊藤がとった基本スタンスについては，大野健一によって指摘された（大野 2013 の第1章「開発のわな」3-31 ページ）。とくに同書 5-6 ページ参照。日本経済史の専門分野においても，この点は指摘された（坂野 1989：76-77 ページ）。なおこの時期の日本の貿易問題については，杉山（1989）の 173-221 ページが詳しい。

57)　スミス（邦訳 1988）の 705 ページ，および同（邦訳 1978）の 281 ページにこの文言が見られる。

7.4 「見えざる鉄拳」と「あからさまな鉄拳」　229

楽観的すぎるのではないかという批判がなされることも多い。いうなれば現在の世の中についての見方は，スミス的市場派　対　反市場派に大別されるであろう。近年では，スミスの流れを汲むのはハイエクやミルトン・フリードマンであり，反市場派としてかつてはマルクスが最もラディカルであったし，いわゆる市場一辺倒の純粋資本主義を修正する方向を示したのがケインズであり，開発論の分野ではその系統にポランニーやプレビッシュの名を挙げることができる[59]。

　ところで「見えざる手」すなわち市場原理主義の現代版といえるのが，新自由主義経済学である。そしてそれがより具体化されたのが，ワシントン・コンセンサスであった[60]。それはグローバルな次元での話であり，国内外を問わず，すべての次元における市場派なのであって，あらゆる次元で規制を撤廃し，市場諸力の作用を最大に活かそうという考え方にほかならない。具体的な旗振り役を果たしてきたのが，国際通貨基金（IMF）と世界銀行（IBRD），およびこれら国際金融機関の背後に隠れたアメリカ政府とくに財務省である。国際開発の分野においてそれが具体的に制度化されたのが，構造調整貸付（SAL）であった。それが一世を風靡したのは 1990 年ぐらいから世紀末までのおよそ 10 年間である。その背景にあったのは，1980 年代にラテンアメリカ地域を中心に吹き荒れた累積債務問題だ。その当時先進国の民間金融機関（商業銀行）がラテンアメリカの国ぐにへ惜しげもなく大量に貸し付けたけれど，それが返済されないという事態に陥ってしまった。それは当時カントリーリスク問題——いまではソブリンリスク問題ともいう——とされ，ラテンアメリカ地

---

58) スミス自身による表現はこうだ。「分業は市場の大きさによって制限される。……分業を引き起こすのは交換しようとする力であるから，分業の大きさも，その力の大きさによって，言い換えると市場の大きさによって，制限されるに違いない。」[スミス（邦訳 1988），31 ページ]

59) このところポランニーとプレビッシュの開発思想が再評価されつつある。前者については本書の第 3 章参照。後者については，途上国の視点から記述された近年の重要な著作にプラシャド（邦訳 2013）がある。とくにプレビッシュの登場の歴史的含意については，同書第一部「探求」の「ブエノスアイレス——経済圏の構想——」を参照のこと。評伝としてはペーパーバック版で Dosman (2010) がある。ECLAC 関係では，Caldentey & Vernengo (2016) を参照のこと。

60) Williamson (1990). この論考の中でジョン・ウィリアムソンは，新自由主義のための政策パッケージを 10 項目提示した。徹底した市場原理主義が堂々と幅を利かすようになった最大の国際政治的背景は，1989 年のベルリンの壁の崩壊であろう。この出来事によって，第二次世界大戦後の東西問題は氷解し，市場経済制度の対中央計画経済制度優位が鮮明となった。

230　第7章　南北間格差の歴史構造

域がそれに見舞われたのは，国家が過度に介入し続けたからだとされた。その結果，それまでのケインズ流の国家介入派——いわゆるラテンアメリカ系構造学派——はその影響力を失い，逆に市場派である新自由主義経済学が浮上することとなった。それが制度化されたのが，ワシントン・コンセンサスもしくはSALである。その結果どうなったかというと，ラテンアメリカをはじめとして多くの途上国で自由貿易を含む市場原理もしくは規制撤廃が推奨され，反市場メカニズムの政策を打ち出している国に対しては，IMFと世界銀行によって罰則が科される——保護主義もしくは国家介入の度合いが強い国や地域への貸付けは限定的であったという意味で——という始末であった。いうなれば代表的な国際金融機関によって，「見えざる鉄拳」が加えられたことを意味する。かつてスミスは「見えざる手」とよんだが，1990年代のグローバル・エコノミーにおいてはSALの名の下に市場原理にしたがわない国に対してIMFと世界銀行によって制裁が，すなわち「見えざる鉄拳」が科されたのだ。ただし20世紀末にアジアにおいて深刻な経済危機が発生したため，そのような制裁は影を潜めるようになった。過剰な市場原理主義，とくにヘッジファンドなど短期資本の横暴の結果そのような経済危機にいたった，とみなされたからだ。21世紀になると，BRICS（ブラジル，ロシア，インド，中国，南アフリカ共和国）の興隆が見られるようになり，様相は一変する。

　さてここまで現代までの経緯について述べたが，次に過去にさかのぼって「鉄拳」を考えてみよう。まさしく前節で論じたペリーの砲艦外交がそれであったし，イギリスの植民地や半植民地に対する施政がそうであった。なぜならそのようなやり方というのは，自由貿易制度にしたがわなければ武力に訴えるぞという脅しに等しく，「見えざる鉄拳」というよりむしろ「あからさまな鉄拳」とでもいうべきであろう。イギリスのばあい，19世紀半ばに自由貿易へ大転換する以前は長きにわたって超保護主義とでもいうべき重商主義体制を維持していた。たとえば古くは前述のようにヘンリー7世の時代に羊毛工業を国家の手によって保護を開始し，エリザベス1世の時代までそれは続き，綿織物工業についてはイギリス東インド会社を通じてインドから輸入したキャラコを輸入代替工業化してゆく過程であった。それが産業革命の裏事情である。つまりイギリスにおいてこれら重要産業は，15世紀末から19世紀半ばまで重商

7.4 「見えざる鉄拳」と「あからさまな鉄拳」　231

主義体制下で順に手厚く保護されていた[61]。

　ここにきわめて面白い資料がある。それはハーヴァード大学の経済史の重鎮ジェフリー・ウィリアムソンによるものだ[62]。19世紀後半から20世紀前半までのおよそ100年間における主要地域の平均関税率の推移である。ただしアフリカは分析対象からはずれている。それによれば，19世紀はパックス・ブリタニカなのでイギリスが中核国だがフランスとドイツを加えて中核地域と措定している。この地域の関税率は1865年から1915年ぐらいまでほぼ一貫して5％ぐらいで推移している。それ以降上昇に転じる。ラテンアメリカはアルゼンチン，ブラジル，チリ，コロンビア，キューバ，メキシコ，ペルー，ウルグアイの8カ国で構成され，平均関税率は1865年から1915年ぐらいまで20〜30％の間で推移している。その後一時的に低下するが，1925年以降はふたたび20％を超える。次にアジアはビルマ，セイロン，中国，エジプト，インド，インドネシア，日本，フィリピン，シャム，トルコの10カ国で構成され，平均関税率は20世紀初頭までは中核地域にほぼ追随するかたちで推移——ほぼ5％で不変の状態——し，およそ15年間の乖離の後ふたたび中核地域に追随するようになる。次にヨーロッパ周辺地域である。これはオーストリア＝ハンガリー，デンマーク，ギリシア，イタリア，ノルウェー，ポルトガル，ロシア，セルビア，スペイン，スウェーデンの10カ国で構成され，同関税率は1915年ぐらいまで10％から15％強の間で推移し，その後1920年にかけて5％まで一気に低下するがその後急上昇している。そしてヨーロッパ系の英語圏地域はオーストラリアとカナダ，ニュージーランドの3カ国によって構成され，大恐慌期を例外として中核地域に比してほぼ一貫して10％前後高水準である。最後にアメリカ合衆国。同関税率についてみると，19世紀は1890年ぐらいまで30％をはるかに超えていて最高レヴェルといってよい。その後1920年ぐらいまでラテンアメリカを下回るが，それでも第2位のレヴェルで推移している。1910〜20年間に急低下するものの，それ以降急上昇している。

　そこで結果的に判明する注目点について述べておきたい。まずアメリカだ

---

61) このへんの経緯についてはチャンが詳しい（Chang 2007 *op. cit.*: 40-48）。
62) Williamson, J. G. (2006), p.111 fig.7.2 ; —— (2011), p.216 fig.13.1.

232　第7章　南北間格差の歴史構造

が，この国の保護主義は，19世紀半ばから第一次世界大戦終了時までかなり高い状態が続いたことがわかる。それ以降イギリスに代わって覇権国家になったが，戦間期の相対的に低水準状態を経由して大恐慌期にふたたび高度化したこともわかる。そして第二次世界大戦後にこの国は，一転して自由貿易を唱えることになる。それと対照的なのが中核地域とアジア地域である。この両地域において，19世紀型自由貿易主義が反映されたのである。つまりイギリス主導の自由貿易であったのだが，この時期の中東とアジア地域の自由貿易体制というのは，イギリス主導による「あからさまな鉄拳」付きの半強制的な自由貿易主義だったといえる。それが第二次世界大戦後のパックス・アメリカーナの時代になると，前述のように「見えざる鉄拳」による自由貿易を標榜する時代へとなったのだった。

　第二次世界大戦後はいわゆるブレトンウッズ体制期となる。この時期は，ケインズ経済学全盛の時代である。したがってなにがなんでも自由貿易でなければならないというのではなくて，国家介入を正式に許容した時期なので，留保条件付き自由貿易だったといえる。そのことはたとえば関税及び貿易に関する一般協定（GATT）における例外事項の存在や，国連貿易開発会議（UNCTAD）の興隆，ラテンアメリカ地域の輸入代替工業化（ISI）戦略の推進などに投影された[63]。したがってこの時期の途上国では，ケインズ経済学の色彩が濃い構造主義経済学が，世界銀行内においてももてはやされた。さらにいうなら国際通貨制度は，基軸通貨USドルを中心とした固定為替相場制度であった。

　その後事態は一変する。1970年代と80年代は大混乱の時期だったといえよ

───────────

63）その代表的存在がプレビッシュであった。かれは1960年代半ばから1970年代初頭にかけUNCTADの初代と第2代の事務局長を務め，かれの開発思想を前面に押し出して『プレビッシュ報告』（1964）と『新プレビッシュ報告』（1968）を著わした。この2報告書の意義についてはこれまで数多く議論されてきたが，ここに簡単に列挙しておく。① 途上国側からみた交易条件の悪化問題に対する補償融資供与，② 途上国からの一次産品輸出に対する先進国側の輸入障壁の撤廃と国内市場の開放，③ 国際商品協定の拡充を通じての途上国の輸出収入の安定確保，および④ 途上国の工業製品輸出に対する先進国側での特恵措置の実施などであった。そして結果的に具体化されることとなったのは，一次産品総合プログラムの構想のもとに一次産品共通基金の創設と輸出所得安定化のための先進国側の協力，そして『新プレビッシュ報告』の中にとくに強く要請された一般特恵関税制度が1970年代初期に具体化したことなどだ。1970年代の世界銀行の開発政策も構造主義が主導した。最も影響力をもった理論は，プレビッシュの輸出ペシミズムの延長線上でモデル化されたツー・ギャップ説とルイスの余剰労働移動説であった（Little 1982：147-158）。

う。ドルショック，2度の石油ショック，およびラテンアメリカ地域をはじめとする債務累積問題の発生と続き，しだいに国家介入の度合いは後退を余儀なくされる。国家の退場とまでいわれたくらいだ。そして1990年代から完全に新自由主義の時代へと移行する。ここにいたって「見えざる鉄拳」が作用するようになる。その後の展開は，すでに本書のほかのところにおいて詳しくみてきたとおりである。

7.5 結 び

　ここまでいろいろな角度から，国ぐにの富裕と貧困との格差問題について考察を進めてきた。このところ筆者が思いいたったことは，途上国社会において通常の経済学の分析用具をそのままあてはめて考えるのはかなり無理があるのではないか，という疑念である。たとえばミクロ経済学に登場してくる一般的企業は生産要素の合理的な結合をおこなって利潤の最大化を目的に行動する経済主体であると措定されるが，そのことを前提にして推論できるのはすでに産業革命を達成した国や地域に限定されるのではないかということだ。そのような国や地域においては，通常の限界費用や限界収入などの分析用具をあてはめて分析できるだろうが，産業革命にいたっていない国や地域のばあい，どのように考えるべきであろうかというのがひとつの問題意識として根強く残る[64]。開発論の分野においてはルイスによって構築された余剰労働移動説に盛り込まれた諸条件が，現下の中国をはじめとして事実上近代化のプロセスにある国や地域にあてはまるであろうと考えるようになった。産業革命が達成されて以降は，通常の経済学をあてはめて分析してよいのではないかというのが現在の筆者の考えである。ルイスのばあい，そのことについて分析用具として労働の平

---

64) 近年，主流派の経済学では行動経済学および実験経済学という分野が形成されつつある。そこでは，経済主体はたんに利己心（『国富論』の中で中心にすえられたモチーフ）のみによって行動するのではないという前提で演繹される。言い換えるなら，かつてスミスによって提示されていた利他心（『道徳感情論』の中で中心にすえられたモチーフ）と利己心との総合を理論レヴェルで現代化しようとの試みである。最も影響力のある著作は，カーネマン（邦訳 2012）である。

234 第7章 南北間格差の歴史構造

均生産力か限界生産力かいずれを用いるのかという論点に還元して考察した。筆者は本章でさらに歴史過程を組み入れて考察を進めた。近代化が達成される以前の社会についてみるとき，近代経済学のツールはかなり無力に見える。むしろ経済学以外の学問領域があてはまりやすいであろう。たとえば地理学的アプローチ，人類学的アプローチ，政治学的アプローチ，および社会学的アプローチがそれである 65)。もっというならば歴史学的アプローチがそれだ。もとより筆者はそのすべてに通暁しているわけではない。ましてやそれらを縦横無尽に使いこなせるような自信家でもない。その中でいくらかなりとも用いることができるものを駆使することで，考察を進めたのが本章である。筆者が用いたツールは和辻の『風土』における類型化アプローチ，ヴェーバーの「エートス」の着想，ダイアモンドの学際的——人類学的，地理学的，および歴史学的方法の組合せ——発想，アセモグルとロビンソンによる歴史上の「決定的岐路」の発想，さらに大塚史学の発想，ウォーラーステインの世界システム論，およびジェフリー・ウィリアムソンの経済史等である。もとより一方においてスミスやリカード，ミルの路線の延長線上にある新古典派によって提唱され続けている自由貿易論——その終結点が前章であつかったサミュエルソンの自由貿易論——と，他方においてハミルトン，リスト，ポランニー，プレビッシュ，ハジュン・チャンによる反自由貿易の立論などがその大前提である。

アダム・スミスは市場経済の秀逸性を，「見えざる手」の作用という比喩で表現した。それは予定調和的コスモポリタンのパースペクティヴであった。ところが近代初期において，政治経済的に支配された国における自由貿易の導入過程には，イギリスやフランス，ドイツなど中核地域による強制的要素が，すなわち武力付きの自由貿易の強制が付随するというのがふつうであった。とくにイギリスによって植民地化ないしは半植民地化されたところがそうであった。筆者はそれを「あからさまな鉄拳」による自由貿易の押しつけとみる。ところがアメリカのペリー提督によって切り拓かれた日本の近代化のケースを考えると，自由貿易の押しつけに武力がともなっていたことはたしかだが，日本

---

65) フクヤマ（邦訳 2013）を上げておくべきだろう。フクヤマが依拠している概念装置は，ヴェーバー，ホッブズ，ルソーなどの社会学もしくは政治学に関係する思想家のものであり，その学問的射程は社会科学一般および比較的新しい経営学の領域までおよんでいる。

は幸運であった。それは日本にとってアセモグルらのいう歴史上の決定的岐路となったのだが，その当時のインドや中国のように覇権国家イギリスによって課せられたものとは異なる種類のものであった。不平等条約はいずこも同じだったが，支配国のために課税されることは免れた。プランテーション化も回避できた。それどころか当時の日本は生糸と日本茶といういわばステイプルを輸出することから多額の外貨を手にすることができただけでなく，江戸時代のうちに1隻のみだったが蒸気船の国産化（輸入代替工業化）にも成功した。まさしくそうした事情は，「災い転じて福となす」という性質のものだったのではないだろうか。しかしながらまがりなりにも蒸気船の国産化の例から明らかなように，国家としての意思は自由貿易主義ではなくて幼稚産業論の立場であった。そのことは前述のように，明治初期の政治指導者だった大久保利通や伊藤博文らが残している史料から読み取れることなのだ。これについてはジェフリー・ウィリアムソンも述べているが，経済合理的に考えると当時の日本のような国はリカード型の自由貿易路線を継続したほうがよいとみなされるだろうが，日本政府はその路線ではなくて保護主義的近代化を執拗に追求したのだった。じっさいにそれが具体化したのは，不平等条約が解消されて以降だった。いずれにせよウィリアムソンによって提示された輸入関税率の長期トレンドから，長い間続いた5％水準にはそのような事情が隠されていたことに留意する必要がある。もっというならば19世紀から20世紀初頭にかけての帝国主義の時代，支配国によってなんらかの一次産品の生産や栽培に特化させられた国ぐには，むごたらしくも被支配者の身体に危害が加えられることを含む暴力行為すなわち「あからさまな鉄拳」によって自由貿易を強要されたのである。モノカルチャーの形成過程には，リカードのいうような自然地理的条件にしたがってなんらかの一次産品の生産に自ら進んで特化したというよりも，むしろ支配国によってそのようにさせられたという事情のほうが強かったのだ。日本のような国は，かなりパラドクシカルな性質を帯びていたというべきであろうか。ラテンアメリカやアフリカ，もしくは多くのアジアの国ぐにが一次産品の生産に特化するにいたった背景にはかなり共通するものが見られた。すなわち「あからさまな鉄拳」付きだったという事情である。

　ところが第二次世界大戦後，アメリカが覇権国家としての性格を露わにして

236　第7章　南北間格差の歴史構造

くるにつれて，この国は「見えざる鉄拳」を揮う傾向が見られた。そのことはブレトンウッズ体制期においては世界銀行やIMFなどの国際金融機関を通しての間接的支配を，そして1990年代においては構造調整貸付（SAL）というかたちでの支配体制すなわちワシントン・コンセンサスを具体化させていったことから明らかであろう。これも「見えざる鉄拳」による支配であった。

　かくして本章の主題である一国が富裕であるかそれとも貧困であるかを決定づけるものはいったい何なのか，という問いに対する解答は，外発的要素と内発的要素とのミックスであるということになるであろう。それにしても帝国主義時代の「あからさまな鉄拳」はあまりにも強烈であった。そのような背景の下に国際政治経済の表舞台に登場したのがプレビッシュだったわけだ。プレビッシュの主張に盛り込まれたエッセンスは，ラテンアメリカの多くの国もしくは途上国一般の国ぐにが一次産品の生産に特化することになった歴史構造的事情，および一次産品と工業製品との交易条件問題，そして結論としての輸入代替工業化論などであった。これらの諸問題については本書のほかのところもしくは別の拙著[66]において詳細に論じているので，ここではこれ以上深入りしない。ともあれ筆者が最後に言いたいことは，歴史を軽視するなかれという一点につきる。

　最後に現在国際社会で高まりを見せている市民社会[67]について，簡単に触れておきたい。構造主義との関係では，おそらく第3章で取り上げたポランニーの発想が適合しそうだ。行き過ぎた市場勢力を埋め込もうとする対抗運動として，市民運動があると想定される。またルイスによって定式化された二重構造の重要部分を占める共同体の存在が，関係するであろう。二重構造論のコンテクストでは，伝統的非資本制部門から近代的資本制部門への大量の労働移動を通して近代化をめざすというものだが，非資本制部門は市場経済が未発達であることが想定されている。それは共同体として特徴づけられ，そこでの所得分配は平等である。近代的部門といっても行き過ぎた市場経済どころではない。まだこれから市場経済的要素をひろげようとする段階なのだ。ただし，共

66）宮川（1989, 1996, 2007, 2009）。
67）これについて具体的に解説したものとしては，西川（2014）の283-288ページを見よ。

7.5 結　び　237

同体の意味を広く解釈するなら，協働的相互扶助の精神が隠れているので，参加型市民社会のルーツがその中に見出されるのではなかろうか。現在の市民社会には，行き過ぎた市場や国家介入をチェックする役割が求められるとされる[68]。これまでの議論から明らかなように，国家も市場も失敗することが観察されてきた。それと同様に市民社会も失敗する[69]。いかに三者のバランスをとるかが，今後問われるであろう。

---

68) 同書，293-294 ページ。de Janvry et al. (2016)：7-8.
69) これに含まれるのは，共同体における意思決定の透明性の欠如，共同体の長老やエリートによる権力の濫用，協力がうまくいかないこと（de Janvry et al. ibid.: 10），および地下経済やマフィアの存在などだ（西川：286）。

参考文献

・**外国語文献**（アルファベット順）

Acemoglu, Daron & James A. Robinson (2006), *Economic Origins of Dictatorship and Democracy*, New York: Cambridge University Press.

—— Simon Johnson & James Robinson (2001), "The colonial origins of comparative development,"*American Economic Review*, 91(5): 1369－1401, reprinted in Seligson, M.A. & J.T. Passe-Smith eds.(2014), chap.10: 119-130.

Adebajo, Adekeye (2014),"Two prophets of regional integration: Prebisch and Adedeji,"in Currie-Alder, Bruce, R. Kanbur et al. eds.: 323-338.

Adelman, Jeremy (2013), *Worldly Philosopher: The Odyssey of Albert O. Hirschman*, Princeton & Oxford, NJ: Princeton University Press.

Amin, Samir (1990), *Delinking: Towards a Polycentric World*, London: Zed Books.

Amsden, Alice H.(1989), *Asia's Next Giant: South Korea and Late Industrialization*, New York & Oxford: Oxford University Press.

—— (2001), *The Rise of "The Rest": Challenges to the West from Late-Industrializing Economies*, New York: Oxford University Press.

—— (2004),"Import substitution in high-tech industries: Prebisch lives in Asia !,"*CEPAL Review*, 82, April: 75-89.

—— Alisa DiCaprio & James A. Robinson eds.(2012), *The Role of Elites in Economic Development*, New York: Oxford University Press.

Arestis, Philip, John McCombie & Roger Vickerman eds.(2006), *Growth and Economic Development: Essays in Honour of A.P. Thirlwall*, Cheltenham & Northampson MA.: Edward Elgar.

Arndt, H.W.(1985),"The origins of structuralism,"*World Development*, 13(2): 151-159.

Atkinson, Anthony B., Kaushik Basu, Jagdish N. Bhagwati, Douglass C. North, Dani Rodrik, Frances Stewart, Joseph E. Stiglitz & Jeffrey G. Williamson (2005), *Wider Perspectives on Global Development*, New York: United Nations University & Palgrave Macmillan.

Bacha, Edmar L.(1990),"A three-gap model of foreign transfers and the GDP growth rate in developing countries,"*Journal of Development Economics*, 32: 279-296.

Balassa, Bela (1970),"Growth strategies in semi-industrial countries,"*Quarterly Journal of Economics*, February, reprinted in Balassa (1989), *Comparative Advantage Trade Policy and Economic Development*, New York: Harvester Wheatsheaf:: 229-250.

—— (1972),"Industrial policies in Taiwan and Korea,"in Di Marco, Luis E. ed.: 159-180.

—— (1981),"The process of industrial development and alternative development strategies,"in Balassa, *The Newly Industrializing Countries in the World Economy*, New York: Pergamon Press: 1-26.

—— (1989), *Comparative Advantage, Trade Policy and Economic Development*, New York: New York University Press.

Bastable, C. F.(1923), *The Commerce of Nations*, 9th ed.(original 1891), London: Methuen,

参考文献　239

reprinted (2017), New York: Routledge.

Basu, Kaushik & Joseph E. Stiglitz eds.(2016), *Inequality And Growth: Patterns And Policy, Vol.I: Concepts and Analysis*, New York: Palgrave Macmillan.

—— (2016), *Ibid., Vol.II: Regions and Regularities*, New York: Palgrave Macmillan.

Benetrix, Agustin S. K.H.O'Rourke & J.G.Williamson (2017),"Measuring the spread of modern manufacturing to the poor periphery,"in O'Rourke, K.H. & J.G. Williamson eds. chap.2: 13-29.

Bernstein, Henry ed.(1973), *Underdevelopment & Development: The Third World Today*, New York: Penguin Books.

Bértola, Luis (2011),"Institutions and the historical roots of Latin American divergence,"in Ocampo, Jose A. & Jaime Ros, eds.: 26-49.

—— & Jeffrey Williamson eds.(2017), *Has Latin American Inequality Changed Direction ? : Looking Over the Long Run*, New York & London: Springer.

Bhagwati, Jagdish N.(2005),"Globalization and appropriate governance,"in Atkins, Anthony B. et al.: 74-100.

——, Richard A. Brecher & T.N.Srinivasan (1984),"DUP activities and economic theory,"*European Economic Review*, 24: 291-307.

Bielschowsky, Ricardo (2006),"Celso Furtado's contributions to structuralism and their relevance today,"*CEPAL Review*, 88, April: 7-14.

—— (2009),"Sixty years of ECLAC: structuralism and neo-structuralism,"*CEPAL Review*, 97, April: 171-192.

Birdsall, Nancy A., de la Torre & F.V.Caicedo (2011),"The Washington consensus: assessing a 'damaged brand',"in Ocampo, José A. & Jaime Ros, eds. : 79-107.

Bourguibnon, Francois, Francisco H.G.Ferreira & N.Lustig eds.(2005), *The Microeconomics of Income Distribution Dynamics: in East Asia and Latin America*, New York: Oxford University Press.

Bresser-Pereira, Luiz Carlos (2004),"Method and passion in Celso Furtado,"*CEPAL Review*, 84, December: 19-34.

Caldentey, Esteban P. & Matias Vernengo (2016),"Raúl Prebisch and economic dynamics: cyclical growth and center-periphery interaction,"*CEPAL Review*, 118 April: 9-24.

Cangiani, Michete (2007),"The forgotten institutions,"Harvey et al. eds.: 25-42.

Cardoso, Fernando Henrique (2008),"New paths: globalization in a historical perspective," *International Journal of International Communication*, 2: 385-395., reprinted in Serigson, Mitchell A. & John T Passé-Smith eds.(2014), chap.25: 309-320.

Chang, Ha-Joon ed.(2001), *Joseph Stiglitz and the World Bank: the Rebel Within*, London: Anthem Press.

—— (2008), *Bad Samaritans: the Guilty Secrets of Rich Nations & the Threat to Global Prosperity*, London: Random House.

Chenery, Hollis B.(1975),"Structuralist approach to development policy,"*American Economic Review*, May: 310-316.

—— & M.Bruno (1962),"Development alternatives in an open economy: the case of Israel,"*Economic Journal*, 72, March: 79-103.

—— & P.Eckstein (1970),"Development alternatives for Latin America,"*Journal of Political Economy*, 78: 966-1006.

—— & T.N.Srinivasan eds.(1988), *Handbook of Development Economics*, Vol.1 — Vol.2, Amsterdam:

North-Holland.

—— & A.M.Strout (1966),"Foreign assistance and economic development,"*American Economic Review*, 56, September: 679-733.

Chew, Sing C. & Pat Lauderdale eds.(2010), *Theory and World Development: The Writings of Andre Gunder Frank*, New York: Macmillan.

Cimoli, Mario & Gabriel Porcile (2016),"Latin American structuralism: the co-evolution of technology, structural change and economic growth,"in Reinert, Erik S. Jayati Ghosh & Rainer Kattel eds. chap: 11: 228-239.

Corden, W. Max (1966),"The structure of tariff system and the effective protective rate,"*Journal of Political Economy*, 74: 221-237.

—— (1971), *The Theory of Protection*, New York: Oxford University Press.

—— & Ronald Findlay (1975),"Urban unemployment, intersectoral mobility and development policy,"*Economica* (February) : 59-78.

Coricelli, Fabrizio, Massimo di Matteo & Frank Hahn eds.(1998), *New Theories in Growth and Development*, London and New York: Macmillan Press/

Currie-Alder, Bruce, R. Kanbur, D.M.Malone & R.Medhora, eds.(2014), *International Development: Ideas, Experience, & Prospects*, Oxford, UK: Oxford University Press.

Cypher, James M.(2007),"Shifting development paradigms in Latin America: is neoliberalism history ? ,"in Caldentey, Esteban P. et al., eds., *Ideas, Policies and Economic Development in Latin America*, London & New York: Routledge, : 31-61.

Deardorff, Alan V.(1994),"Overview of the Stolper-Samuelson theorem,"in Deardorff et al. eds. chap.2: 7-34.

—— & Robert M. Stern eds.(1994), *The Stolper –Samuelson Theorem: A Golden Jubilee*, Ann Arbor: University of Michigan Press.

de Ferranti, David, G.E.Perry, F.H.G.Ferreira & M.Walton (2004), *Inequality in Latin America Breaking with History ?* , Washington, D.C.: World Bank.

de Janvry, Alain & Elisabeth Sadoulet (2016), *Development Economics: Theory and Practice*, London and New York: Routledge.

de Paula, Silvana & Gary A. Dymiski (2005),"Introduction,"in De Paula & Dymski, eds., *Reimaging Growth Towards a Renewal of Development Theory*, London & New York: Zed Books: 3-26.

Diaz-Alejandro, Carlos F.(1985),"Good-bye financial repression, hello financial crash,"*Journal of Development Economics*, 19 (1/2), September/October: 1-24.

Di Filippo, Armando (2009),"Latin American structuralism and economic theory,"*CEPAL Review*, 98, August: 175-196.

Di Marco, Luis E. ed.(1972), *International Economics and Development: Essays in Honor of Raul Prebisch*, New York & London: Academic Press.

Dornbusch, Rudiger & S. Edwards eds.(1991), *The Macroeconomics of Populism in Latin America*, Chicago and London: The University of Chicago Press.

Dosman, Edgar J.(2010), *The Life and Times of Raul Prebisch 1901−1986*, Montreal & Kingston: McGill-Queen's University Press.

Dos Santos, Theotonio (1970),"The structure of dependence,"*American Economic Review*, 60(2), May: 231-236.

Dutt, Amitava Krishna & J.Ros eds.(2003), *Development Economics and Structuralist Macroeconomics: Essays in Honor of Lance Taylor*, Cheltenham & Northampton, MA: Edward

参考文献　241

Elgar.

—— eds.(2008), *International Handbook of Development Economics*, vol.1-2, Cheltenham & Northampton, MA: Edward Elgar.

Eatwell, John, M. Milgate & P. Newman eds.(1987), *The New Palgrave a Dictionary of Economics*, vol.1 — vol.4, London & New York: Macmillan.

Ferrer, Aldo (2010), "Raul Prebisch and the dilemma of development in the globalized world," *CEPAL Review*, 101, August: 7-15.

Frank, Andre G.(1966), "The development of underdevelopment," *Monthly Review*, 18(4), September: 17-31. Reprinted in Chew, Sing C. et al. eds.(2010), chap.1: 7-17; and reprinted in Seligson, M.A. & John T Passe-Smith ed, (2014), chap.: 283-293.

Furtado, Celso (1964), *Development and Underdevelopment*, Berkeley, California: University of California Press, partially reprinted in Bernstein, Henry ed. : 33-43.

Gerschenkron, Alexander (1962), *Economic Backwardness in Historical Perspective*: Cambridge, MA.: Harvard University Press.

Hansen, N.(1987), "Poles of development," in Eatwell, J., M. Milgate et al. eds., *The Palgrave Economic Development*, London: Macmillan: 286-290.

Hardy, Alfredo, T.(2013), *The World Turned Upside Down: The Complex Partnership between China and Latin America*, Singapore & New Jersey: World Scientific.

Harris, John R. & Michael P. Todaro (1970), "Migration, unemployment and development: a two-sector analysis," *American Economic Review*, 60, March: 126-142.

Harvey, Mark, Ronnie Ramlogan & Sally Randles eds.(2007), *Karl Polanyi: New Perspectives on the Place of the Economy in Society*, Manchester and New York: Manchester University Press.

Hausmann, Ricardo, Dani Rodrik & Andres Velasco (2008), "Growth diagnostics," in Serra, Narcis & Joseph E. Stiglitz eds. chap.15: 324-355.

Hecksher, Eli Filip (1919), "The effect of foreign trade on the distribution of income," *Ekonomisk Tidskrift*. 497-512.

Higgins, Benjamin (1956), "The dualistic theory of underdeveloped areas," *Economic Development and Cultural Change*,: 99-112.

—— (1988a), "Francois Perroux," in Higgins et al. eds. chap.1: 31-47.

—— (1988b), "Regioaal development and efficiency of the national economy," in *ibid*. chap.9: 193-224.

—— & Donald J. Savoie eds.(1988), *Regional Economic Development: Essays in Honour of Francoois Perroux*, Boston & London: Unwin Hyman.

Hirschman, Albert O. ed.(1961), *Latin American Issues: Essays and Comments*, New York: Twentieth Century Fund.

—— (1961), "Ideologies of economic development in Latin America, " —— ed.: 3-42, reprinted in —— (1971), chap.13: 270-311.

—— (1968), "The political economy of import-substituting industrialization in Latin America," *Quarterly Journal of Economics*, 82, February: 2-32, in reprinted —— (1971), chap.3: 85-123.

—— (1971), *A Bias for Hope: Essays on Development and Latin America*, New Haven & London: Yale University Press.

—— (1981), "The rise and decline of development economics," in Hirschman, *Essays in Trespassing: Economics to Politics and Beyond,* Cambridge: Cambridge University Press: 1-24.

Jameson, Kenneth P.(1986), "Latin American structuralism: a methodological perspective," *World Development*, 14(2): 223-232.

242 参考文献

Jomo, K.S. & Erik S. Reinert (2005) "Introduction," Jomo et al. eds., *The Origins of Development Economics: New School of Economic Thought Have Addressed Development*, London & New York: Zed Books: vii–xxii.

Jones, Ronald W.(1965), "The structure of simple general equilibrium models, " *Journal of Political Economy*, 73: 557–572.

Jorgenson, Dale W.(1961), "The development of a dual economy," *Economic Journal*, 71, June: 309–334.

Kaldor, Nicholas (1978), *Further Essays on Economic Theory*, London: Duckworth.

Kemp, Murray C.(1960), "Mill-Bastable infant industry dogma," *Journal of Political Economy*, 68 (February) : 65–67.

Krueger, Anne O.(1974), "Political economy of the rent-seeking society," *American Economic Review*, 64: 291–303.

Krugman, Paul (1989), "Differences in income elasticities and trends in real exchange rate," *European Economic Review*, 33: 1031–1054.

—— (1994), "Stolper-Samuelson and the victory of formal economics," in Deardorff & Stern eds. chap.18: 275–278.

Lal, Deepak (1983), *The Poverty of 'Development Economics'*, New Delhi: Oxford University Press.

Leibenstein, Harvey (1978), *General X-Efficiency Theory & Economic Development*, New York: Oxford University Press.

Leontief, Wassily W.(1953), "Domestic production and foreign trade: the American position reexamined," *Proceedings of the American Philosophical Society*, 97: 332–349.

Levinsohn, Jim, Alan V. Deardorff & Robert M. Stern eds.(1995), *New Directions in Trade Theory*, Ann Arbor: University of Michigan Press.

Lewis, W. Arthur (1954), "Economic development with unlimited supplies of labour," *Manchester School of Economic and Social Studies*, 22, May: 139–191.

—— (1955), *The Theory of Economic Growth*, London: Allen & Unwin.

—— (1972), "Reflections on unlimited labor," in Di Marco, Luis, E. ed.: 75–96.

—— (1978), *Growth and Fluctuation 1870−1913*, London: Allen & Unwin.

—— (1979), Autobiographical statement to the Nobel committee, Nobel Lecture, Economics 1969−80 [http://nobelprize.org/economics/laureates/1979/lewis-autobio.html]

—— (1984), "The state of development theory," *American Economic Review*, 74, March: 1–10.

Lin, Justin Y.(2009), *Economic Development and Transition: Thought, Strategy, and Viability*, New York: Cambridge University Press.

—— (2011), "New structural economics: a framework for rethinking development," *World Bank Research Observer*, 26(2): 193–221.

—— & Celestin Monga (2014), "The evolving paradigm of structural change," in Currie-Alder, Bruce & R. Kanbur et al., eds.: 277–294.

Little, Ian M.D.(1982), *Economic Development: Theory, Policy, and International Relations*, New York: Basic Books.

——, T. Scitovsky & T. N. Srinivasan (1970), *Industry, and Trade in Some Developing Countries: A Comparative Study*, London: Oxford University Press.

Lucus, Robert E.(1988), "On the mechanisms of economic development," *Journal of Monetary Economics*, 22: 3–42.

Lustig, Nora, Luis F. Lopez-Calva & Eduardo Ortiz-Juarez (2016), "Deconstructing the decline in

参考文献　　243

inequality in Latin America," in Basu, Kaushik & Joseph E.Stiglitz eds. Vol.II, chap.7: 212-231.

Maddison, Angus (2001), *The World Economy: A Millennial Perspective*, Paris: OECD Publishing.

McCombie, John S.L. & A.P.Thirlwall eds.(2004), *Essays on Balance of Payments Constrained Growth: Theory and Evidence*, London & New York: Routledge.

McKinnon, Ronald I.(1964),"Foreign exchange constraints in economic development and efficient aid allocation,"*Economic Journal*, 74 (294), June: 388-409.

Meier, Gerald M. & Dudley Seers eds.(1984), *Pioneers in Development*, New York: Oxford University Press.

Murakami, Yoshimichi & Rene A. Hernandez (2015),"The impacts of China on economic growth: evidence for Brazil, Chile and Peru,"*CEPAL*, Nov: 1-38.

Mussa, Michael (1979),"The two- sector model in terms of its dual: a geometric exposition,"*Journal of International Economics*, 9(4): 513-526.

Myrdal, Gunner (1956), *An International Economy: Problems and Prospects*, Westport, Connecticut: Greenwood Press.

―― (1968), *Asian Drama,: An Inquiry Into the Poverty of Nations*, New York: Pantheon.

North, Douglass C.(2005a),"The contribution of the new institutional economics to an understanding of the transition problem," in Atkinson, Anthony B. et al.: 1-15.

―― (2005b), *Understanding the Process of Economic Change*, Princeton, NJ.: Princeton University Press.

Ocampo, José A. ed.(2005), *Beyond Reforms: Structural Dynamics and Macroeconomic Vulnerability*, Washington, D.C.: Stanford University Press.

―― (2011),"Macro-economy for development: countercyclical policies and production sector transformation,"*CEPAL Review*, 104, August: 7-35.

―― (2014),"Trade and finance in developing thinking," in Currie-Alder, et al., eds.: .295-310.

Ocampo & Jaime Ros eds.(2011), *The Oxford Handbook of Latin American Economics*, New York: Oxford University Press.

―― (2011),"Shifting paradigms in Latin America's economic development, in Ocampo & Ros eds.: 3-25.

Ocampo & Juan Martin eds.(2003), *Globalization and Development: A Latin* American *and Caribbean Perspective*, Santiago & Washington, D.C.: ECLAC Stanford University Press.

Ocampo, Codrina Rada & Lance Taylor (2009), *Growth and Policy in Developing Countries: A Structuralist Approach*, New York: Columbia University Press.

―― (2009),"Patterns of net borrowing in open developing countries,"*ibid*, chap.5: 76-83.

O'Rourke, Kevin Hjortshoj & Jeffrey G. Williamson eds.(2017), *The Spread of Modern Industry to the Periphery since 1871*, Oxford UK: Oxford University Press.

Otsubo, Shigeru T.(2016),"In search of a new development paradigm," in Otsubo ed. *Globalization and Development Vol.III: In Search of A New Development Paradigm*, 243-281, London & New York: Routledge.

Palma, José G.(1987),"structuralism,"Eatwell, John et al. eds. vol.4: 528-531.

―― (2008),"Structuralism," Dutt, A.K. & J.Ros eds. vol.1: 136-143.

―― (2011),"Homogeneous middles vs. heterogeneous tails, and the end of the 'Inverted-U': the share of the rich is what it's all about,"*Development and Change*, 42(1) [An extended version is available at http://www..econ.cam.ac.uk/research/repec/cam/pdf/cwpe1111.pdf]

―― (2016a),"Do nations just get the inequality they deserve ? the 'Palma Ratio' re-examined," in

244   参考文献

Basu, Kaushik & Joseph E.Stiglitz eds., chap. 2: 35-93.

—— (2016b), "The dependency school and its aftermath: why Latin America's critical thinking switched from one type of absolute certainties to another," in Reinert, Erik S., Jayati Ghosh & Rainer Kattel eds. chap.21: 386-415.

Perrotini-Hernández, I., Juan, A. Vázquez-Muñoz & Blanca L. Avendaño-Vargas (2011), "Beyond the Washington consensus: the quest for an alternative development paradigm for Latin America," in Angeles-Castro, G., et al. eds., *Market Liberalism, Growth, and Economic Development in Latin America*, 26-58, London & New York: Routledge.

Perroux, François (1955), "Notes sur la notion de 'pôle de croissance'," *Economie appliquée*, 7: 307-320.

—— (1961), *L' Économie du XXe siècle*, Paris: Presses universitaires de France.

—— (1988a), "The pole of development's new place in a general theory of economic activity," in Higgins, Benjamin & Donald J. Savoie, eds.: 48-76.

—— (1988b), "Peregrinations of an economist and the choice of his route," in *ibid.*: 77-90.

Pfaffenzeller, Stephan (2017), "Developing country growth and the commodity terms of trade," —— *Primary Commodities and Economic Development*, London & New York: Routledge, chap.2: 4-21.

Polanyi-Levitt, Kari (2005a), "Karl Polanyi as a development economist," Jomo, KS. ed., *The Pioneers of Development Economics: Great Economists on Development*, London and New York: Zed Books: 165-180.

—— (2005b), "Raul Prebisch and Arthur Lewis: the two basic dualities of development economics," *ibid.*: 193-208.

—— (2007), "Preface: the English experience in the life and work of Karl Polanyi," Harvey, Mark et al. eds.: xi-xvi.

Polenske, Karen R.(1988), "Growth pole theory and strategy reconsidered: domination, linkages, and distiribution," in Higgins, Benjamin et al. eds.: 91-111.

Prebisch, Raúl (1950), *The Economic Development of Latin America and its Principal Problems*, New York: UN ECLA.

—— (1959), "Commercial policy in the underdeveloped countries," *American Economic Review*, 49 (2), May: 251-273.

—— (1980), "Towards a theory of change," *CEPAL Review*, 10, April: 155-208.

Rada, Codrina (2007), "A growth model for a two-sector economy with endogenous employment," *Cambridge Journal of Economics*, 31: 711-740.

Ranis, Gustav & J.C.H.Fei (1961), "A theory of economic development," *American Economic Review*, 51(4): 533-565.

Rauch, James E.(1991), "Modelling the informal sector formally," *Journal of Development Economics*, 35(1): 33-47.

Reinert, Erik S. & Spbus A. Reinert (2005), "Marcantilism and economic development: Schumpeterian dynamics, institution-building and international benchmarking," in Jomo K.S. & Erik S. Reinert eds. *The Origins of Development Economics: How Schools of Economic Thought Have Addressed Development*, London and New York: Zed Books: 1-23.

Reinert, Erik S., Jayati Ghosh & Rainer Kattel eds.(2016), *Handbook of Alternative Theories of Economic Development*, Cheltenham and Northampton, MA: Edward Elgar.

Rodrik, Dani (2005), "Rethinking growth strategies," in Atkinson, Anthony B. et al.: 201-223.

—— (2006), "Goodbye Washington consensus, hello Washington confusion," *Journal of Economic Literature*, 44, December: 973-987.

—— (2007a), "Fifty years of growth (and lack thereof) : an interpretation," in Rodrik, *One Economic Many Recipes: Globalization, Institution, and Economic Growth*, Princeton NJ: Princeton University Press: 13-55.

—— (2007b), "What produces economic success ? ," in French-Davis, Ricardo & J.L. Machinea eds., *Economic Growth with Equity : Challenges for Latin America*, New York: Palgrave Macmillan: 27-43.

—— (2008), "A practical approach to formulating growth strategies," in Serra, Narcis & J.E.Stiglitz eds. chap.16: 356-366.

—— (2010), "Diagnostics before prescription," *Journal of Economic Perspectives*, 24(3): 34-38.

—— (2011), *The Globalization Paradox: Democracy and the Future of the World Economy*, New York & London: Norton.

—— (2013), "Unconditional convergence in manufacturing," *Quarterly Journal of Economics*, 128: 165-204.

—— (2015), *Economics Rules: Why economics works, when it fails, and how to tell the difference*, Oxford: Oxford University Press.

Romer, Paul M.(1986), "Increasing returns and long-run growth," *Journal of Political Economy*, 94: 1002-1037.

Ros, Jaime (1994), "Foreign exchange and fiscal constraints on growth: a reconsideration of structuralist and macroeconomic approaches," in Dutt, A.K. ed., *New Directions in Analytical Political Economy*, Aldershot: Edward Elgar: 271-292.

—— (2003), "Inflation, stabilization and growth: multiple equilibria in a structuralist model," in Dutt, A.K. & J.Ros eds., chap.12: 227-244.

—— (2015), *Development Macroeconomics in Latin America and Mexico: Essays on Monetary, Exchange Rate, and Fiscal Policies*, New York: Palgrave Macmillan.

Rose, Pauline (2006), "From Washington to Post-Washington consensus: the triumph of human capital," in Jomo, KS. & Ben Fine eds., *The New Development Economics: After the Washington Consensus*, London & New York: Zed Books: 162-183.

Rosenstein-Rodan, P.N.(1943), "Problems of industrialization of Eastern and South-Eastern Europe," *Economic Journal*, 53 (210-11): 202-211.

Salih, Mohamed M.A.(2006), "Samir Amin (1931⁻)," in Simon, David ed., *Fifty Key Thinkers on Development*, London & New York: Routledge: 20-25.

Samuelson, Paul A.(1939), "The gains from international trade," *Canadian Journal of Economics and Political Science*, 5: 195-205.

—— (1948), "International trade and the equalization of factor prices," *Economic Journal*, 58: 163-184.

—— (1949), "International factor-price equalization once again," *Economic Journal*, June: 181-197.

—— (1962), "The gains from international trade once again," *Economic Journal*, 72: 820-829.

—— (1995), "The past and future of international trade theory," in Levinsohn, Deardorff, & Stern eds. chap.2: 17-22.

Schultz, Theodore W.(1963), *The Economic Value of Education*, New York: Columbia University Press.

—— (1964), *Transforming Traditional Agriculture*, New Haven, Conn.: Yale University Press∕

246   参考文献

Seers, Dudley (1962a), "A model of comparative rates of growth of the world economy," *Economic Journal*, March: 45-78.

—— (1962b), "A theory of inflation and growth in under-developed economies based on the experience of Latin America," *Oxford Economic Papers*, 14 (2), June: 173-195.

—— (1963), "The limitations of the special case," *Bulletin of the Oxford University Institute of Economics and Statistics*, 25 (2), May: 77-98.

Seligson, Mitchell A. & John T Passé-Smith eds. (2014), *Development & Underdevelopment: The Political Economy of Global Inequality*, fifth ed. London: Lynne Rienner.

Sen, Amartya K. (1960), *Choice of Techniques*, Oxford: Blackwell.

—— (1966), "Peasants and dualism with or without surplus labor," *Journal of Political Economy*, 74 (5), October: 425-450.

—— (1983), "Development: which way now ? ," *Economic Journal*, 93 (372), December: 745-762.

Serra, Narcis & Joseph, E. Stiglitz eds. (2008), *The Washington Consensus Reconsidered: Towards a New Global Governance*, New York: Oxford University Press.

Shapiro, Helen (2007), "Industrial policy and growth," in Ocampo, Jose A., K.S.Jomo & R.Vos eds., *Growth Divergences: Explaining Differences in Economic Performance*, London and New York: Zed Books: 148-171.

Shapiro, Helen & Lance Taylor (1990), "The state and industrial strategy," *World Development*, 18 (6): 861-878.

Shaw, John (2005), "Hans Wolfgang Singer," in Simon, D. ed.: 242-47.

Simon, David ed. (2005), *Fifty Key Thinkers on Development*, London and New York: Routledge.

Singer, Hans W. (1950), "The distribution of gains between investing and borrowing countries," *American Economic Review*, 40 (2): 473-485.

—— (1987), "terms of trade and economic development," Eatwell, John et al. eds. Vol.4: 626-628.

—— (1997), "Editorial: the golden age of the Keynesian consensus in the pendulum swings back," *World Development*, 25 (3): 293-295.

Stallings, Barbara & W. Peres (2000), *Growth, Employment, and Equality: The Impact of the Economic Reform in Latin America and the Caribbean*, Washington, D.C.: ECLAC Brookings Institution Press.

Stark, Oded (1982), "On modelling the informal sector," *World Development*, 10 (5): 413-416.

Stiglitz, Joseph E. (1986), "The new development economics," *World Development*, 14 (2), Special Issue: 257-265.

—— (1998), "Towards a new paradigm for development: strategies, policies and processes," The 1998 Prebisch Lecture at UNCTAD Geneva, October 1998, reprinted in Chang, Ha-Joon ed. (2001) : 57-93.

—— (2005), "More instruments and broader goals: moving toward the Post Washington consensus," in Atkinson, Anthony B. et al., (2005) : 16-48.

—— (2008), "Is there a Post-Washington consensus ?," in Serra, Narcis & Stiglitz eds.: 41-56.

——, José A.Ocampo, Shari Spiegel, Ricardo Ffrench-Davis, Deepak Nayyar (2006), *Stability with Growth: Macroeconomics, Liberalization, and Development*, New York: Oxford University Press.

Stolper, Wolfgang F. & Paul A. Samuelson (1941), "Protection and real wage," *The Review of Economic Studies*, 9: 58-73

Sunkel, Osvaldo ed. (1993), *Development From Within: Towards a Neostructuralist Approach for*

Latin America, Colorado & London: Lynne Rienner.

Taylor, Lance (1991), "Gap disequilibria: inflation, investment, saving, and foreign exchange," in Taylor, *Income Distribution, Inflation, and Growth: Lectures on Structuralist Macroeconomic Theory*, 159-182, Cambridge, MA. & London: MIT Press.

—— (1994), "Gap models," *Journal of Development Economics*, 45(1): 17-34.

—— (1998), "Growth and development theories," in Coricelli, Fabrizio, Massimo di Matteo & Frank Hahn eds. chap. 8: 175-224, reprinted in Taylor (2004a) chap.11: 349-377.

—— (2004a), *Reconstructing Macroeconomics: Structuralist Proposals and Critiques of the Mainstream*, London and Cambridge, MA.: Harvard University Press.

—— (2004b), "External liberalization, economic performance, and distribution in Latin America and elsewhere," in Cornia, Giovanni A. ed., *Inequality, Growth, and Poverty in an Era of Liberalization and Globalization*, 166-196, New York: Oxford University Press.

—— (2010), *Maynard' Revenge: the Collapse of Free Market Macroeconomics*, Cambridge, MA. & London: Harvard University Press.

—— & Persio Arida (1988), "Long-run income distribution and growth," in Chenery, Hollis & T.N.Srinivasan eds. chap.6: 161-194.

Thirlwall, A.P.(1979), "The balance of payments constraint as an explanation of international growth rate differences," *Banco Nazionale del Lavoro Quarterly Review*, 128: 44-53, reprinted in McCombie & —— eds.(2004) : 21-27

—— (1987), "Keynes, economic development and the developing countries," in —— ed., *Keynes and Economic Development*, London: Macmillan, reprinted in (2015), *Essays on Keynesian and Kaldorian Economics*, London: Macmillan: 149-177.

—— (2003), *Trade, the Balance of Payments and Exchange Rate Policy in Developing Countries*, Cheltenham & Northampton, MA: Edward Elgar.

—— (2006), *Growth & Development: With Special Reference to Development Economics*, 8th ed., New York: Palgrave Macmillan.

—— (2011), *Economics of Development: Theory and Evidence*, 9th ed., London & New York: Palgrave Macmillan.

—— (2015), *Essays on Keynesian and Kaldorian Economics*, London: Palgrave Macmillan.

—— & P. Pachero-Lopez (2008), *Trade Liberalisation and the Poverty of Nations*, Cheltenham, UK & Northampton, MA: Edward Elgar.

Tignor, Robert L.(2006), *W. Arthur Lewis and the Birth of Development Economics*, Princeton, NJ. & Oxford, UK: Princeton University Press.

Tobin, James (1996), "Prologue," in Ul Haq et al. eds., *The Tobin Tax: Coping with Financial Volatility*, New York and London: Oxford University Press.

Toye, John (2005), "The significance of Keynes for development economics," in Jomo, KS. ed., *The Pioneers of Development Economics: Great Economists on Development*, London & New York: Zed Books: 123-141.

—— (2006), "The influence of Keynes on development economics," in Arestis, Philip, J.McCombie, & R. Vickerman, eds., *Growth and Economic Development: Essays in Honour of A.P. Thirlwall*, Cheltenham and Northampton, MA: Edward Elgar: 264-280.

Toye, John & R. Toye (2004), "The early terms of trade controversy," in Toye & Toye, *The UN and Global Political Economy: Trade, Finance, and Development*, Bloomington & Indianapolis: Indiana University Press: 110-136.

248 参考文献

Tullock, Gordon (1967), "The welfare costs of tariffs, monopolies and theft," *Western Economic Journal*, 5(3): 224-232.

United Nations [http://www.un.org/french/milleniumgoals]

Van Waeyenberge, E.(2006), "From Washington to Post-Washington consensus: illusions of development," in Jomo, KS., et al., eds.(2005) : 21-45.

Vernon, Raymond (1966), "International investment and international trade in the product cycle," *Quarterly Journal of Economics*, 80: 190-207.

Wade, Robert (1998), "The Asian debt and development crisis of 1997—? : causes and consequences," *World Development*, 26(8): 1534-1553.

Wendler, Eugen (2016), *Friedrich List's Exile in the United States: New Findings*, New York and London: Springer.

Williamson, Jeffrey G.(2006), *Globalization and the Poor Periphery Before 1950*, Cambridge, MA. & London: MIT Press.

—— (2011), *Trade and Poverty: When the Third World Fell Behind*, Cambridge, MA. & London: MIT Press.

Williamson, John (1990), "What Washington means by policy reform," in Williamson ed., *Latin American Adjustment: How Much Has Happened ?* , Washington DC: Institute for International Economics: 7-20.

・**邦語翻訳文献**（50音順）〈括弧 [　] 内はオリジナル初版の刊行年〉

アカロフ，ジョージ A．／ロバート J. シラー（2009）『アニマルスピリット——人間の心理がマクロ経済を動かす——』上下，山形浩生訳，東洋経済新報社［2009］

アセモグル，ダロン／ジェイムズ A. ロビンソン（2013）『国家はなぜ衰退するのか——権力・繁栄・貧困の起源——』上下，鬼澤忍訳，早川書房［2012］

アトキンソン，アンソニー B.（2015）『21世紀の不平等』山形浩生・森本正史訳，東洋経済新報社［2015］

アミン，サミル（1983）『不均等発展』西川潤訳，東洋経済新報社［1973］

アリストテレス（1971）『ニコマコス倫理学』上，高田三郎訳，岩波文庫［1894］

ウィリアムズ，エリック（1978）『資本主義と奴隷制——ニグロ史とイギリス経済史——』中山毅訳，理論社［1961］

ウィリアムソン，ジェフリー G．（2003）『不平等，貧困と歴史』安場保吉・水原正亨訳，ミネルヴァ書房［1991］

ウェイド，ロバート（2000）『東アジア資本主義の政治経済学——輸出立国と市場誘導政策——』長尾伸一他編訳，同文舘［1990］

ヴェーバー，マックス（1954）『一般社会経済史要論』上下，黒正巌・青山秀夫訳，岩波書店［1924］

—— (1970)『経済と社会——支配の諸類型——』世良晃志郎訳，創文社［1956］

—— (1988)『プロテスタンティズムの倫理と資本主義の精神』大塚久雄訳，岩波書店［1920］

ヴェブレン，ソースタイン（1961）『有閑階級の理論』小原敬士訳，岩波文庫［1899］

ウォーラーステイン，イマヌエル（2013）『近代世界システム［I］——農業資本主義と「ヨーロッパ世界経済」の成立——』川北稔訳，名古屋大学出版会［2011］

—— (2013)『近代世界システム［II］——重商主義と「ヨーロッパ世界経済」の凝集1600-1750——』川北稔訳，名古屋大学出版会［2011］

—— (2013)『近代世界システム［III］——「資本主義的世界経済」の再拡大 1730s-1840s——』川北稔訳，名古屋大学出版会［2011］

―― (2013)『近代世界システム［IV］――中道自由主義の勝利 1789-1914――』川北稔訳，名古屋大学出版会［2011］

エンゲルス，フリードリッヒ（1990）『イギリスにおける労働者階級の状態――19 世紀のロンドンとマンチェスター――』一條和生・杉山忠平訳，岩波文庫［1845］

オウエン，ロバート（1961）『オウエン自叙伝』五島茂訳，岩波文庫［1857］

オズノス，エヴァン（2015）『ネオ・チャイナ――富・真実・心のよりどころを求める 13 億人の野望――』笠井亮平訳，白水社［2014］

オックスファム・インターナショナル（2006）『貧困・公正貿易・NGO――WTO に挑む国際 NGO オックスファムの戦略――』渡辺龍也訳，新評論［2002］

オフ，キャロル（2007）『チョコレートの真実』北村陽子訳，英治出帆［2006］

オリーン，バーティル（1966）『貿易理論――域際および国際貿易――』木村保重訳，ダイヤモンド社［1933］

ガーシェンクロン，アレクサンダー（2005）『後発工業国の経済史――キャッチアップ型工業化論――』絵所秀紀他編訳，ミネルヴァ書房［1962］

―― (2016)『経済後進性の史的展望』池田美智子全訳，日本経済評論社［1962］

カーネマン，ダニエル（2012）『ファスト＆スロー――あなたの意思はどのように決まるか？――』上下，村井章子訳，早川書房［2012］

カーランスキー，マーク（2016）『紙の世界史――歴史に突き動かされた技術――』川副智子訳，徳間書店［2016］

カイ，クリトバル（2002）『ラテンアメリカ従属論の系譜――ラテンアメリカ：開発と低開発の理論――』吾郷健二監訳，大村書店［1989］

外務省（2015）「持続可能な開発目標（SDGs）」: http://www.mofa.go.jp/mofaj/files/000101402.pdf

クラーク，グレゴリー（2009）『10 万年の世界経済史』上下，久保恵美子訳，日経 BP 社［2007］

―― (2015)『格差の世界経済史』久保恵美子訳，日経 BP 社［2014］

クリフ，ナイジェル（2013）『ヴァスコ・ダ・ガマの「聖戦」――宗教対立の潮目を変えた大航海――』山村宣子訳，白水社［2011］

経済協力開発機構（1980）『OECD レポート　新興工業国の挑戦』大和田悳朗訳，東洋経済新報社［1979］

ケイン P.J.／A.G.ホプキンス（1994）『ジェントルマン資本主義と大英帝国』竹内幸雄・秋田茂訳，岩波書店［1980，1986，1987］

ケインズ，J. メイナード（1979/80）『貨幣論 I』『貨幣論 II』小泉明・長沢惟恭訳，ケインズ全集第 5 巻・第 6 巻，東洋経済新報社［1930］

―― (1983)『雇用・利子および貨幣の一般理論』塩野谷祐一訳，東洋経済新報社［1936］

国連ラテンアメリカ・カリブ経済委員会（ECLAC）編（1986）『ラテンアメリカ経済の危機――新しいパラダイムへの模索――』小坂允雄・細野昭雄・加賀美充洋訳，アジア経済研究所［1985］

コウ，ソフィー D.／コウ，マイケル D.(1999)『チョコレートの歴史』樋口幸子訳，河出書房新社［1996］

コッペル，ダン（2012）『バナナの世界史――歴史を替えた果物の数奇な運命――』黒川由美訳，太田出版［2008］

コリアー，ポール（2008）『最底辺の 10 億人――最も貧しい国々のために本当になすべきことは何か？――』中谷和男訳，日経 BP 社［2007］

サックス，ジェフリー（2006）『貧困の終焉――2025 年までに世界を変える――』鈴木主税他訳，早川書房［2005］

シュルツ，セオドア W.（1969）『農業近代化の理論』逸見謙三訳，東京大学出版会［1964］

250　参考文献

―― (1971)『経済成長と農業』川野重任監訳，ぺりかん社［1968］

―― (1981)『貧困の経済学』土屋圭造監訳，東洋経済新報社［1965］［1979］

―― (1985)『人間資本の経済学』伊藤長正・大坪檀訳，日本経済新聞社［1981］

シュワルツ，ハーマン M. (2001/2002)『グローバル・エコノミー ［Ⅰ］・［Ⅱ］――形成と発展――』宮川典之・太田正登・浅野義訳，文眞堂［2000］

スキデルスキー，ロバート (2010)『なにがケインズを復活させたのか？――ポスト市場原理主義の経済学――』山岡洋一訳，日本経済新聞出版社［2009］

――／エドワード　スキデルスキー (2014)『じゅうぶん豊かで貧しい社会――理念なき資本主義の末路――』村井章子訳，筑摩書房［2012］

スコット，ジェームズ C. (1999)『モーラル・エコノミー――東南アジアの農民叛乱と生存維持――』高橋彰訳，勁草書房［1976］

スティグリッツ，ジョセフ E. (2002)『世界を不幸にしたグローバリズムの正体』鈴木主税訳，徳間書店［2002］

―― (2006)『世界に格差をバラ撒いたグローバリズムを正す』楡井浩一訳，徳間書店［2006］

―― (2010)『フリーフォール――グローバル経済はどこまで落ちるのか――』楡井浩一・峯村利哉訳，徳間書店［2010］

―― (2012)『世界の99％を貧困にする経済』楡井浩一・峯村利哉訳，徳間書店［2012］

―― (2015)『世界に分断と対立を撒き散らす経済の罠』峯村利哉訳，徳間書店［2015］

――／チャールトン，アンドリュー (2007)『フェアトレード――格差を生まない経済システム――』浦田秀次郎監訳，日本経済新聞出版社［2005］

スミス，アダム (1978)『道徳感情論』水田洋訳，筑摩書房［1759］

―― (1988)『国富論』大河内一男監訳，中央公論社［1776］

世界銀行 (1987)『世界開発報告 1987――世界経済の調整と成長に対する障壁・工業化と対外貿易・世界開発指標――』世界銀行

―― (1994)『東アジアの奇跡――経済成長と政府の役割――』白鳥正喜監訳，東洋経済新報社［1993］

―― (2006)『世界開発報告 2006――経済開発と成長における公平性の役割――』田村勝省訳，一灯舎

―― (2015)『世界開発報告――心・社会・行動――』田村勝省訳，一灯舎

セイラー，リチャード (2016)『行動経済学の逆襲』遠藤真美訳，早川書房［2015］

セドラチェク，トーマス (2015)『善と悪の経済学――ギルガメシュ叙事詩，アニマルスピリット，ウォール街占拠――』村井章子訳，東洋経済新報社［2011］

セン，アマルティア (2000)『自由と経済開発』石塚雅彦訳，日本経済新聞出版社［1999］

ゾンバルト，ヴェルナー (1994)『ユダヤ人と経済生活』金森誠也監訳，荒地出版社［1911］

ダイアモンド，ジャレド (2000)『銃・病原菌・鉄――1万3000年にわたる人類史の謎――』上下，倉骨彰訳，草思社［1997］

―― (2013)『昨日までの世界――文明の源流と人類の未来――』上下，倉骨彰訳，日本経済新聞出版社［2012］

タロック，ゴードン (2002)「関税，独占と窃盗の厚生費用」ロバート・トリソン，ロジャー・コングレトン編『レントシーキングの経済理論』加藤寛監訳，勁草書房［1995］

チャン，ハジュン (2009)『はしごを外せ――蹴落とされる発展途上国――』横川信治監訳，日本評論社［2002］

―― (2015)『ケンブリッジ式経済学ユーザーガイド――経済学の95％はただの常識にすぎない――』酒井泰介訳，東洋経済新報社［2014］

デュフロ，エステル (2017)『貧困と闘う知――教育，医療，金融，ガバナンス――』峯陽一他訳，

みすず書房［2010］

トクヴィル，アレクシス　ド（2005）『アメリカのデモクラシー』上下，松本礼二訳，岩波文庫［1835］

トダロ，マイケル P. ／ステファン C. スミス（2004）『開発経済学』岡田靖男監訳，国際協力出版会［2003］

トマリン，クレア（2014）『チャールズ・ディケンズ伝』高儀進訳，白水社［2011］

トリソン，ロバート，ロジャー・コングレトン編（2002）『レントシーキングの経済理論』加藤寛監訳，勁草書房［1995］

ヌルクセ，ラグナー（1955）『後進諸国の資本形成』土屋六郎訳，巌松堂［1953］

ノース，ダグラス C.（2013）『経済史の構造と変化』大野一訳，日経 BP 社［1981］

――（2016）『ダグラス・ノース　制度原論』瀧澤弘和・中林真幸監訳，東洋経済新報社「2005」

ハーシュマン，アルバート O.（1961）『経済発展の戦略』麻田四郎訳，巌松堂［1958］

――（1973）『開発計画の診断』麻田四郎・所哲也訳，巌松堂［1967］

――（1985）『情念の政治経済学』佐々木毅・旦祐介訳，法政大学出版局［1977］

――（2005）『離脱・発言・忠誠――企業・組織・国家における衰退への反応――』矢野修一訳，ミネルヴァ書房［1970］

バーバー，ウィリアム J.（2011）『グンナー・ミュルダール――ある知識人の生涯――』藤田菜々子訳，勁草書房［2008］

バーンスタイン，ウィリアム（2006）『「豊かさ」の誕生――成長と発展の文明史――』徳川家広訳，日本経済新聞社［2004］

――（2010）『華麗なる交易――貿易は世界をどう変えたか――』鬼澤忍訳，日本経済新聞出版社［2008］

バグワティ，ジャグディシュ（2005）『グローバリゼーションを擁護する』鈴木主税他訳，日本経済新聞社［2004］

バナジー，アビジット V. ／E. デュフロ（2012）『貧乏人の経済学――もういちど貧困問題を根っこから考える――』山形浩生訳，みすず書房［2011］

ピケティ，トマ（2014）『21 世紀の資本』山形浩生他訳，みすず書房［2013］

ファーガソン，チャールズ（2014）『強欲の帝国――ウォール街に乗っ取られたアメリカ――』藤井清美訳，早川書房［2012］

ファーニヴァル，J. S.（1942）『ファーニヴァル蘭印経済史』南太平洋経済研究会訳，実業之日本社［1939］

フクヤマ，フランシス（2013）『政治の起源』上下，会田弘継訳，講談社［2011］

ブーケ，J. H.（1979）『二重経済論――インドネシア社会における経済構造分析――』永易浩一訳，秋董書房［1942］

プラシャド，ヴィジャイ（2013）『褐色の世界史――第三世界とはなにか――』粟飯原文子訳，水声社［2007］

フランク，アンドレ G.（1978）『世界資本主義とラテンアメリカ――ルンペン・ブルジョワジーとルンペン的発展――』西川潤訳，岩波書店［1972］

――（1980）『従属的蓄積と低開発』吾郷健二訳，岩波書店［1978］

――（2000）『リオリエント――アジア時代のグローバル・エコノミー――』山下範久訳，藤原書店［1998］

フリードマン，ミルトン（2008）『資本主義と自由』村井章子訳，日経 BP 社［1962］

フルタード，セルソ（1972）『ラテン・アメリカの経済発展――植民地時代からキューバ革命まで――』水野一・清水透共訳，新世界社［1969］

―――（1973）『ブラジルの開発戦略』山田睦男訳，新世界社

プレビッシュ，ラウル（1965）『新しい貿易政策をもとめて――プレビッシュ報告――』外務省訳，国際日本協会［1964］

―――（1968）『新しい開発戦略をもとめて――新プレビッシュ報告――』正井正夫訳，国際日本協会［1968］

ホッブズ，トーマス（1954）『リヴァイアサン』全4巻，水田洋訳，岩波文庫［1651］

ポランニー，カール（1975a）『経済の文明史』玉野井芳郎・平野健一郎編訳，日本経済新聞社［1957］

―――（1975b）『経済と文明――〈ダホメと奴隷貿易〉の経済人類学的分析――』栗本慎一郎・端信行訳，サイマル出版会［1966］

―――（1980）『人間の経済Ⅰ――市場社会の虚構性――』玉野井芳郎・栗本慎一郎訳，『人間の経済Ⅱ――交易・貨幣および市場の出現――』玉野井芳郎・中野忠訳，岩波書店［1977］

―――（2009）『大転換――市場社会の形成と崩壊――』野口健彦他訳，東洋経済［1944］

―――（2012）『市場社会と人間の自由――社会哲学論選――』若森みどり・植村邦彦・若森章孝編訳，大月書店［2010］

マーシャル，アルフレッド（1965-67）『経済学原理』馬場啓之助訳，東洋経済新報社［1920］

マイヤー，ジェラルド M. 編（1999）『国際開発経済学入門』松永宜明・大坪滋訳，勁草書房［1995］

―――／ジョセフ E. スティグリッツ編（2003）『開発経済学の潮流――将来の展望――』関本勘次・近藤正規・国際協力研究グループ訳，シュプリンガー［2000］

マグヌソン，ラース（2009）『重商主義――近世ヨーロッパと経済的言語の形成――』熊谷次郎・大倉正雄訳，知泉書院［1994］

―――（2017）『重商主義の経済学』玉木俊明訳，知泉書館［2015］

マブバニ，キショール（2015）『大収斂――膨張する中産階級が世界を変える――』山本文史訳，中央公論新社［2013］

マン，チャールズ C.（2016）『1493――世界を変えた大陸間の「交換」――』布施由紀子訳，紀伊國屋書店［2011］

ミュルダール，グンナー（1959）『経済理論と低開発地域』小原敬士訳，東洋経済新報社［1957］

―――（1967）『経済学説と政治的要素』山田雄三・佐藤隆三訳，春秋社［1955］

―――（2015）『ミュルダール　福祉・発展・制度』藤田菜々子訳，ミネルヴァ書房［1933, 1938, 1939, 1953, 1955, 1957, 1958, 1972, 1974, 1975, 1978］

ミラノヴィッチ，ブランコ（2012）『不平等について――経済学と統計が語る26の話――』村上彩訳，みすず書房［2011］

―――（2017）『大不平等――エレファントカーブが予測する未来――』立木勝訳，みすず書房［2016］

ミル，ジョン S.（1939）『経済学原理』全5巻，戸田正雄訳，春秋社［1848］

モア，トマス（1957）『ユートピア』平井正穂訳，岩波文庫［1516］

モンテスキュー，シャルル ルイ S. B.（1989）『法の精神』上中下，岩波文庫［1748］

リカード，デイヴィッド（1987）『経済学および課税の原理』上下，羽鳥卓也・吉澤芳樹訳，岩波文庫［1817］

リスト，フリードリッヒ（1970）『経済学の国民的体系』小林昇訳，岩波書店［1841］

リボリ，ピエトラ（2007）『あなたのTシャツはどこから来たのか？――誰も書かなかったグローバリゼーションの真実――』雨宮寛他訳，東洋経済新報社［2005］

リン，ジャスティン（林毅夫）（2016）『貧困なき世界――途上国初の世銀チーフ・エコノミストの挑戦――』小浜裕久監訳，東洋経済新報社［2011］

ルイス，W. アーサー（1969）『世界経済論――両大戦間期の分析――』石崎昭彦他訳，新評論［1949］

レディカー，マーカス（2016）『奴隷船の歴史』上野直子訳，みすず書房［2007］

ロストウ，ウォルト W.（1961）『経済成長の諸段階』木村健康他訳，ダイヤモンド社［1960］

・邦語文献（50音順）

青木昌彦（2016）「政治─経済的プレイにおける前近代から近代的状態への移行：明治維新と辛亥革命」青木・岡崎哲二・神取道宏［監修］『比較制度分析のフロンティア』NTT出版，第1章，1-45ページ

青木昌彦・奥野正寛・岡崎哲二編（1999）『市場の役割国家の役割』東洋経済新報社

赤羽裕（2001）『低開発経済分析序説』岩波書店［オリジナルは1971年に刊行された］

赤松要（1965）『世界経済論』国元書房

吾郷健二（2003）『グローバリゼーションと発展途上国』コモンズ

──（2010）『農産物貿易自由化で発展途上国はどうなるか──地獄へ向かう競争──』明石書店

アジア経済研究所（2006）『ラテンアメリカレポート』23（2）

──（2007）『ラテンアメリカレポート』24（1）

浅沼信爾・小浜裕久（2013）『途上国の旅：開発政策のナラティブ』勁草書房

浅野栄一（2005）『ケインズの経済思想革命──思想・理論・政策のパラダイム転換──』勁草書房

足立文彦（2006）『人間開発報告書を読む』古今書院

石川滋（1990）『開発経済学の基本問題』岩波書店

──（2006）『国際開発政策研究』東洋経済新報社

上村雄宏・首藤信彦・内田聖子ほか（2017）『自由貿易は私たちを幸せにするのか？』コモンズ

宇佐見耕一（2006）「アルゼンチン・キルチネル政権の「ネオ・リベラル」経済・社会政策」『ワールド・トレンド』アジア経済研究所，133：8-11.

──（2006）「アルゼンチン・キルチネル政権の中間評価」『ラテンアメリカ・レポート』アジア経済研究所，23（2）：45-50.

絵所秀紀（1991）『開発経済学──形成と展開──』法政大学出版局

──（1997）『開発の政治経済学』日本評論社

──（1998）「開発経済学のパラダイム転換と貧困問題」絵所・山崎幸治編『開発と貧困──貧困の経済分析に向けて──』アジア経済研究所，39-72ページ

──（2001）「開発経済学に問われているもの」渡辺利夫編，291-309頁

──・山崎幸治編（2004）『アマルティア・センの世界──経済学と開発研究の架橋──』晃洋書房

大坪滋（2009）「開発経済学の視座」大坪他編，29-86ページ

──・木村宏恒・伊東早苗編（2009）『国際開発学入門──開発学の学際的構築──』勁草書房

大野泉（2000）『世界銀行──開発援助戦略の変革──』NTT出版

大野健一（1999）「国際統合の加速と途上国政府の役割──非欧米社会の市場経済化とは何か──」青木昌彦他編，第11章，349-382ページ

──（2005）『途上国ニッポンの歩み──江戸から平成までの経済発展──』有斐閣

──（2013）『産業政策のつくり方──アジアのベストプラクティスに学ぶ──』有斐閣

大原美範（1971）『プレビッシュ理論とラテン・アメリカ経済』白桃書房

遅野井茂雄（2006）「先住民政権の挑戦──「新しいボリビア」の建設に向けた困難な道のり──」『ラテンアメリカ・レポート』アジア経済研究所，23（2）：36-44.

加藤義喜（1986）『風土と世界経済』文眞堂

川北稔（1983）『工業化の歴史的前提──帝国とジェントルマン──』岩波書店

栗本慎一郎（1979）『経済人類学』東洋経済新報社

──編（1995）『経済人類学を学ぶ』有斐閣

254 　参考文献

黒崎卓・山形辰史（2017）『［増補改訂版］開発経済学——貧困削減へのアプローチ——』日本評論社
桑原小百合（2017）「不確実性の時代の中南米」『世界経済評論』第 61 巻第 3 号，69-75 ページ
小島清（2003）『雁行型経済発展論［第 1 巻］——日本経済・アジア経済・世界経済——』文眞堂
—— （2004）『雁行型経済発展論［第 2 巻］——アジアと世界の新秩序——』文眞堂
—— （2006）『雁行型経済発展論［第 3 巻］——国際経済と金融機構——』文眞堂
子安昭子（1994）「セルソ・フルタードの経済開発思想——ブラジルの「構造改革」を目指して——」
　　『国際学論集』（上智大学国際関係研究所）第 33 号，25-49 ページ
近藤仁之（2011）『ラテンアメリカ銀と近世資本主義』行路社
坂井秀吉（2014）「開発パラダイムと援助理論モデル」坂井他編，195-211 ページ
坂井秀吉・柳原透・朽木昭文編（2014）『現代の開発経済学——理論と実証——』ミネルヴァ書房
坂口安紀（2006）「ベネズエラ・チャベス政権——南米における反米左派の巨頭——」『ワールド・ト
　　レンド』アジア経済研究所，133：4-7.
—— （2007）「ベネズエラ：チャベス政権の正念場——「21 世紀の社会主義」に向けて——」『ラテ
　　ンアメリカ・レポート』アジア経済研究所，24（1）：46-54.
佐藤仁（2016）『野蛮から生存の開発論——越境する援助のデザイン——』ミネルヴァ書房
佐藤光（2012）『カール・ポランニーと金融危機以後の世界』晃洋書房
杉山伸也（1989）「国際環境と外国貿易」梅村又次・山本有造編『開港と維新』日本経済史 3，岩波
　　書店，173-221 ページ
スティグリッツ，ジョセフ E.（1999）「国家の役割の再定義——国家は何をすべきか，国家はいか
　　にすべきか，こうした問題はいかに決定すべきか——」青木昌彦他編，第 2 章，29-69 ページ
高木保興（1992）『開発経済学』有斐閣
高橋直志（2015）「異端の政治経済学者ハーシュマンの理論と思想——再評価と現代的意義——」日
　　本国際経済学会第 74 回全国大会報告，ワーキングペーパー
高山晟（1985）「開発経済学の現状」安場保吉・江崎光男編『経済発展論』創文社，第 13 章，277-
　　350 ページ
竹本洋・大森郁夫編（2002）『重商主義再考』日本経済評論社
田中拓男（2006）『開発論——こころの知性：社会開発と人間開発』中央大学出版部
角山栄・川北稔編（1982）『路地裏の大英帝国——イギリス都市生活史——』平凡社
鳥居康彦（1979）『経済発展理論』東洋経済新報社
西川潤（1976）『経済発展の理論』日本評論社
—— （1976）「支配の理論」同書，第 10 章，210-232 ページ
—— （1982）「従属理論の新展開——サミール・アミンにおける低開発国の経済自立論——」『早稲田
　　政治経済学雑誌』第 270・271・272 合併号，80-99 ページ
—— （2000）『人間のための経済学——開発と貧困を考える——』岩波書店
—— （2000）「経済発展から人間発展へ——シュンペーターとペルー——」同書，第 4 章，91-113
　　ページ
—— （2000）「構造学派から従属論へ——その歴史的意義——」同書，第 5 章，114-140 ページ
—— （2006）「開発とグローバリゼーション」西川潤他編，序章，1-26 ページ
—— （2014）『新・世界経済入門』岩波書店
——・高橋基樹・山下ің編（2006）『国際開発とグローバリゼーション』日本評論社
——・下村恭民・高橋基樹・野田真里編（2011）『開発を問い直す——転換する世界と日本の国際協
　　力——』日本評論社
西島章次（2001）「ネオリベラリズムの成果と課題」渡辺利夫編，第 14 章，311-328 ページ
日本経済新聞（1999）「ミレニアム特集」6 月 11 日朝刊

野上裕生（2007）『人間開発の政治経済学』アジア経済研究所

野口建彦（2011）『K．ポラニー──市場自由主義の根源的批判者──』文眞堂

服部正治（1991）『穀物法論争』昭和堂

浜名弘明（2017）『持続可能な開発目標（SDGs）と開発資金──開発援助レジームの変容の中で──』文眞堂

速水佑次郎（1995）『開発経済学──諸国民の貧困と富──』創文社

原洋之介（1996）『開発経済論』岩波書店

坂野潤治（1989）「明治国家の成立」梅村又次・山本有造編『開港と維新』日本経済史3，岩波書店，55-109ページ

藤田菜々子（2010）『ミュルダールの経済学──福祉国家から福祉世界へ──』NTT出版

細野昭雄（1983）『ラテンアメリカの経済』東京大学出版会

増田義郎（1989）『略奪の海　カリブ──もうひとつのラテン・アメリカ史──』岩波書店

松尾龍之介（2015）『幕末の奇跡──〈黒船〉を造ったサムライたち──』弦書房

松下洋（2007）「ラテンアメリカの左傾化をめぐって──ネオポピュリズムとのとの比較の視点から──」『ラテンアメリカ・レポート』アジア経済研究所，24（1）：4-17.

宮川典之（1985）「ストルパー＝サムエルソン定理とLDCの最適介入」『経済学研究年報』第24号，早稲田大学大学院経済学研究会編，128-143ページ

──（1989）「ラウル・プレビッシュの開発思想を巡って」宮川・白澤・ランデス共著，第1章，18-79ページ

──（1996）『開発論の視座──南北貿易・構造主義・開発戦略──』文眞堂

──（2007）『開発論の源流──新構造主義・幼稚産業論・学際的アプローチ──』文眞堂

──（2009）『一次産品問題を考える──史的考察・国際金融・大恐慌──』文眞堂

──（2012）「構造主義経済学再考──分析視角の多様性──」『岐阜聖徳学園大学紀要〈教育学部編〉』，第51集，1-22ページ

──（2013a）「構造主義経済学とデュアリズム」『岐阜聖徳学園大学紀要〈教育学部編〉』，第52集，49-67ページ

──（2013b）「'ルイスの転換点' を考える」『世界経済評論IMPACT』（WEBコラム）［http://www.sekaikeizai.or.jp/active/article/131028miyagawa.html］

──（2014）「K．ポランニーの『大転換』は何をもたらしたか？──開発論からの視点──」『岐阜聖徳学園大学紀要〈教育学部編〉』，第53集，1-16ページ

──（2017）「'新しい' 構造主義経済学と '新' 構造主義経済学」『世界経済評論　IMPACT』（WEBコラム）［http://www.world-economic-review.jp/impact/article821.html］

──・白澤恵一・ランデス・J.E.(1989)『国際経済開発の動向』高文堂出版社

安場保吉（1980）『経済成長論』筑摩書房

──（1980）「経済成長モデル」同書，第4章，101-133ページ

──（1985）「二重構造」安場・江崎編，第11章，231-249ページ

──・江崎光男編（1985）『経済発展論』創文社

柳原透（2014）「'ワシントン・コンセンサス' とは何であったか？」坂井他編，第10章，212-225ページ

矢野修一（2004）『可能性の政治経済学──ハーシュマン研究序説──』法政大学出版局

吉川洋（2013）『デフレーション──"日本の慢性病"の全貌を解明する──』日本経済新聞出版社

若森みどり（2011）『カール・ポランニー──市場社会・民主主義・人間の自由──』NTT出版

渡辺利夫（1978）『開発経済学研究』東洋経済新報社

──編（2001）『アジアの経済的達成』東洋経済新報社

256 参考文献

和辻哲郎（1979）『風土――人間学的考察――』岩波文庫［オリジナル版は 1935 年刊行］

事項索引

【アルファベット】

BRICs　24
BRICS　95, 140, 230
ECLA　24, 108, 138, 145
ECLA マニフェスト　127, 152
ECLAC　29, 31, 82, 117, 119, 138, 143, 146
EU　26, 146, 200
GATT　9, 178, 196
GDP　62
HOS（ヘクシャー＝オリーン＝サミュエルソン）モデル　182, 184
IMF　17, 23-24, 32-33, 43-44, 76-77, 80-82, 88, 230, 236
　　——コンディショナリティ　16, 21, 88
IT　98, 198
M&A　70
NGO　45
NICs　201
　　——化現象　202
NIEs　129, 137
OECD　16
OPEC　86
PIGS　200
SAL　24, 230
UNCTAD　32
UNDP　32
WTO 規約　17
X 非効率　88

【ア行】

アイルランド　139, 200
アウタルキー　118, 120-121
あからさまな鉄拳　230, 232-236
アグリビジネス　75
　　——系　76
アジア　22, 50, 78, 81, 87, 139, 157, 174, 176, 230, 231-232, 235

　　——NIEs　136
　　——インフラ投資銀行（AIIB）　25
　　——系移民　156
　　——経済危機　21-22, 94, 134, 140
　　——物産　50, 205, 207
アステカ　219-220
　　——族　217, 220
　　——帝国　216
「新しい」構造主義　30-31
「新しい（new）」構造主義経済学　37-38, 82, 142-143, 146, 176
アテネ　213
アニマルスピリット　36, 143
アフリカ　24-25, 78, 87, 91, 125, 133, 163, 176, 203, 205-206, 215, 219, 223, 225, 231, 235
　　——系移民　156, 157
アメリカ　3, 6, 9-10, 21-22, 24-26, 48, 51, 73, 84, 87, 92, 94, 97, 112, 121, 126, 134, 139, 142, 146, 176, 180-182, 184, 196-199, 205, 208, 211, 226, 228, 234-235
　　——合衆国　34, 44, 55-56, 64, 71, 74, 76-77, 149, 156, 176
　　——銀　223
　　——財務省　17
　　——新制度学派　73, 82, 96, 151, 204
　　——政府　80, 88, 95, 229
　　——南部　221
　　——北部　221
アラゴン　204
アラブ　212
　　——人　204
　　——世界　214
アルゼンチン　7, 17, 22, 26-28, 44, 75, 77, 81, 87, 107, 115, 139, 199, 219, 231
安政の大獄　226
行き過ぎた市場経済　92-93, 103
行き過ぎた市場メカニズム　94
イギリス　3, 9-10, 26, 34, 46, 48-52, 55-56, 60,

72, 92-93, 97, 99-103, 105, 107, 120-121,
125-126, 146, 150, 156, 161-162, 192-194,
205-208, 210-211, 221, 226-227, 230-231,
234
——東インド会社　50, 60, 230
異次元の量的金融緩和政策　26
イスラム教徒　204, 223
イスラム商人　205, 223
イタリア　231
一次産品　5, 10, 13, 33, 35, 62, 65, 71-73, 78,
104, 113-114, 121, 123, 125-126, 128,
132-133, 135, 150, 194-195, 219, 222, 224,
228, 232, 235-236
——共通基金　232
——総合プログラム　195, 232
——ブーム　25, 74, 128
——部門　162, 176
——問題　140
一帯一路構想　25
一般均衡　109, 122
一般特恵関税制度（GSP）　5, 195, 232
イノヴェーション　88, 164
イベリア半島　204, 223
移民　154, 156-157, 161-162, 168, 170
——問題　146
イラン革命　178
陰関数定理　182
イングランド　191, 224
インド　7, 14, 24, 36, 45, 73, 78, 95, 140, 142,
158, 168, 175, 211, 214-215, 227, 230-231
——産綿布　50-51, 72
——人　149, 206
インドネシア　22, 36, 69, 81, 142, 149, 231
インド洋　204-205, 207, 223-224
インフォーマル部門　161, 170, 172
インプット・アウトプット分析　14
インフラストラクチャー　25, 45, 111, 127
インフレーション　27, 77, 85, 102, 147
インフレ税　136
インフレ目標　17
インフレ率　136
ヴェトナム　78, 158
——戦争　9
ヴェネズエラ　25-28, 44, 77, 81

迂回生産　59
失われた10年　7, 19, 29, 80, 87
右派権威主義　27
埋め込まれた経済　94, 103
ウルグアイ　28, 44, 77, 231
英国「大不況」　102
エートス　34, 72, 156-157, 210, 219-220, 222,
226, 228, 234
エクアドル　18, 28, 44, 115
エコン　37
エジプト　36, 231
エタノール　74
江戸時代　61
エネルギー資源　25
エマージング・マーケット　68, 73, 199
エルサルヴァドル　18, 28
エンクロージャー　46, 101
エンコミエンダ制　34, 207, 221
エンタイトルメント（権原）　32, 41
円高ドル安　87
燕麦　62
オイルショック　18
欧州経済委員会（ECE）　5
王立アフリカ会社　33, 162
オーストラリア　231
オーストリア＝ハンガリー　231
大塚史学　209, 234
オスマン＝トルコ　204
オックスファム・インターナショナル　78
オランダ　49-50, 60, 205, 224
——東インド会社　50, 60
オリヴェラ＝タンジ効果　136
オリガーキー　79, 152
温帯地域　156

【カ行】

ガーナ　36, 142
階級闘争　47, 51, 201
外国援助　80
外国からのトランスファー　137
外国為替制約　4, 80, 114, 128, 133, 137-138, 140
外国為替不足　126, 135-136
外国資本　13, 15, 115, 132, 140, 153
外国人労働者　213

事項索引　　259

外国直接投資　54, 70, 80, 127-128, 175
外国投資　17
外国トランスファー　80
外国貿易　65
外需主導　67
外生的近代化　161
階層分化　215-218, 222
海賊　50
開発経済学　105, 153
開発人類学　91
開発途上国　1
開発のミクロ経済学　31, 33, 38
外部経済　53, 57
開放経済型工業化　25, 68, 112, 140, 142, 146, 176, 209
改良主義　31-32
　　──的従属学派　117
カカオ豆　52, 217-219
価格インセンティヴ　171
価格革命　219
価格弾力性　123
学際的アプローチ　40, 43-44
格差現象　174
囲い込み運動（エンクロージャー）　100
家産制国家　69, 75
家産制的支配　139, 154
可処分所得　63, 109
カスティーリャ　204
寡占　91, 109
価値前提　3, 111, 175
寡頭制　75-76
カトリック　205-206, 213, 216, 219
　　──教徒　204
　　──両王　204, 222
カナダ　231
下部構造　35, 94
株式　109
　　──会社　60-62, 70, 72
　　──会社制度　127
貨幣数量説　102
可変流通速度　137
カリブ海　163, 206
　　──従属学派　117
　　──地域　162

カルタゴ　212
カルテル　86
カルドア＝フェルドーン曲線　167, 170-171
カルドア＝フェルドーン・モデル　167
為替管理　141
為替政策　24
為替と資本の自由化　18, 22
為替レート政策　17
感覚的直観（ヒューマン）　36
雁行形態論　25, 67, 73, 209
韓国　22-23, 66-68, 158, 168, 175, 202, 211
慣習経済　92, 154
関税　65
　　──及び貿易に関する一般協定（GATT）　9, 196, 232
　　──収入　64-65, 71, 193
間接金融優位構造　63
間接税　64-65
間接投資　77, 138, 140
間接金融　63
完全雇用　2-3, 85, 135, 145, 177, 184-185, 197-198
カントリーリスク　87, 229
生糸　62, 228, 235
企業家精神　58, 88
企業統治　17
企業の買収（M&A）　191
基軸通貨　85, 232
擬似的封建制度　216, 221
技術格差　110
技術制約　109
技術的二重構造　149, 152
規制緩和　17, 21, 88-89, 174
擬制商品　98, 102-103
規制撤廃　89
偽装失業　110, 142, 155-156, 159-160
　　──者　11
貴族　61, 216
　　──（大地主）階層　60
北アメリカ　221
期待賃金　4, 157, 161
　　──説　5, 161
　　──モデル　12, 36, 157
拮抗力　103

260　事項索引

絹　205
　　──織物　50
喜望峰　204
規模に関して収穫不変　170, 181, 184-185
規模の経済　25, 67, 140, 164, 171, 175
基本的人間ニーズ　31
逆流効果　15, 110-111, 132
キャッチアップ　54-55, 57-58, 68, 209
キャピタルゲイン　77
キャラコ　50, 230
旧ソビエト連邦　21
旧西ドイツ　87
キューバ　231
救貧院　100
救貧法（スピーナムランド法）　99, 101, 105,
　208
供給曲線　188
供給重視型経済学　201
教皇　216
共産主義　21
強制貯蓄　136
競争均衡　181, 184
共同体　49, 157-158, 160, 163, 168, 236
　　──原理　92, 110, 122, 154-155, 161
共有地　100
ギリシア　26, 139, 200, 213-214, 219, 231
金　63
均衡価格　92
均衡成長論　4
均衡賃金　99
近代化　11-12, 42, 46, 48-59, 60-65, 71, 119,
　156-157, 160, 176, 208, 210, 224, 227-228,
　233, 235
近代経済学　177, 234
近代国家　61, 62, 69-70, 73
近代資本主義　51, 93
近代主義　150
近代的価値観　150
近代的システム　109, 118, 145
近代的資本制部門　49, 101
近代的部門　11-12, 36, 48, 75, 91-92, 109,
　115-117, 150-155, 157-158, 161, 164-165,
　167, 170-174
近代日本　226

金本位制　102, 178
銀本位制　228
金融機関　63, 109
金融危機　78, 94, 96, 98, 146, 199
金融財政政策　24, 86, 177
金融システム　63, 65, 70, 72
金融資本家　216
金融政策　2, 85, 197
金融制度　127
金融の自由化　17-18, 21, 174
金融派生商品　142, 198
グアテマラ　18, 28, 75, 115
グッド・ガバナンス（よき統治）　69
クライアント　155
クラウディングイン効果　136
グラス＝スティーガル法　103
グリーン・ニューディール　200
クリオール　206, 219, 222
クローニー・キャピタリズム　22, 69, 81, 139
グローバル・ヴァリュー・チェーン　14
グローバル・エコノミー　55, 68, 78, 102-103,
　230
グローバル経済　24
黒船　226
経営者　99, 100
計画経済　19, 96
景気循環　2, 8, 124, 141, 156
景気停滞　86
軽工業　48, 56, 180
軽工業品　56, 76
経済インフラストラクチャー　64, 75, 150
経済援助　126-128, 133, 138
経済開発　45
経済危機　98
経済協力開発機構（OECD）　208
経済成長論　54, 126
経済的動機　93
経済特区（輸出加工区）　14, 25, 68, 73, 112,
　140, 164, 172, 175, 209
経済のグローバル化　35
傾斜生産方式　30, 112
経常収支　18, 138
ケイパビリティ（潜在能力）　32, 41
契約曲線　184-185

事項索引　261

経路依存性　34-35, 73, 75, 151, 221
ケインジアン　95, 129, 200
　　──・コンセンサス　85-86, 90, 96, 104
　　──＝マネタリスト論争　6
ケインズ革命　3, 6, 84
ケインズ経済学　1, 3, 6, 8, 13, 18, 20, 96, 128,
　　134-135, 145, 148, 164, 173-174, 177-178,
　　187, 196-197, 199, 201-202, 232
ケインズ主義　94, 132
ケインズ政策　137, 200
ゲームのルール　35
毛織物　47, 50, 193
　　──工業　210
決定的岐路　38, 151, 220, 224, 226-228, 234
ケネディ・ラウンド　178, 196
権威主義　225
限界資本産出比率　14
限界収入（MR）　181, 233
限界生産力　110, 234
　　──原理　158, 160
　　──逓減の法則　181
限界代替率　188
限界費用（MC）　181, 233
限界分析　53
限界輸入性向　123
原始共同体　216
衒示的消費　222
原子力発電所　144
減税　85
元帝国　224
交易条件　9-10, 24, 72, 85-86, 104, 113, 121,
　　171, 188
　　──悪化説　128, 180
　　──の悪化　114, 122, 232
　　──の長期的悪化　129
　　──の長期的悪化説　4, 10, 13, 108, 126
　　──の長期的不利化傾向　125
　　──の不利化　116, 135
　　──問題　10, 236
　　──論　31, 129, 133, 145-146, 194
航海法　191, 210, 227
交換　105
公共事業　85, 109, 144, 198, 200
工業製品　35, 51, 55, 58, 62, 65, 68, 71, 74, 86,

　　113-114, 121, 123-125, 128, 135, 178,
　　193-194, 213, 224, 227, 232, 236
工業部門　158
後後発工業化　61
公債　109
鉱山開発部門　162
鉱山採掘業　152
鉱山採掘部門　12, 154, 156, 158, 163, 175
工場法　103
工場労働者　51
香辛料　49-50, 205, 223
構造改革　24
構造学派　6, 11, 13, 16, 54, 91, 118-119, 122, 134
構造主義　1, 3, 17, 23, 26-28, 30, 82, 105, 113,
　　117, 121, 126, 132-134, 140, 146, 150-151,
　　162, 195
　　──経済学　12-13, 15, 19-20, 32, 75, 97, 126,
　　128-129, 140, 144-145, 148, 153-154,
　　156, 163, 173-174, 179, 232
構造調整　45
　　──貸付（SAL）　16, 21, 23, 32, 38, 43,
　　80-81, 229, 236
　　──融資（SAL）　88
構造転換　68, 159, 168
　　──能力　135
郷鎮企業　172
行動経済学　31, 36-38, 41, 73, 143, 157, 233
後発工業　65
　　──化　56, 61, 70, 73, 208-209
後発国　46, 48, 55, 57-60, 62-66, 71-72, 207
後発性の利益　66, 208
鉱物資源　25, 74
後方連関効果　112
効用　97
　　──の最大化　109
コーヒー　52, 219
コーリン・クラークの法則　48
国際協力　203
　　──政策　195
国際金融危機　139-140
国際金融市場　18
国際金融問題　146
国際経済学　52
国際交易条件　188, 190

262 事項索引

国際資本移動 141
国際収支 44, 128
 ──赤字 129, 138
 ──均衡 130, 198
 ──均衡成長率 130-131
 ──制約説 129
 ──の自律的調整メカニズム 102
国際商品 63, 77
 ──協定 232
国際通貨基金（IMF） 9, 16, 43, 196, 229
国際的支配＝被支配 111
国際復興開発銀行（IBRD：通称世界銀行） 9
国際分散投資 95
国際貿易論 89, 179
黒人奴隷 163, 206, 219, 223
国鉄の分割民営化 88
国内信用 172
『国富論』 56
穀物法 191, 210, 227
 ──論争 120, 192-194
国有企業 17
国連開発計画（UNDP） 32, 38, 41
国連貿易開発会議（UNCTAD） 5, 43, 107,
 195, 203, 232
国連ラテンアメリカ・カリブ経済委員会
 （ECLAC） 24, 108
国連ラテンアメリカ経済委員会（ECLA） 107
互酬 92, 105, 110
胡椒 223
コスタリカ 18, 28, 44, 75
ゴスプラン 96
国家 216
 ──介入 15-16, 19-20, 53, 59-60, 80, 82, 88,
 90, 135, 146, 172, 187, 202, 230, 232, 237
 ──主導型成長 66, 80
 ──（政府）の失敗 17
固定為替相場制 44, 85, 174, 178, 232
固定投入係数 152
古典派経済学 2-3, 8, 52-53, 119, 134, 145, 148,
 170, 191
小麦 56, 62
雇用成長曲線 165, 167
コロンビア 18, 27-28, 75, 77, 219, 231
コロンブス交換 218

【サ行】

サービス業 47, 91
サールウォール法則 123, 129, 137, 140, 146
財産権 33
財市場 181, 184
財政赤字 138, 199
財政危機 94
財政規律 17, 88
財政金融ポリシーミックス 135
財政収入 62, 64
 ──不足 138
財政政策 2, 65, 197
財政制約 136
財閥 62
再分配 92, 105
債務の証券化 20, 87
債務返済（DS）比率 87
債務累積問題 16, 124, 136
再輸出 50
桜田門外の変 226
鎖国 226
 ──体制 120
サトウキビ 52, 74, 206, 219
砂糖プランテーション 163
砂漠型 212, 214
左派政権 76, 81
サハラ以南のアフリカ諸国 73, 152
サブプライムローン問題 26, 199
サプライサイド・エコノミクス 18
サプライ・チェーン 14
サミュエルソン経済学 177-178, 202
産業革命 42, 46-48, 51, 72, 93, 97-98, 101, 105,
 194, 203, 206-208, 210-211, 227, 233
産業構造 48, 56, 64-65, 143, 180
 ──論 47
産業資本家 51, 216
 ──階層 193
産業政策 30-31, 39, 87, 143, 146
産業連関表 14
産出高成長曲線 165, 167
産出高の最大化 110
参照点 36, 157
サンボ 206

事項索引　263

三圃式農法　46, 208
シアーズ・モデル　123
ジェンダー　82
ジェントリー（郷紳）　100
ジェントルマン　209
　　──資本主義　209
シカゴ学派　30, 54, 142
磁器　205
識字率　32, 41
自給自足　188
　　──経済　119
　　──体制（アウタルキー）　179, 187, 190
自給部門　114-116, 171
資源ナショナリズム　5, 134
資源の呪い　225
死重的損失　90
自生的近代化　161
市場　47
　　──均衡　134
　　──経済　7, 34, 84-85, 91, 93, 98
　　──経済の「埋め込み」　98
　　──原理主義　18, 21, 44, 52, 68, 70, 80-81,
　　　　86, 88-89, 97, 105, 137, 146, 148, 197,
　　　　201, 229-230
　　──諸力　55, 135
　　──の失敗　6, 18-20, 68, 85, 96, 109
　　──の不完全性　109
　　──メカニズム　6, 15, 18, 33, 82, 84, 89-92,
　　　　96-97, 105, 143, 197, 228
自然科学　213
自然状態　218, 225
持続可能な開発目標（SDGs）　23, 203
失業　85
　　──者　161
　　──保険制度　198
実験経済学　233
実効保護率　20, 90
実存主義　145
史的唯物論　94, 201
児童労働　103
シニオレイジ　136
ジニ係数　75, 219
地主　100
　　──階級　192

　　──＝小作関係　154
　　──＝領主階層　216
支配の類型　69
資本　99
　　──移動　21, 95, 103-104, 125, 138
　　──家　47, 99-100
　　──勘定の自由化　141, 146
　　──規制　141
　　──規制措置　140
　　──形成　63, 71, 128, 171, 224
　　──財　59
　　──市場　60-63, 141
　　──市場の自由化　80
　　──収支　138
　　──集約的財　120, 181, 183-185, 189
　　──主義　21, 98
　　──制部門　48, 154-155, 159-164, 194, 236
　　──蓄積　14, 115, 127, 165
　　──逃避　70
　　──の国際間移動　191
　　──の自由化　69, 80-81, 102, 174-175, 200
　　──の物的限界生産力　181
　　──流出　22
　　──流入　70, 124
　　──レンタル率　180-181, 184
　　──・労働比率　181
　『──論』　177
市民　213
　　──階層　216
　　──社会　45, 236
社会インフラ　64
社会階層効果　183
社会開発　45
　　──論　73
社会主義　21, 94, 97-98, 103, 105
社会政策　29
社会的セーフティネット　17
社会的動機　93
社会的二重構造　149-150
社会的分業　218
社会無差別曲線　188, 190
ジャガイモ　217
借地農（農業資本家）　51
社債　109

264　事項索引

ジャマイカ　18
シャム　231
上海　25
重化学工業　180
　──製品　76
収穫逓減　164, 170
　──の法則　167
収穫逓増　164, 167
　──の法則　175
収穫不変　164, 170
就学率　32
重工業　48, 56
重商主義　49, 52, 56, 72, 120, 191, 193, 206, 210,
　　227, 230
　──体制　50
修正資本主義　128, 145, 201
従属学派　12-15, 35, 52, 74, 79, 113, 116-119,
　　122, 128, 133-134, 146, 151, 180, 195
収奪的制度　34-35, 38
ジュート　52
重農主義　56
周辺　113
　──国　113, 116, 121, 123-126, 128-129, 132,
　　193
　──資本主義　35
　──地域　35, 52, 207, 224, 231
自由貿易　10, 21, 33, 53, 56, 62, 102-104, 107,
　　118, 120-122, 137, 144, 180, 185, 189,
　　191-195, 197, 230, 232
　──主義　16, 52, 78, 90, 119, 179, 187, 191,
　　201, 210, 232, 235
　──体制　188, 190, 206, 226-228
　──の一般均衡理論　179
　──論　234
自由放任主義（レッセフェール）　52
収斂化現象　25, 79
収斂化問題　201
収斂現象　54
首長制社会　110
需要曲線　188
需要牽引型　143
需要重視型経済学　201
需要の価格弾力性と所得弾力性　10
需要の所得弾力性　31, 114, 125, 132

狩猟採集　155, 215-216
蒸気船　227
商業銀行　61, 63, 103, 109, 127
証券投資　22, 140, 146
商工業　47
小国　188, 190, 194
乗数効果　8, 144
商人　61
　──階層　60
消費　63
　──財　58-59
　──者　97, 109
　──税　64
商品作物　109
上部構造　35, 94
情報技術（IT）　191
情報の非対称性　33, 43
　──問題　41
情報の不完全性　33, 35
初期構造学　35
　──派　31, 38, 146, 149
初期構造主義　5, 31, 79, 116-117, 137, 140,
　　142-143, 151, 173, 175, 194
　──経済学　107
食肉　62
植物の栽培化　215
植民地主義　49, 52, 79, 149-150, 175
植民地的構造　112
初等教育　73
所得格差　75-76, 124, 219, 221, 225
所得収支　138
所得弾力性　10, 114, 123, 137
所得分配　27, 76-77, 80-81, 180, 187, 198
　──効果　184, 186, 193
所有権　33, 88
　──（財産権）　17
ジョルゲンソン・モデル　12
自力更生　118-119, 122, 133
私掠船　50
進化経済学　146
新貨幣数量説　6, 137
シンガポール　149, 211
新ケインズ学派　30
新ケインズ主義　39

新興工業国　73, 137, 152
　——家群（NICs）　16, 68
新興国　10, 14, 24, 26, 38, 90, 95, 103, 112, 132,
　　139, 141, 146-168, 175, 199
　——家群　19
新構造学派　136, 138
新構造主義　24, 35, 39, 85, 133, 137, 141, 143,
　　165, 167-168, 170, 175
「新」構造主義経済学　38, 176
新構造主義経済学　23, 27-29, 40, 57, 82, 96,
　　164, 173, 176
新国際経済秩序（NIEO）　5, 134
「新」国家主導型成長戦略　68
新古典派　7, 12, 23, 30, 54, 57, 91, 99, 117,
　　121-122, 134, 136, 143, 158, 161, 179,
　　181-182, 184, 194-195, 197, 201, 210, 234
　——経済学　1, 10, 15, 18, 34, 40, 43-44, 52,
　　68, 80, 82, 88, 97, 105, 108, 119, 145,
　　148, 152, 155, 173-174, 177, 188
　——総合　3, 135, 197-198, 200, 202
　——の公準　190-191
新自由主義　15, 17, 19-22, 27-30, 33-35, 38, 43,
　　52, 69, 75, 77, 85, 90, 118, 134, 136, 197-199,
　　233
　——経済学　40, 68, 80, 145, 148, 174, 191,
　　197-199, 202, 229
新重商主義　107, 144
新植民地主義　79
新制度学派　31, 33-35, 38, 175
「新世界」　50, 74, 150, 216-219, 221, 223
新石器時代　217
深圳　25
人的資源　54, 61
人的資本　25, 153
　——論　55
信用市場　35
信用創造　63, 127
スウェーデン　107, 231
数量規制　141
スターリン主義　94
スタグフレーション　6, 18, 20, 86, 198, 202
ステイプル説　33
ステークホルダー（利害関係者）　95
ストルパー＝サミュエルソン効果　194

ストルパー＝サミュエルソン定理　119, 179,
　　183, 186-187, 192-193, 201
スピーナムランド　101
　——法　93, 208
スペイン　34-35, 49-50, 52, 74, 139, 162, 200,
　　204, 206-207, 217-224, 231
　——人　220
スマート・ナッジ（絶妙の一押し）37, 143
　　146
スムート＝ホーレイ関税法　104
スラム　47
スリー・ギャップ説　29, 133, 136-137, 146
スリー・ギャップ・モデル　136, 173
スリランカ　162
スルタン制　69
正規雇用　198
生産可能性フロンティア　185, 188-189
生産関数　152, 181, 184-185
生産諸関係　35
生産性向上　67, 165
生産等量線　152, 184-185
生産要素　30, 93, 99, 109, 143, 153, 162, 180,
　　182, 185, 187, 192, 233
　——賦存説　53, 55, 119, 179
生産力　57, 59, 65, 71
政治経済学　68
聖職者　216
税制改革　17
製造工業　91
　——部門　162-163
生存維持（subsistence）水準　155
——水準　46, 101, 110
——的自給部門　92
——レヴェル　11, 101, 105, 114, 160, 163, 194,
　　209
成長戦略診断派　39
成長の極　111, 133, 149
　——説　4, 14, 25
制度原理主義　81
政府開発援助（ODA）　138
政府支出　63-65
　——・財政収入ギャップ　138
政府の失敗　19
政府（国家）の役割　23

266　事項索引

セイロン　231
世界銀行（IBRD）　4-7, 16-17, 20-21, 23-24,
　　32, 35, 37, 38, 43-45, 54, 76-77, 80-82,
　　88-89, 126-127, 134, 137, 142, 196, 229-230,
　　232, 236
世界システム論　52, 73, 113, 122, 129, 133, 146,
　　180, 209, 211, 224, 234
世界商品（ステイプル）　175, 228
世界の工場　25
石炭産業　30, 112
石油ショック　198, 233
石油メジャー　85-86
石油輸出国機構（OPEC）　85
積極財政　85, 136
絶対的貧困　45
絶対優位説　119-120, 191
絶対優位の原理　179
セルビア　231
先進国　1, 5-6, 10-13, 19, 25, 42, 47, 54, 56,
　　63-68, 76, 78, 84, 86-87, 91, 95, 101, 108,
　　113, 127, 134-135, 138, 140, 144, 150-151,
　　160, 163, 168, 172-173, 175, 180, 195, 208,
　　211
先発国　45-46, 51, 55-57, 59, 62, 67, 72, 207, 210
前方後方の連関効果　4
賤民資本主義　95
染料　205
ソヴィエト型社会主義　94
ソヴィエト連邦　21, 96-97
象牙海岸　91
相互需要説　55
総就学率　41
宗主国　12, 79, 150, 162
増税　85
総督　222
総費用　181
贈与　110
ソブリンリスク　87, 229

【タ行】

タイ　21
第一次産業　91
第一次世界大戦　232
第一次石油危機　5-6, 85

第一次石油ショック　178
対外トランスファー　138-139
大規模店舗法　89
大恐慌　1-2, 8, 10, 72, 84-85, 96, 104-105, 112,
　　125, 134, 196-197, 200, 231-232
対抗運動　236
大航海時代　50, 74, 150, 175-176, 203-204,
　　206-207, 219, 223-224
第三世界　52
『大転換』　84-85, 87, 90-91, 93-94, 96-97, 99,
　　102, 104
対内直接投資　13
第二次世界大戦　1, 9, 30, 44, 92, 96-97, 101,
　　104, 107, 134-135, 148-149, 173, 208, 229,
　　232
第二次石油危機　85
第二次石油ショック　178
大農園　75
　　──主　152
大不況　8, 42, 72, 74, 144
太平洋同盟　111
大陸封鎖　192
大量失業　85, 198
台湾　23, 67-68, 158, 168, 175, 202, 211
多角的な貿易交渉　196
多元主義　34, 38, 221, 224-225
多国籍企業　12-13, 33, 67, 70, 73-76, 79-80,
　　111, 118-119, 127-129, 133, 140, 142, 163,
　　168, 175-176
脱工業化の罠　173
脱植民地化　163
タバコ　52, 56, 217
タミール人　162
単一構造　11, 16, 91, 108-110, 118, 122, 145,
　　150-151, 160-162, 173, 175
短期資本　22, 69-70, 80-81, 95, 172, 230
タンザニア　37
地域経済統合　22, 29, 111, 146
チーフエコノミスト　6, 20, 23, 30, 32, 38, 43,
　　54, 82, 89, 126, 142
地中海　212
茶　52, 62
　　──プランテーション　162
中央アメリカ　75, 115

事項索引　267

中央銀行　17
中央計画経済国　21
中核国　231
中核・周辺・半周辺　113, 122, 133, 146
中核地域　52, 224, 232, 234
中間航路　223
中間投入財　54
中国　14, 24-26, 36, 38, 45, 48, 67-68, 70, 73, 78,
　　95, 140, 142, 149, 158, 164, 168, 172, 175,
　　180-182, 184, 200, 207, 209, 211, 215, 227,
　　230-231, 233
　　――人　206
中産階層　76, 139
　　――化　168
中産的社会階層　51, 68, 152, 209
中心　113
　　――国　26, 93, 113, 116, 121, 123-126,
　　　　128-129, 140
　　――国・周辺国　4, 22, 73-74, 122, 132, 146
　　――・周辺　38, 156
　　――地域　35
中枢・衛星　113
中庸の美徳　39
長期資本　70
朝鮮戦争　9
直接税　64-65
直接投資　14, 22, 76, 138, 140, 172
直接金融　63
チョコレート　218
千代田形　227
貯蓄　63
　　――・外国為替制約説　126
　　――制約　4, 80, 128, 133
　　――不足　126-127, 135-136, 138
　　――率　13
　　――率と限界資本産出高比率　128
チリ　6, 18, 24, 27-28, 44, 77, 219, 231
賃金　180-181, 184
　　――主導型　165, 167, 171
追加アジェンダ　17
ツー・ギャップ（two-gap）説　4, 14, 29, 80,
　　126, 128, 129, 133-136, 146, 232
ツー・ギャップ・モデル　13, 173
低開発構造　115

低開発国　108, 113, 117, 132, 134-135, 142, 180,
　　195
低開発性　114, 118
低開発の発展　13, 118, 122, 180, 195
低均衡の罠　171-172
帝国主義　162
定住的　215
低地地方（フランドル地方）　47
ディリジスム　19
テキーラ危機　22, 102, 139, 199
鉄鋼業　30, 112
テノチティトラン　216, 218
デフォルト　7, 87
デフレーション　85-86, 102
デフレスパイラル　198
デュアリズム（二重構造）　148
デリンク　13, 79, 118-119, 122, 133, 146, 195
転換点　11, 158-159, 161
伝統主義　93
伝統的価値観　150
伝統的自給自足部門　105, 109, 164
伝統的自給部門　49, 160, 172, 175
伝統的支配　69
伝統的自給農業部門　11
伝統的非資本制部門　101
伝統的部門　36, 91-92, 117, 151-155, 157-158,
　　160, 168
天然ゴム　52
　　――プランテーション　162
デンマーク　226, 231
ドイツ　10, 48, 60, 61-63, 97, 208, 211, 231, 234
　　――歴史学派　219
東西問題　21, 229
陶磁器　50
投資銀行　22, 95, 103, 109
投資・貯蓄ギャップ　138
東南アジア　14, 21, 38, 142, 149, 152, 161, 172,
　　175, 199, 209, 212, 214
投入産出表　180
投入・産出分析　59
動物の家畜化　215
トウモロコシ　74, 217
ドーハ・ラウンド　196
トービン税　70, 95

268　事項索引

土地改革　111
徳川政権　61
独占　91, 109
　　──寡占　92
　　──禁止法　92
　　──利潤　19
独立革命　64
独立自営農民（ヨーマンリー）　51
都市　47
　　──化　47
途上国　3-6, 8-10, 13, 15, 19-20, 24, 36-37,
　　40-44, 47-48, 54, 64-66, 70-72, 78-79, 82,
　　84, 90-91, 100-101, 104-105, 112, 121,
　　127-128, 135, 137-139, 142, 144, 150,
　　152-153, 157, 160, 163, 173, 176, 183, 187,
　　193-195, 199, 201, 230, 232-233
　　──の絶対的貧困　23
土地　99
　　──集約的財　120, 192
　　──利用　99
特化　33, 179, 184, 194, 235-236
特許会社　33
特権消費者社会　77
ドッド＝フランク法　104
飛び地　112
トマト　217
ドミニカ共和国　18, 28
富の格差　219, 221
富の分配　81
トランスファー　13
トランプ現象　146
トリクルダウン　172
取引費用　33, 38, 162, 176
トルコ　227, 231
ドルショック　6, 18
トルデシリャス条約　207
奴隷　156, 213-214, 221-222
　　──商人　52
　　──制　34, 151, 206, 219, 221
　　──制プランテーション　219
　　──貿易　52, 91, 151, 162, 206, 223
　　──労働　151, 162
トロイの木馬　122

【ナ行】

内需主導　67
　　──型成長　68
内生成長論　25, 54-55, 79, 153
ナッジ　36-37, 73
軟性国家　15, 132, 139
　　──論　4
南米共同市場（MERCOSUR）　111
南北アメリカ　206-207
南北貿易　5, 10, 121, 133, 135, 195
南北問題　203, 211
ニカラグア　28, 44, 75, 115
ニクソン・ショック　44, 85-86, 178, 198
二酸化炭素　144
西インド会社　33, 162
二重運動　103-105
二重構造　11-16, 31, 91-92, 105, 108-110,
　　113-119, 122, 128, 145, 147, 149, 151-152,
　　154, 157, 160-162, 172-173, 236
　　──の深化　112, 115, 152, 173, 175
　　──モデル　168, 175
　　──論　4, 32, 132, 150, 153, 163, 174
日米修好通商条約　226
日米和親条約　226
2部門モデル　162
日本　9, 25-26, 52, 61-65, 67-68, 71, 73, 86-87,
　　92, 112, 138-139, 144, 150, 160, 176,
　　197-199, 208, 211-212, 215, 228, 231, 235
　　──人　206
　　──専売公社　88
　　──茶　228, 235
ニュージーランド　231
ニューディール　8, 84, 94, 97, 103, 105, 144, 196
人間開発　41, 44-45, 225
　　──指数　32, 38, 41, 225
　　──報告　32
　　──論　73
ネオケインジアン　82, 129, 131, 143, 146, 164,
　　168, 174
ネオストラクチュラリズム　29
ネオリストニアン　68
ネオリベラリズム　15-17, 38, 174
ネポティズム（身内びいき）　69

事項索引　269

年季契約奉公人　162, 206
農業革命　48, 208, 218
農業生産性　46, 59, 171
農耕・牧畜　215-216
農村　47
　　──工業　172
農民　61
　　──階層　60
ノーベル経済学賞　5-6, 33-34, 40, 100, 153,
　　177, 195
ノルウェー　231

【ハ行】

バーツ　21
ハイパーインフレ　29, 76, 136, 223
廃藩置県　61
ハイブリッド（混成）構造　114-115, 149
波及効果　111, 132
覇権国家　10, 24, 121, 125-126, 232, 235
派遣労働法　101
バステーブルのテスト　57
パックス・アメリカーナ　232
パックス・ブリタニカ　211, 227, 231
発展の極　111-112
　　──説　14
ハドソン会社　33
パトロン　155
　　──＝クライアント関係　49, 92, 101, 110,
　　　122, 154, 156-157, 160, 163
バナナ共和国　75, 115
パナマ　28
バブル経済　26, 87, 198
バブル現象　60, 70, 199
ハミルトン体制　64
パラグアイ　18, 28
パラダイム　1, 3, 6-8, 13, 15, 31, 35, 38, 105, 198
ハリス＝トダーロの期待賃金モデル　136
パルマ比率　203
パレート最適　19, 89, 90, 184
ハロッド＝ドーマー型経済成長モデル　13,
　　128, 135
バングラデシュ　78, 158
半周辺　129
　　──地域　52, 224

反循環的マクロ経済政策　29, 141
非価格競争　91
非可逆的な支配　112
比較生産費説　119-121, 191-193, 195, 201
比較制度分析　34
比較優位　24, 33, 57, 104, 135, 143, 146, 180,
　　184, 188, 192, 224
　　──産業　31
　　──の原理　10, 16, 19-20, 23, 30, 53, 55, 82,
　　　90, 120-122, 179-180, 201, 228
比較劣位　57, 120, 188
東アジア　15, 19, 23, 31, 38, 67-68, 70, 78-80,
　　152, 161, 202, 212
　　──の新興国　30
東インド会社　33, 162, 176
東日本大震災　139, 144
ビザンチン帝国　204
非識字者　37
非自発的失業　86
非資本制部門　105, 154-156, 158-160, 162, 168,
　　170, 236
非正規雇用　99, 198
非接合　112
非耐久消費財　68
ビッグプッシュ　36
　　──説　4, 8-9
ヒューマン　37
ピューリタン　221
病原菌　217-218
平等主義　88, 111
肥沃な三日月地帯　215
ビルトインスタビライザー　198
ビルマ　231
貧困削減　17, 27, 37, 45
貧困削減戦略文書（PRSP）　23, 32, 38, 43, 81
貧困の悪循環　4
ファシズム　94, 97, 103, 105
ファンクショニングズ（機能化）　32, 41
フィリピン　22, 69, 81, 231
フェルドーン効果　67, 132, 140, 164, 168, 175
不確実性問題　202
不完全雇用　2, 135, 145, 177
不完全特化　184-185
不均衡成長論　4

270　事項索引

複数のギャップ説　29
双子の赤字　138
物価安定　198
物的平均生産力曲線　159
不等価交換　52, 116, 122, 133, 180, 195
　　──説　146, 180
ブドウ酒　56, 62
浮動性　22, 80-81, 104, 140-141
不平等条約　226-227, 235
富裕階層　139
プラザ合意　87
ブラジル　7, 12, 17, 22, 24, 26-28, 37, 44, 75, 77,
　　81, 87, 95, 107, 114-115, 140, 142, 163, 199,
　　207, 211, 219, 230-231
フランス　2, 60, 107, 146, 163, 208, 211, 231, 234
プランテーション　12, 52, 101, 125, 150, 152,
　　154, 156, 158, 161, 175, 206, 219, 223, 227,
　　235
不良債権　87
ブレイディ提案　20, 87
ブレトンウッズ体制　6, 9, 44, 85, 97, 174, 178,
　　196, 232, 236
プレビッシュ＝シンガー仮説　71-72, 194
プログレッサ　37
プロダクト・サイクル説　25, 67, 79, 209
ブロック経済　104, 196
プロテスタンティズム　34
プロテスタント　221
分益小作制　43
文化人類学　90, 96, 105
分業　47, 228
平均生産力　110, 158, 233
平均余命　32, 41
ヘーゲル流の弁証法　129
ヘクシャー＝オリーン定理　120
ヘクシャー＝オリーン・モデル　184
ベスト・プラクティス　55
　　──・マニュファクチュアリング　51
ペソ　22
ヘッジファンド　22, 95, 142, 230
ヘテロドクス　81
ペニンスラール　206, 222
ペリー来航　226-227
ペルー　18, 27-28, 44, 77, 207, 219, 231

ベルギー　208
ベルリンの壁の崩壊　21, 229
変動為替相場制　44, 85-86, 178
貿易赤字　65
貿易黒字　65
貿易三角形　189-190
貿易収支　124, 128
貿易商人　216
貿易政策　24
貿易の一般均衡理論　187, 201
貿易の自由化　17-18, 21-22, 29, 80, 174, 200
貿易の絶対優位説　55
貿易の利益　188
貿易立国　126
封建主義　34, 64, 110
封建制度　216
包摂的政治制度　34, 38
ポートフォリオ投資　146
牧場型　214
北西ヨーロッパ　46, 48, 52, 87, 150, 160, 176,
　　203-204, 207-208
北米自由貿易協定（NAFTA）　22, 199
保護関税　184, 186, 193
保護主義　10, 16-17, 19, 53-54, 87, 89, 96,
　　103-104, 107, 118, 121-122, 179, 187, 192,
　　194-197, 200, 210, 230, 232, 235
保護貿易　185, 190, 193
ポストケインジアン　129, 137
ポスト・ワシントン・コンセンサス　202
ボックス・ダイアグラム　184
ポピュリスト政権　76
ホモエコノミクス　16, 42, 92, 97, 109, 156-157,
　　161
ボリヴィア　18, 25, 28, 44, 81, 207, 219
ポリシー・スペース　81
ポリシーミックス　2, 6, 85-86, 173, 197, 198
ポルトガル　35, 49-50, 74, 139, 200, 204-205,
　　207, 222-224, 231
本源的資本蓄積　52
香港　211
ホンジュラス　28, 75, 115

【マ行】

マージナライゼーション　152

事項索引　271

マーシャルプラン　9
マーシャル＝ラーナー条件　131
マキラドーラ　76
マグナ・カルタ　224
マクロ経済　197-198
　　──学　6, 29, 108, 128, 135, 173, 177-179, 201
　　──政策　2, 77
　　──の安定化　27
マクロ政策　142
マクロ方程式　65, 67-68, 138
マネタリスト　137
マネタリズム　6, 18, 197, 201
マラリア　37
マルクス経済学　129, 145, 148, 161, 177, 201
マルクス主義　121-122, 195
　　──的従属学派　117
マルサスの罠　208
マレーシア　22, 69, 149, 162
マレー人　149
万元戸　172
見えざる手　228-230, 234
見えざる鉄拳　21, 228, 230, 232-233, 236
ミクロ経済学　41, 108, 177, 200, 233
ミクロフンディオ　114-115
ミクロ理論　2
ミシシッピ会社　33
ミタ制　207, 221
南アジア　212, 214
南アフリカ　162
　　──共和国　95, 140, 211, 230
ミニフンディオ　115
身分　92
　　──制　216
ミャンマー　78, 158
ミルのテスト　57
ミレニアム開発目標（MDGs）　23
民営化　17, 80, 88, 174
民主主義　224
民族資本　115
無差別曲線　165, 167, 189
無制限労働供給　42
　　──モデル　100-101, 105, 115
ムラート　206
明治維新　61, 228

名誉革命　224
メキシコ　7, 18, 22, 26-28, 34, 37, 75-76, 87,
　　102, 115, 139, 199, 216, 219, 231
メスティソ　206
メソポタミア文明　215
綿織物　50
　　──工業　210, 230
綿花　52, 56, 62
木材　56
最も深刻な影響を受けた国ぐに（MSAC）　6
モノエコノミクス　7, 15, 108, 134
モノカルチャー　235
　　──的構造　74, 76
　　──的産業構造　113, 121, 128, 139
木綿工業　51
モンスーン　215
　　──型　212, 214

【ヤ行】

ヤコビアン　182
有価証券　109
有効需要　164-165, 167
有効保護率　90
ユートピア　46
輸出　63
　　──加工区　14, 68, 73, 112, 132, 143, 164,
　　168, 175
　　──指向　164, 167
　　──指向工業化　16, 19-20, 23-24, 30, 54-55,
　　67, 76, 79, 146, 172, 175, 201
　　──指向工業部門　101
　　──主導型経済発展　67
　　──主導型成長　68, 131, 140, 168
　　──需要の価格弾力性　130
　　──需要の所得弾力性　130
　　──ペシミズム　13, 71-73, 80, 113, 117, 126,
　　128, 133-137, 145-146, 232
　　──補助金　172
　　──向け一次産品部門　74-75, 114-116, 158,
　　161, 163-164
輸送インフラストラクチャー　125
ユダヤ教徒　204, 223
輸入　63
　　──インフレ　86

272 事項索引

——関数　123, 125
——関税　185, 190, 196
——関税率　227
——係数　126
——需要弾力性　125
——需要の価格弾力性　130
——需要の交差弾力性　130
——需要の所得弾力性　123-124, 129-131
——数量割当制　54
——代替　10, 164, 167
——代替工業化　4, 10, 16-17, 19-20, 23-24,
　　28, 31, 36, 51, 54, 66-68, 71-72, 76,
　　79-80, 104-105, 111, 113, 116-118, 122,
　　124-126, 140, 142, 146, 152, 163, 173,
　　193, 227, 230, 232, 235-236
——代替工業部門　12, 101, 115-116, 164
——割当　89
要素価格　78
——均等化　179, 195, 201
——均等化説　119
——均等化定理　55, 179, 183, 186-187, 192,
　　194, 201
——比率　186
要素交易条件　194
要素市場　181, 184
要素集約度　184
要素報酬　180, 193
幼稚産業　104, 165, 191
——論　16, 24, 40, 48, 56-57, 66, 68, 72, 96,
　　103, 118, 135, 146, 193, 210, 228, 235
羊毛　47, 56, 62
——工業　230
ヨーロッパ　9, 25-26, 33, 50, 58-59, 73, 103,
　　107, 125, 144, 148-149, 151, 200, 213-214,
　　217-219, 222
——系移民　156-157
——商人　205, 223
——人　221
——的牧場型　212
——連合（EU）　139
予算制約　109
余剰農産物　48
余剰はけ口説　55, 119, 191
余剰労働　39, 170, 175, 194

——移動説　25, 39, 136, 142, 176, 194, 209,
　　232-233
——移動モデル　31, 143, 157, 173

【ラ行】

ラーニング・バイ・ドゥイング（学習過程）
　　164
ライ麦　56, 62
落花生　217
ラティフンディオ　114
ラテンアメリカ　7, 10, 16, 18-20, 25, 27, 30, 34,
　　37, 44, 74, 76-79, 87, 90, 104, 107, 111,
　　113-115, 119, 125, 127, 133, 136, 148, 152,
　　162, 215, 219, 221, 225, 229-232, 235-236
——・カリブ海地域　28
——系構造学派　117-118
——系構造主義　31, 113
——経済委員会（ECLA）　5
——系従属学派　73
——系新構造学派　35
——系新構造主義　29, 31
——自由貿易地域（LAFTA）　111
——統合連合（LAIA）　111
ランダム化比較実験（RCT）　37, 41
リーマンブラザーズの経営破綻問題　26
利己心　92, 233
利潤　52, 76, 97
——最大化　49
——主導型　165, 167, 171
——の最大化　109, 233
離床　93-94, 98, 105
利他心　233
利得動機　92, 93, 98, 156, 161
リプチンスキーの定理　183
リフレ政策　87
離陸期　59
輪作農法　46, 208
累進所得税制　198
ルイスの転換　25, 194
——点　158, 209
ルイス・モデル　11-12, 32, 100-101, 104-105,
　　136, 153, 155, 157, 161-162, 164, 167-168,
　　174
累積債務問題　7, 20, 29, 80, 87, 90, 229

事項索引　273

累積的因果関係　4, 15, 111, 117, 132, 149
ルネサンス　214
冷戦　97
レイニス＝フェイ・モデル　12
レオンチェフの逆説　180
レオンチェフ・パラドックス　53
歴史構造　35
　　──主義　31, 114, 151, 175, 203
歴史上の決定的岐路　204
レコンキスタ　207, 216, 222-223
　　──（国土回復運動）　150, 204
レパルティミエント制　207, 221
連関効果　14, 59, 112
連続流れ作業組み立てライン方式　51
レントシーキング　19-20, 33, 54-55, 69, 95,
　　120-121, 144
　　──説　89
労役所（ワークハウス）　100
労働　99
　　──移動　208
　　──価値説　193
　　──供給曲線　11
　　──経済学　42, 101
　　──市場　11, 17, 27, 29, 35, 41-42
　　──者　47

　　──者の平均生産力　155
　　──集約的工業製品　140
　　──集約的財　120, 181, 183-185, 188
　　──集約的製造工業　213
　　──需要曲線　11
　　──生産性　165, 167-168
　　──の限界生産力　11, 155
　　──の物的限界生産力　49, 181
　　──の物的限界生産力曲線　159
　　──の物的平均生産力　49
　　──の平均生産力　11
　　──の無制限供給　11
　　──の無制限供給説　4
ローマ　212-214, 219
ロシア　22, 24, 60-62, 95, 139-140, 199, 211,
　　230-231
ロビー活動　95
ロマノフ王朝　60
論理的思考（エコン）　36

【ワ行】

ワシントン・コンセンサス　1, 17, 21, 70, 88,
　　90, 95, 98, 172, 174, 202, 229-230, 236
ワシントン D. C.　17, 21

人名索引

【ア行】

青木昌彦　34
赤松要　25, 67, 209
吾郷健二　70, 199
アカロフ（Akerlof, G. A.）　36
アジェンデ（Allende, S.）　27
アセモグル（Acemoglu, D.）　34-35, 38, 75, 82, 151, 156, 175, 204, 207, 211, 220-221, 224-226, 234
アトキンソン（Atkinson, A. B.）　27, 203
阿部正弘　226
アミン（Amin, S.）　13-14, 117-118, 133, 195
アムスデン（Amsden, A. H.）　23, 66, 68, 70, 96, 137, 140, 202, 227
アリギ（Arrighi, G.）　117
有沢広巳　112
アリストテレス（Aristotēles）　39
井伊直弼　226
イサベル（Isabel）　204, 222
石川滋　23, 40, 43, 69, 92, 110, 139, 154
伊藤博文　228, 235
ヴァイナー（Viner, J.）　11
ヴァーノン（Vernon, R.）　25, 67, 79, 209
ウィリアムズ（Williams, E.）　222
ウィリアムソン（Williamson, J.）　17, 70, 88, 229
ウィリアムソン（Williamson, J. G.）　21, 101, 113, 122, 161, 183, 193, 196, 231, 234-235
ウェイド（Wade, R.）　22-23, 66, 68-70, 95-96, 137, 202
ヴェーバー（Weber, M.）　49, 51, 69, 72, 75, 92-93, 95, 139, 152, 154, 156-157, 209-210, 215, 219-220, 226, 234
ヴェブレン（Veblen, T.）　222
ウォーラーステイン（Wallerstein, I.）　52, 73, 113, 117, 122, 129, 209, 211, 224, 234
ウォルフェンソン（Wolfensohn, J. D.）　23

ウッズ（Woods, G. D.）　5
エクスタイン（Eckstein, P.）　4, 136
絵所秀紀　1, 11, 40
榎本武揚　226
エマヌエル（Emmanuel, A.）　117, 195
エリザベス1世（Elizabeth I）　210, 230
エンクルマ（Nkrumah, K. F.）　36
エンゲルス（Engels, F.）　100
オーウェン（Owen, R.）　94
大久保利通　228, 235
大塚久雄　51, 152, 209
大坪滋　1
大野健一　43, 112, 228
オカンポ（Ocampo, J. A.）　1, 28-29, 31, 137, 141, 143, 145, 163, 173
越智武臣　209
オバマ（Obama, B. H.）　104
オフ（Off, C.）　216, 220
オリーン（Ohlin, B.）　53, 55, 78, 119, 143, 179-180, 182-183, 192
オルーケ（ORourke, K. H.）　113

【カ行】

カイ（Kay, C.）　13, 52, 117, 151, 180
ガーシェンクロン（Gerschenkron, A.）　58-62, 65-66, 68, 96, 208
勝海舟　226
カーネマン（Kahneman, D.）　36, 157, 233
ガマ（Gama, Vasco da）　204-205, 216, 222-223
カーランスキー（Kurlansky, M.）　204, 216-217
カルドア（Kaldor, N.）　39, 132, 140, 143, 164, 168, 175
カルドーゾ（Cardoso, F. H.）　117
ガルブレイス（Galbraith, J. K.）　178, 196
カルロス1世（Carlos I）　223
川北稔　209

人名索引　275

木戸孝允　226
クラーク（Clark, G.）　203, 208
栗本慎一郎　91
クリフ（Cliff, N.）　205
クルーガー（Krueger, A. O.）　6, 19-20,
　54-55, 89, 119, 121, 134
クルーグマン（Krugman, P.）　131, 183
ケイン（Cain, P. J.）　209
ケインズ（Keynes, J . M.）　2-3, 6, 8-9, 29,
　42, 62, 82, 84-87, 97, 105, 108, 112, 128,
　134-135, 138, 144-145, 148, 165, 167,
　178-179, 196-200, 202, 229
ケネディ（Kennedy, J . F.）　178, 196
ケンプ（Kemp, M. C.）　57
コウ（Coe, Sophie D.）　216, 218
コウ（Coe, Michael D.）　216-218
小島清　25, 67, 209
コース（Coase, R. H.）　33, 82
児玉源太郎　225
コーデン（Corden, W. M.）　20, 90
後藤新平　225
コリアー（Coollier, P.）　45, 203
コルテス（Cortés, H.）　216-217, 220
コロンブス（Columbus, C.）　204, 206, 216,
　222

【サ行】

サックス（Sachs, J. D.）　78
サミュエルソン（Samuelson, P. A.）　3, 5, 53,
　55, 78, 119-120, 135, 177-183, 186-187,
　189-192, 195-202, 234
サールウォール（Thirlwall, A. P.）　3, 30, 39,
　42, 82, 123, 129, 131-132, 143, 164
シアーズ（Seers, D.）　91, 107-108, 123-125,
　132
シュルツ（Schultz, T. W.）　5, 11, 30, 54-55,
　82, 142, 153-155, 195
シュワルツ（Schwartz, H. M.）　40, 46, 49, 51,
　56, 61
シュンペーター（Schumpeter, J. A.）　108,
　111, 196
ジョルゲンソン（Jorgenson, D. W.）　12
ジョン王（John）　224
ジョーンズ（Jones, R. W.）　186

シラー（Shiller, R. J.）　36
シンガー（Singer, H. W.）　4, 9, 13, 15, 71, 85,
　91, 107-108, 123, 180, 194
スカルノ（Sukarno）　36
スキデルスキー（Skidelsky, R.）　178, 198
スコット（Scott, J. C.）　154
スターク（Stark, O.）　161
スティグリッツ（Stiglitz, J. E.）　1, 23, 26,
　32-33, 38, 40-41, 43-44, 49, 82, 189, 200, 203
ストラウト（Strout, A. M.）　4, 136
ストリーテン（Streeten, P. P.）　32
ストルパー（Stolper, W. F.）　53, 183, 192
スハルト（Soeharto, H. M.）　36
スミス（Smith, A）　2, 6, 46-48, 52, 55-56, 78,
　98, 119-120, 145, 148, 179, 191, 193, 210,
　227-228, 230, 233-234
スンケル（Sunkel, O.）　24, 117, 138, 145
セイ（Say, J. B.）　2
セイラー（Thaler, R. H.）　36-37
セドラチェク（Sedlacek, T.）　16
ゼーリック（Zoellick, R. B.）　30, 82
セン（Sen, A. K.）　7, 11, 14, 31-32, 37-38,
　40-41, 43, 133, 155, 170, 225
ゾンバルト（Sombart, W.）　223

【タ行】

ダイアモンド（Diamond, J.）　106, 215-217,
　234
タウンゼンド（Townshend, C.）　101
タロック（Tullock, G.）　89
チェネリー（Chenery, H. B.）　4, 6, 13, 15, 29,
　54, 89, 91, 113, 126, 134-135, 146, 151, 173
チャベス（Chavez, H.）　25, 81
チャン（Chang, H.）　51, 56-57, 66, 68, 137,
　196, 210, 231, 234
都留重人　178, 196
デアドルフ（Deardorff, A. V.）　186
ディアス・アレハンドロ（Diaz-Alejandro, C.
　F.）　30, 143
ディケンズ（Dickens, C.）　100
ディミスキー（Dymiski, G. A.）　34
テイラー（Taylor, L.）　29, 31, 57, 66, 82, 96,
　111, 133, 136-137, 141, 143, 146, 163-165,
　171, 173, 176, 202

276　人名索引

ティンバーゲン（Tinbergen, J.）　5, 195
デ・ジャンボリー（de Janvry, A.）　25, 143,
　237
デ・ポーラ（de Paula, S.）　34
デュフロ（Duflo, E）　37-38, 41, 45, 73
デ・ラ・トーレ（de la Torre, A.）　1, 27
トーイ（Toye, J.）　3, 42, 71, 108
トーイ（Toye, R.）　42, 71, 108
鄧小平　171
トクヴィル（Tocqueville, A, de）　221
徳川家定　226
ドス・サントス（Dos Santos, T.）　79, 117,
　180
トダーロ（Todaro, M. P.）　5, 12, 36, 157, 161
トービン（Tobin, J.）　70, 95
トランプ（Trump, D. J.）　26
鳥居泰彦　149, 152-153

【ナ行】

中島三郎助　226
ナセル（Nāṣir, J. A.）　36
ナポレオン（Napoléon, B.）　192
ニェレレ（Nyerere, J. K.）　37, 118
ニクソン（Nixon, R.）　18, 178
西川潤　1, 52, 73, 111, 117, 133, 236
西島章次　1
ヌルクセ（Nurkse, R.）　4, 108, 117
ネルー（Nēhrū, J.）　36
ノース（North, D. C.）　33-35, 38, 73, 82, 96,
　176

【ハ行】

ハイエク（Hayek, F. A.）　5, 97, 104-105, 229
バグワティ（Bhagwati, J. N.）　20, 78, 119, 121
バーシャ（Bacha, E. L.）　133, 136
ハーシュマン（Hirschman, A. O.）　4, 7, 12,
　14-15, 18, 20, 59, 108, 112, 127, 133-134, 152
バステーブル（Bastable, C. F.）　57
ハック（Haq, M. U.）　32, 225
バードサル（Birdsall, N. A.）　1, 27
バナジー（BanerjeeA. V.）　37-38, 41, 45, 73
ハミルトン（Hamilton, A.）　48, 56-57, 59, 64,
　66, 72, 96, 103, 118, 234
速水佑次郎　64, 154

バラッサ（Balassa, B.）　19, 30, 54-55, 143
原洋之介　154
ハリス（Harris, J. R.）　4-5, 12, 36, 157, 161
パルマ（Palma, J. G.）　117, 133, 151
バーンスタイン（Bernstein, W. J.）　78, 183,
　193
ヒギンズ（Higgins, B）　111, 149, 150, 152-154
ピケティ（Piketty, T.）　27, 203
ピノチェト（Pinochet, A. J. R. U.）　27
ピント（Pinto, A.）　117
ファーニヴァル（Furnivall, J. S.）　149-150
フィンドレー（Findlay, R.）　157
フーヴァー（Hoover, H.）　103
フェイ（Fei, J. C. H.）　12
フェリペ2世（Felipe II）　223
フェルドーン（Verdoorn, P. J.）　168
フェルナンド（Fernando）　204, 222
福沢諭吉　226
フクヤマ（Fukuyama, F.）　61, 69, 234
ブーケ（Boeke, J. H.）　149, 150
フランク（Frank, A. G.）　13, 117-118, 180,
　195
フリードマン（Friedman, M.）　6, 18, 137,
　201, 229
フルタード（Furtado, C.）　12-15, 31, 35, 75,
　91, 107, 114-118, 122-133, 145, 149
ブルーノ（Bruno, M.）　4, 136
プレビッシュ（Prebisch, R.）　4, 5, 9-10,
　12-13, 15, 22-23, 31-32, 35, 39, 43, 66,
　71-75, 77, 79-80, 82, 91, 96, 104-105,
　107-108, 110-111, 113-118, 121-129,
　132-133, 134, 140, 143, 145-146, 149, 151,
　152, 156, 164, 173, 180, 194-195, 229, 232,
　234, 236
ブロック（Block, F.）　94
ヘクシャー（Hecksher, E. F.）　53, 55, 78,
　119, 143, 179, 180, 182-183, 192
ペリー（Perry, M. C.）　226-227, 230, 234
ペルー（Perroux, F.）　4, 14-15, 25, 91,
　107-108, 111-112, 117, 133, 145, 151, 175
ベルトラ（Bertola, L.）　35
ベロック（Bairoch, P.）　207
ヘンリー7世（Henry VII）　51, 210, 230
細野昭雄　207

人名索引　277

ホッブズ（Hobbes, T.）　216, 218, 225
ホプキンス（Hopkins, A. G.）　209
ポランニー（Polanyi, K.）　16, 65-66, 83-84,
　　90-94, 96-106, 194, 208, 229, 234, 236
ポランニー・レヴィット（Polanyi-Levitt. K.）
　　84, 93, 97-98
ホワイト（White, H. D.）　9, 97

【マ行】

マイヤー（Meier, G. M.）　58
マクナマラ（McNamara, R. S.）　5-6, 126
マグヌソン（Magnusson, L.）　120, 145
マーシャル（Marshall, A）　2, 53, 119, 145,
　　179, 191
増田義郎　50
マッキンノン（MacKinnon, R. I.）　4, 136
マディソン（Maddison, A.）　207
マヌエル1世（Manuel I）　204
マルクス（Marx, K.）　35, 47, 51, 93-94, 100,
　　129, 229
マルサス（Malthus, R. T. R.）　46, 120, 192
マン（Mann, C. C.）　218
ミュルダール（Myrdal, G.）　4-5, 14-15, 91,
　　107-108, 110-111, 117, 132-133, 139, 145,
　　149, 151, 175, 195
ミラノヴィッチ（Milanovic, B.）　27, 203
ミル（Mill, J. S.）　2, 53, 55, 57, 119, 179, 191,
　　227, 234
ムッサ（Mussa, M.）　186
モア（More, T.）　46
毛沢東　37
モクテスマ（Moctezuma）　216, 218, 220
モハメッド（Muhammad）　214
モラレス（Morales, J. E. A.）　25, 81
モンガ（Monga, C）　1, 29, 31
モンテスキュー（Montesquieu, C. L. de S.）
　　211

【ヤ行】

安場保吉　110, 154
吉川洋　102

【ラ行】

ライシャワー（Reischauer, E. O.）　178

ライベンスタイン（Leibenstein, H.）　88
ラウチ（Rauch, J. E.）　161
ラダ（Rada, C.）　31, 164, 170, 173
ラル（Lal, D.）　7
リカード（Ricardo, D）　2, 10, 16, 53, 55-56,
　　62, 119-121, 179-180, 191-193, 195, 201,
　　227-228, 234-235
リスト（List, F.）　48, 56-57, 59, 66, 72, 96,
　　103, 118, 210, 223, 228, 234
リトル（Little, I. M. D.）　14, 19, 136
リン（Lin, J. Y 林毅夫）　1, 29-31, 37, 82,
　　142-143, 146, 152, 176
ルイス（Lewis, W. A.）　4-5, 7, 9, 11-13, 15,
　　25, 31, 36, 39, 42, 48, 79, 91-92, 100-101,
　　105, 107, 109-111, 115-117, 122, 136, 140,
　　142-143, 146, 153-158, 160-161, 163-164,
　　167-168, 170, 173, 175-176, 194-195, 209,
　　232-233, 236
ルーカス（Lucus, R. E.）　25, 54-55, 79, 153
レイニス（Ranis, G.）　12
レヴィ・ストロース（Lévi-Strauss, C.）　145
レオンチェフ（Leontief, W. W.）　5, 14, 53,
　　180, 192, 195
レディカー（Rediker, M.）　223
ロス（Ros, J.）　1, 28-29, 133, 136
ロストウ（Rosstow, W. E. W.）　59
ローズベルト（Roosevelt, F. D.）　8, 103, 196
ローゼンスタイン・ロダン（Rosenstein-
　　Rodan, P. N.）　4, 8-9, 108, 117
ロドリック（Rodrik, D.）　1, 17, 28, 30, 39, 70,
　　81-82, 108, 162, 176
ロビンソン（Robinson, J. A.）　34-35, 38, 75,
　　151, 175, 204, 207, 211, 220-221, 224, 234
ローマー（Romer, P. M.）　25, 54-55

【ワ行】

渡辺利夫　33
和辻哲郎　212, 214-215, 219, 234
ワルラス（Walras, M. L.）　2, 109

初出論文一覧（いずれも以下の論文を大幅に加筆修正のうえ収録）

第1章 「開発論のパラダイムを考える」『世界経済評論』IMPACT＋No.3，Web論文，2016年6月［http://www.world-economic-review.jp/impact/article655.html］

第2章 「経済開発の根本問題を考える——国際政治経済史への視座——」『岐阜聖徳学園大学紀要』第47集，2008年2月

第3章 「K. ポランニーの『大転換』は何をもたらしたか？ ——開発論からの視点——」『岐阜聖徳学園大学紀要』第53集，2014年2月

第4章 「構造主義経済学再考——分析視角の多様性——」『岐阜聖徳学園大学紀要』第51集，2012年2月

第5章 「構造主義経済学とデュアリズム」『岐阜聖徳学園大学紀要』第52集，2013年2月

第6章 「サミュエルソンの分析視角と貿易論」『岐阜聖徳学園大学紀要』第50集，2011年2月

第7章 「南北間格差の源泉について——歴史構造主義の視角——」『岐阜聖徳学園大学紀要』第54集，2015年2月

著者紹介

宮　川　典　之（みやがわ・のりゆき）

1954 年に長崎県南有馬町（現南島原市）に生まれる
長崎県立島原高校を卒業後，同志社大学商学部へ進学する
その後早稲田大学大学院博士前期課程（経済学研究科）へ進学，
同大学院博士後期課程を経て，1988 年に岐阜教育大学専任講師となる
その後同大学助教授を経て，現在，岐阜聖徳学園大学教育学部および
同大学院国際文化研究科教授
その間，早稲田大学現代政治経済研究所および同社会科学研究所の特別研究員，
名古屋大学，南山大学等で兼任講師，本務校で図書館長・大学院国際文化研究科長
を歴任

著書
『開発論の視座―南北貿易・構造主義・開発戦略―』文眞堂，1996 年
『開発論の源流―新構造主義・幼稚産業論・学際的アプローチ―』文眞堂，2007 年
『一次産品問題を考える―史的考察・国際金融・大恐慌―』文眞堂，2009 年
『社会科学の発想―リベラルアーツの復権をもとめて―』北樹出版，2010 年
訳書
A. M. エルアグラ『EC の貿易政策―国際貿易の理論と政策―』（共訳）文眞堂，
1992 年
H. M. シュワルツ『グローバル・エコノミー―形成と発展―』（共訳）文眞堂，
2001/2002 年

構造主義経済学の探究

2018 年 1 月 31 日　第 1 版第 1 刷発行　　　　　　　　　検印省略

著　者　宮　川　典　之

発行者　前　野　　　隆

発行所　株式会社　文　眞　堂
東京都新宿区早稲田鶴巻町 533
電　話　03（3202）8480
FAX　03（3203）2638
http://www.bunshin-do.co.jp
郵便番号(162-0041)振替00120-2-96437

印刷・モリモト印刷／製本・イマヰ製本所
©2018　定価はカバー裏に表示してあります
ISBN978-4-8309-4976-0 C3033